CAMBRIDGE Fudan Translation Series

复旦大学国外马克思主义与国外思潮研究创新基地
复旦大学当代国外马克思主义研究中心成果

国外思潮译丛·聚焦当代哲学
译丛主编　黄颂杰　朱新民

Robert Nozick

罗伯特·诺齐克

〔美〕大卫·施密茨　编

宋宽锋　庄振华　译

复旦大学出版社

"聚焦当代哲学"中译本前言

从二十世纪下半叶起,曾经占据现代西方哲学主流地位的分析哲学开始走向衰落。这是因为,除了在欧洲大陆出现了像福柯、德里达这样一批非分析派的哲学家之外,英语系国家也涌现出了反对分析哲学的哲学家。美国哲学家理查德·罗蒂编辑过一本颇有影响的推崇分析哲学的论丛《语言学转向》(1967年),而在1979年,他出版了《哲学和自然之镜》,这本书却沉重地打击了分析哲学。有些西方学者把这本书看作划时代的著作,认为从此以后,西方哲学步入了人们所谓的后现代时期。不过,事实上,西方后现代哲学仍然处在一个形成过程中,它的脉络尚不清楚,对于哲学爱好者来说,掌握它的要点乃是一种智慧上的挑战。虽然当代最重要的哲学家的著作许多已经被译成中文出版,但是,这并不意味着中国哲学界已经深刻地研究和理解了他们的理论。

我们惊喜地发现,英国剑桥大学出版社从2002年起着手编辑出版一套"聚焦当代哲学"(Contemporary Philosophy in Focus)丛书,至今为止,已经出版了十一册。这套丛书的着重点是介绍、评论和批判当代英语系国家的哲学家,它囊括了当今公认的最著名的英语系国家的哲学家。剑桥大学出版社邀请了当今对这些哲学家深有研究的知名学者和大学教授撰写了各种研究性论文,把它们编辑成册,每一册仅仅专注于一位哲学家。我们在2007年把这套丛书推荐给复旦大学出版社的高若海总编。高先生对此很有兴趣,并向剑桥大学出版社购买了其中六册的中文简体字版的版权。它们是:《理查德·罗蒂》(Richard Rorty)、《唐纳德·戴维森》(Donald Davidson)、《阿拉斯戴尔·麦金太尔》

(Alasdair MacIntyre)、《查尔斯·泰勒》(Charles Taylor)、《罗伯特·诺齐克》(Robert Nozick)和《托马斯·库恩》(Thomas Kuhn)。这六位哲学家是我国学术界比较熟悉而影响也比较大的。罗蒂(1931—2007)是当代美国影响最广泛的哲学家之一,也是文化、文艺批评家,后现代主义思想家,两度来华,其中2005年暑假来我国进行了学术访问。麦金太尔(1929—)是当代美国最著名的伦理学家、政治哲学家之一。戴维森(1917—2003)是当代美国哲学家、语言哲学家,二十世纪下半叶美国最具影响力的哲学家之一。诺齐克(1938—2002)是当代美国政治哲学家、社会哲学家、法哲学家。泰勒(1931—)是当代加拿大道德和政治哲学家、社会哲学家。库恩(1922—1997)是当代美国著名科学史家、科学哲学家。这些思想家的著作已有许多中译本,而关于他们的评论性论著的中译本倒不多。

这套丛书选取的哲学家所涉及的学科领域比较广泛,他们不光是哲学家,也是其他学科领域的专家。除了哲学,还有政治学、法学、伦理学、文学、文艺批评、文化学、社会学、科学技术、逻辑学,等等。尽管这些哲学大师在许多领域内都作出了卓越的贡献,但是,这套丛书的每一册只聚焦于那位哲学家在某一个领域内最为独特的成就。它力图清晰地阐明这位哲学家所注重的哲学议题,以及他如何系统地论证自己对这些议题的回答,所以,读完一册之后,读者对于这位哲学家的独特性就会获得比较清楚而深刻的系统理解。毫无疑义,聚焦性是这套丛书的首要特点。《理查德·罗蒂》注重讨论罗蒂对西方现代认识论的批判,即对表象论和基础论的批评。《唐纳德·戴维森》着重阐述戴维森在语言哲学方面的研究,即他对真理论与意义理论的见解。《阿拉斯戴尔·麦金太尔》专门探讨麦金太尔对伦理学的论述,即他对以美德为中心概念的伦理学的发挥。《查尔斯·泰勒》集中于泰勒对形而上学的新发展,即他试图在一种新的框架之内重新回答某些传统的哲学问题。《罗伯特·诺齐克》很自然地评述诺齐克的正义论,即他以个人权利为基础的正义理论。《托马斯·库恩》不容争议地评判了库恩在科学哲学上的独创,即他对科学革命的革命性解释。但是,着重于某位哲学家的某个领域和理论绝不是撇开其他领域和理论,因为这个聚焦不是孤立的狭隘的,而是以广泛的时代和社会背景以及各个学科领域的现状为基础,在与当代各种学说、理论、观点的联系、碰撞、争论、交锋之中展开的。就是说,聚焦性是和全面性广泛性相结合的。因此,每读完一册就不仅能理解这位哲学家的独特性,而且能对这位哲学家有一个比较全面系统的了解。读完这套丛书之后,就会对当代英美哲学具有一个广泛的了解。

还须指出,这套丛书并不是简单地介绍和一般地论述这些哲学家的学说,它还从各种角度批判了这些学说。论文的作者在对这些哲学家表示赞同和颂扬的同时,也不乏批评和诘难。有些作者还提出了非常尖锐的反证和驳斥。从而,通过阅读这套丛书,读者会更深刻地意识到当代西方哲学是一种极具争议的思想潮流,后现代哲学有待于进一步的修改和发展。这套丛书的批判性或多或少为这方面的努力指出了一些可探索的方向。

这套丛书的另一个长处乃是它的可读性。由于上述那些哲学大师力图创建与众不同的观点和理论,他们往往使用了一些新的词汇和概念。另外,他们所批判的对象都是占据统治地位的哲学理论,因此他们的论证不得不变得十分的复杂和难以理解。这套丛书的大部分论文都尽量用通俗易懂的语言来阐明各种观点和论证。所以,对于哲学专业和非哲学专业的学者来说,它是一套上乘的参考书。就一般的哲学爱好者和知识分子而言,它乃是一部入门的教科书。

本丛书的译者都是哲学专业的教师和博士生,在翻译过程中我们反复地讨论和校对,力图忠实于原著,并且,力求译文的流畅。尽管如此,受制于水平等多种原因,错误还是难免。衷心欢迎各位专家和读者的批评和指正。

这套丛书的翻译出版是复旦大学国外马克思主义与国外思潮研究创新基地和复旦大学当代国外马克思主义研究中心共同努力的成果。感谢创新基地和研究中心对翻译这套丛书提供的支持和帮助。希望这套丛书有助于基地和中心的科研工作。这套丛书也是黄颂杰的科研项目("实践哲学:西方马克思主义理论的出发点和归宿"05JJD710125)在进行过程中取得的成果,该项目归属于上述研究中心。

黄颂杰　朱新民

目　录

诺齐克的主要著作和缩写	1
作者简介	1
第一章　导论　　大卫·施密茨	1
第二章　政治权威的辩护　　大卫·米勒	12
第三章　筹划与财产　　约翰·T·桑德斯	39
第四章　诺齐克的自由至上主义乌托邦　　劳伦·E·洛马斯基	69
第五章　非效果论与政治哲学　　菲利普·佩蒂特	97
第六章　目标、象征、原则：诺齐克论实践合理性　　杰拉德·F·高斯	121
第七章　诺齐克论知识与怀疑论　　迈克尔·威廉姆斯	153
第八章　诺齐克论自由意志　　迈克尔·E·布拉特曼	183
第九章　如何获得成功　　艾利亚·密欧格拉姆	207
第十章　生活的意义　　大卫·施密茨	234
参考书目	256
译后记	259

诺齐克的主要著作和缩写

1. ASU:《无政府、国家和乌托邦》(*Anarchy, State, and Utopia*)
2. EL:《被审视的生活》(*The Examined Life*)
3. NR:《合理性的本质》(*The Nature of Rationality*)
4. PE:《哲学解释》(*Philosophical Explanations*)
5. SP:《苏格拉底的困惑》(*Socratic Puzzles*)

作者简介

迈克尔·E·布拉特曼（Michael E. Bratman） 斯坦福大学人文与科学学院杜菲讲席教授和哲学教授，著有《意向、筹划和实践理性》(Harvard，1987；再版于CSLI Publications，1999)、《意向的多种面相：意向和行动论文选》(Cambridge，1999)，以及多篇有关行动哲学和相关领域的论文。

杰拉德·F·高斯（Gerald F. Gaus） 杜兰大学哲学教授和墨菲政治经济学研究院研究员，著有《政治概念和政治理论》(Westview，2000)、社会哲学(M. E. Sharpe，1999)、《辩护性的自由主义：论知识论和政治理论》(Oxford，1996)、《价值与辩护：自由主义理论的基础》(Cambridge，1990)和《人类现代自由主义理论》(St. Martin's Press，1983)。他与查德让·库卡塞斯正在编写《政治理论指南》(Sage，待出)。

劳伦·E·洛马斯基（Loren E. Lomasky） 博灵格林州立大学哲学教授，著有《个人、权利和道德共同体》(Oxford，1987)，并与乔福利·贝尔曼合著《民主与决断：选举偏好的纯粹理论》(Cambridge，1993)。

大卫·米勒（David Miller） 牛津大学纳菲尔德学院社会政治理论领域的正式研究员。新近出版的著述包括《论民族》(Clarendon，1995)、《多元论、正义和平等》(与迈克尔·沃尔泽合编，Oxford，1995)、《社会正义原则》(Harvard，1999)、《公民资格与民族认同》(Polity，2000)，以及《边界与正义》(与苏哈尔·哈什米合编，

Princeton，2001）。

艾利亚·密欧格拉姆（Elijah Millgram） 犹他大学副教授和E·E·艾利克森哲学教授。他是《实用归纳法》（Harvard，1997）一书的作者和《实践推理的多样性》（MIT，付印中）一书的编者。

菲利普·佩蒂特（Philip Pettit） 澳大利亚国立大学社会科学研究院社会政治理论教授，哥伦比亚大学的定期哲学访问教授。他是好几本书的作者，包括《共和主义：关于自由和政府的一种理论》（Oxford，1997）、《伦理学的三种方法》（Routledge，1977，与M·巴容和M·斯鲁特合著）、《平常心智：心理学、社会与政治短论》（Oxford，1993）和《自由的理论》（Oxford，2001）。

约翰·T·桑德斯（John T. Sanders） 罗切斯特技术学院的哲学教授。他是《反对政府的伦理论证》（University Press of America，1980）一书的作者，《哲学家年鉴》第1—5卷和《对国家的赞同与反对：新哲学读物》（Rowman and Littlefield，1996）以及《激辩哲学的境况：哈贝马斯、罗蒂和科拉科夫斯基》（Praeger，1996）的合编者。

大卫·施密茨（David Schmidtz） 亚利桑那大学哲学教授和经济学合聘教授。他是《社会福利与个体责任》（Cambridge，1998）一书的作者之一（与罗伯特·古蒂合著），《理性选择与道德行为》（Princeton，1995）一书的作者，并与伊丽莎白·薇露特合编了《环境伦理学：真正重要的是什么，真正发挥作用的是什么》（Oxford，2002）。目前正致力于撰写《正义的要素》一书。

迈克尔·威廉姆斯（Michael Williams） 约翰·霍普金斯大学哲学教授。同时在西北大学、马里兰大学和耶鲁大学任教。著有《无基础的信念》（Blackwell，1977）、《非自然的怀疑》（Blackwell，1991）和《知识问题》（Oxford，2001）。

第一章
导 论

大卫·施密茨

　　罗伯特·诺齐克的出众才华,正是在他介绍自己著作的时候表露无遗。他的介绍性文章贯穿了一个主题:请求转向一种非强制的、沉思的、谈话式的、然而也是分析的哲学。在他的第一部著作中,诺齐克写道:

> 关于如何书写哲学著作的一种观点是,作者应该思考清楚他所表述的观点的所有细节及其问题,修饰并完善他的观点,以便向世界展示一个完成了的、圆满的和精致的整体。但这不是我的观点。……著作写完了,总还有其他与主题相关的话可说。我的确对哲学著作的惯常呈现方式感到困惑。作者写起哲学著作来就好像确信其著作是关于所涉主题的终极性话语似的。(ASU, xii)

　　使诺齐克感到困扰的是,关于做好哲学的唯一方式的未曾明言的一致意见,却根本上使哲学思考在一种哲学的著述方式之中得到歪曲。其实,"对自己所持观点进行长期而艰苦的思考之后,哲学家对它的弱点也有了合理而充分的认识:有的地方过于脆弱,以致无法承受巨大的理智力量,有的地方可能使得观点分崩离析,有的则是使他感到不安的未加审查的假定"(ASU, xii)。而当我们展现自己的哲学思考时,却表现为这样：

> 哲学活动的一种形式看起来就像挤压一些东西，以使其符合某种固定的具体形状。所有东西都摆在那里，它们必须被压进去。你将材料挤压进这个固定的区域，它在一边压进去了，在另一边又鼓了出来。你来回转动，把一个鼓起之处按平了，另外一处又鼓起来了。因而你就不断地挤压，削平这些东西的棱角，以使它们符合要求；你不断按压，直到最终几乎所有东西都暂时各安其位；而对于不符合要求的东西则抛得**远远的**，以使它们不再被注意。(ASU, xiii)

2 为什么我们会这么做？诺齐克不是很确定。"哲学家对他们在自己观点中觉察到的缺点保持沉默，我认为，这不单是哲学上的诚实和正直的问题，尽管当意识到它们的时候，它确实是或至少变成了这样的问题。这种沉默与哲学家表达自己观点时的意图有关。为什么他们力求把所有事情都强行压入一种固定的模型？"(ASU, xiii) 也许这没有理由。我们就是那种生物，因而我们做那种哲学。尽管如此，诺齐克却渴望超越这种做哲学的方式。

> 哲学家经常寻求从几个基本原则推演出他们的所有观点……一块砖被垒在另一块砖之上，以建造一个哲学高塔，只有一块砖的宽度……我提议，我们的模型不是那摇摇欲坠的高塔，而是巴台农神殿。开始的时候我们一列一列地摆置我们互相分离的哲学洞见，然后我们把它们联结和整合在一个一般的原则和主题的拱形屋顶之下。当哲学的建造物破裂之后，就像我们在归纳的基础上料到的那样，某些有趣而又美好的东西保留了下来。留存下来的还有某些洞见、相互分离的柱石、一些平衡性的联结物，以及由于灾难和自然过程的侵蚀所呈现出的宏伟建构的愁容。(PE, 3)

诺齐克情愿把哲学的劳作,尤其是他自己的哲学劳作,看作一个不断展开的成熟过程的一个阶段。"目标是到达一个值得去的地方,纵然研究可能会改变和深化有价值的观念。"(PE,2)注意:研究**可能**深化我们的有价值的观念,而如果它不能做到这一点,那又该多么悲哀。如果略加修整,对于成熟的专职哲学家来说,以下这一点是对的,那该多么令人悲哀:"在生活的过程之中,我们被并非完全成熟的世界图景所导引,而这一世界图景是我们在青春期或者青年的成熟期形成的。"(EL,11)

第一节 非强制的哲学

我们也许会这么想,学术训练是否限制了而不是强化了我们的这种能力,即避免我们的思想被先前的思想所歪曲和肢解的能力。诺齐克说:"哲学训练塑造论辩者:它训练人们提出论证,对论证进行批评和评判(这也是论证的一部分)……而孩子眼中的论辩则是提出自己的看法、表达恼怒和消极情绪。与某人论辩就是力图通过言语迫使其转变。但是,哲学的论证不是这样的,是吗?"(PE,4)诺齐克经常通过充分的论述回答自己提出的问题,在他看来,哲学的论证就像这样:

> 哲学论证就是力图使某人相信某种东西,不论他是否愿意相信。一个成功的哲学论证,一个强有力的论证,就是**强迫**某人接受一种信念。尽管作为一种强制性行为的哲学还在继续进行下去,但是哲学家所行使的惩罚却毕竟颇为无力。如果他人对诸如"非理性的"、"糟糕的论证"这样的标签感到无所谓的话,他可以坚持原有的信念,轻松愉快地走开。……如果哲学论证根本没有给那个人任何可能的答案,并使他处于一种软弱无力的沉默,是不是更好?甚或,他可能平静地坐在那儿,微笑着,像佛陀似的。也许哲学家需要使论证有力,以便人们在脑海里回响:如果那个人拒绝接受结论,他就**死定了**。(PE,4)

在以上这幅具有讽刺意味的漫画中,包含着真理的成分,而且诺齐克也许付出了比任何人都多的努力,以引起我们对它的注意。我们被教导着拥有一幅关于好的哲学必定看起来是什么样子的足够奇怪的图画,或许正是因为这一点,诺齐克在他的下一部著作中写道:"很少有几本著作所陈述的东西,是一个成年人所能够相信的。"(EL,15)

然而我们又该对诺齐克有何期待呢?什么是他的替代方式?他将给我们证明一种与众不同的做哲学的方式,他的证明使我们信服,于是我们就会说:"是的!那就是你做哲学的方式!"也许并非如此。正像诺齐克所说的那样:"我的思想并不以你的赞同为目的,而是仅仅在你自己反思的一旁停留一会儿。"(EL,15)

为了理解诺齐克,我们需要理解,当他说他并不以你的赞同为目的时,他确实是这个意思。这样的段落是迷人的,简言之,这样的看法是自我缴械的。但是这样的看法却比自我缴械意味着更多的东西。它们并不仅仅是一种论证的策略。诺齐克的自我缴械是一种真正的方法论转变。

我们应该转向诺齐克的非论辩的方法吗?也许不是这样。再说一次,当诺齐克说他的思想并不以我们的赞同为目的时,**他确实是这个意思**,即便他的思想关涉哲学的方法。也许回应诺齐克的方法的最成熟方式,就是对它进行细致的思考,判定它值得推敲,值得放在我们自己的思想旁边一会儿。如果我们能对自己的方法具有更为成熟的看法,而不是努力采纳诺齐克的方法,这样的结果要更好一些。去想一下成熟的人会相信什么的观念,去想一会儿阅读和写作一本这样的书会是什么样的感觉,这才是更为重要和更为成熟的。

诺齐克强调:"这里我期望呈现的不仅仅是**立场**。"(EL,17)那么,取而代之的是什么呢?有人猜测,在某种程度上,诺齐克只是简单地试图解释对于他来说生活是什么样子,就像一个理智的心灵对另一理智的心灵的感受那样。诺齐克不想带给我们呈现在时间流逝中的僵死的、与理智之旅相脱节的结论,而理智之旅通向又离开那些暂时的结论。而当我们出版一本书的时候,如果这一点不可避免,那么他至少能够请求读者留心思想与印刷纸张之间的关系,这两者之间的关系有点像一个运动的客体与这个客体的一张照片之间的关系。

诺齐克想让我们把"已完成的"产品看作一个探究的过程或者这个过程的一部分。他想让我们留意他试图掩饰漏洞和鼓起之处而忙得团团转这一点。除此之外,诺齐克不想那么匆忙。他并不想让我们把他的著作看作粗心大意的产品,也并不想让我们把它**仅仅**看作一个精心修饰的终极产品。他想让我们把它看作一个邀请,邀请我们在一个不断展开的理智之旅中与他相伴一程。他想让我们接受这个邀请,并以特定的态度接受它。他的目的并不是向我们表明他已经到达了终点。他是一个行进中的旅行者,而不是一个向导。诺齐克想让我们在读完他的著作之后产生一些想法,而这些想法是我们当初坐下来读他的著作时所不具备的。这些想法将是我们的,而不是诺齐克的,这就是他所期望的。他并不试图强迫我们在采纳他的想法与脑溢血之间进行选择。

第二节 影响的问题

正像艾利亚·密欧格拉姆所认为的那样(在本书中),诺齐克似乎从来都没有试图培养追随者。诺齐克对潜藏于哲学导师身份和学术中的更为微妙的强制性具有充分的敏感,在《苏格拉底的困惑》中,他又提出了这个话题。在那里,他说:

> 当你通过某人的理论路径接近一个论题时,那个人对主题进行结构化的方式,就限定了你能前行多远,你又能有多少发现。你在他们的"有所疑问的"的范围之内思考。心理学家对一种现象进行了研究,他们将这种现象称作"设定基准与调整"。例如,一个主体被要求对一个人的身高做出估计,而这一估计是通过估计这个人的身高偏离一个确定的基准多少来进行的,比如说,这个基准是5英尺。如果他认为那个人的身高是5英尺7英寸,他就会说"加

上7英寸"。有趣的事实是,表达出来的对一个人身高的估计是以一个确定的基准为依据而有所不同的。理论中的特定基准与此并没有什么不同。假如以6英尺替代5英尺作为基准,那么某人身高5英尺7英寸,就可以通过说"减去5英寸"来表达某人的身高对那个更高的基准的偏离。然而,对于一个给定的人的身高的估计而言,以5英尺为基准进行判断的群体要比以6英尺为基准进行判断的群体看得低一点。……我想,当你通过别人的思想接近一个论题时,与此是相似的。即便你的结论确实偏离了基准,它们也"被吸引着"指向你的那些思考的源泉。(SP,8-9)

诺齐克的评论清楚地关涉历史人物的影响,但是,当然我们也易于受到我们周围的人们,比如老师、同学等人的不适当影响。而反过来,那些受到学生尊敬的更具影响力的教师也容易受到他们的追随者的不适当影响,这一点就不太明显了。当追随者通过变得更为精于把教师的著作当作神圣的文本去看待,以便竞相被允许进入老师最内在的小圈子,教师就变得丧失了像以往评价和重估自己思想的彻底的批判方式。受到追随者的不适当影响这个问题的部分后果就是,它使我们容易受到我们先前的自我不适当的影响。哲学论证不仅是潜在强制的,而且是自我强制的。不但是其他人对我们施加牵引力,我们也牵引着自己。

在他的第一部著作中,诺齐克承认:"我并不喜欢这一事实,即我熟悉并尊敬的大多数人并不赞同我的观点。"(AUS,x)然而,诺齐克说(在SP中),他之所以面对他的早先著作所激发出来的有时怀有恶意的评论,而不对其进行辩护的理由是,他不想让辩护限定和约束他未来的思想。他不想仅仅成为一个论辩者。我们会猜想"牵引力"所产生的后果在政治理论中比在其他领域中更为严重。我们不是简单地**评判**诺齐克的政治观点;而是通过判断它们如何偏离了我们的基准而对这些政治观点进行评判。如果我们连判断如一个人的身高这样简单的事情都要不适当地被基准所影响,那么当我们评判政治事态时,这该有多么糟糕啊？当我们评判类似于诺齐克的观点时，这些观点是如此地远离学术主流的基准，那么此时的扭曲又会多么严重啊？

因而，我们可能对个别哲学家施加于我们的影响感到担忧。被我们先前的思考不适当地加以约束，也可能使我们感到忧虑。进一步的思考是：也许这些担忧相互联结。可以推断，对于我们先前思考的影响的担忧，与对我们先前的思考在很大程度上是我们所研究的和与我们一起研究的人们的思想产品这一点的忧虑，乃是紧密地联系在一起的。

我们的学生又怎么样呢？他们还将是他们自己吗？

第三节 关于本书

诺齐克期望人们把他的著作看作一个不断展开的旅行的一部分，而不是他的终极性话语，把这一期待看作给定的前提，尤其易于使人们看出，为什么他会"主要由于一部早期著作为人所知而感到不安"（SP，1）。但是，毕竟他是主要因为那本著作而为人所知的，因此，本书中的几位作者选择聚焦于这本书。大卫·米勒思考**无政府**，约翰·T·桑德斯面对**国家**问题，劳伦·洛马斯基探究**乌托邦**。米勒解释我们能（以及我们不能）从这一思想的操练学到什么，这一思想的操练就是，从一个假设的始点出发，想象一个国家怎样自发地产生。桑德斯和洛马斯基都思考了，个体的筹划在使生活变得富有意义之中，所扮演的未曾充分明言但却决定性的角色。在洛马斯基看来，个体筹划所扮演的角色，强调了宽容在任何值得我们向往的乌托邦之中所必须扮演的角色。对于桑德斯而言，个体筹划所扮演的角色有助于解释为什么我们有理由尊重财产权。菲里普·佩蒂特同样也把富有意义的个体筹划看作决定性的，但却得出了关于诺齐克的权利理论的结局的不同结论。

像桑德斯、洛马斯基和佩蒂特以他们自己的方式进行了研究一样，杰拉德·高斯探究了原则、目标和象征的意义之间的关系。高斯发现这种关系是诺齐克在其后期著作中所展开的合理性理论的支点，而他想要知道这一晚期的合理性理论如何恰当地与其前期的正义理论保持一致。

在其余几章中,迈克尔·威廉姆斯和迈克尔·布拉特曼分别对诺齐克第二本著作中的两个最具持久性的理论贡献——他的知识理论和关于自由意志的理论——进行了反思。(布拉特曼还把他对自由意志的重要性的讨论与诺齐克关于人格同一性的"最密切延续者"理论联系起来。)艾利亚·密欧格拉姆提出了另一激进的研究思路,即把诺齐克的第三本书解释为一个理论的展现。由我撰写的讨论生活意义的一章,是对诺齐克的一个自觉的赞扬,不但是在论题方面,而且也在探究论题的方法方面。

毋庸我多赘述,因为各章的论述比我设身处地替它们所能说的要好。草率的概述不可能做到公正。取而代之的是,本章聚焦于更为一般性的图景。我用这几页的篇幅把其余各章编织在对诺齐克的哲学方法的普遍性反思的框架之中,希望读者将会发现这不但对于理解本书这个直接目标而言,而且对于理解诺齐克这个更为重要的目标来说,都将是有所助益的。

关于各章的研究方式,诺齐克自己说,他相信过去的哲学家宁愿他们的著述被搜寻洞见的人们深入挖掘,而不愿"他们的观点被事无巨细地、同情而又详尽地加以陈述。**他们对其前辈的尊敬表现为哲学,而不是学术**"(PE,8)。本书中的各章认真对待诺齐克的这一思想。我们力图帮助读者理解诺齐克,然而,在很大程度上,我们的敬意是通过哲学的介入,而不是通过详尽的重构来表达的。

第四节 晚期著作

诺齐克的后期著作延续了使他远离强制的哲学的一贯努力吗?我忍不住要将那些漏洞和鼓起之处挤压成一个形状,来让答案支持一个响亮的**肯定**回答。真相是:这个主题还是存在于他的后期著作之中,只不过表现得更为含蓄了。也许诺齐克觉得关于他的方法论努力,他已经说得够多了。

诺齐克认为,合理性"是人类的自我形象的一个决定性的构成部分"(NR, xii)。然而:

> 进化论使得人们能够把合理性看作其他动物特质之中的一个特质,即为了一个限定的目的和功能的进化适应。对于哲学,这一视角能够产生重要的结果。……如果合理性是为了一个限定的目的和功能的进化适应,那么它被设定的作用就是与其他确定的事实相结合,这些事实被认为是理所当然的,合理性的思考本身也奠基在这些事实之上,但是,如果哲学试图在一个没有限制的领域内运用理性并对任何信念和假设进行理性的辩护,那么我们就能够理解,为什么许多传统的哲学问题终究是难以处理的并抵制理性的解决方案。这些问题根源于企图把合理性延伸到它的限定的进化功能之外。(NR, xii)

这一讨论似乎与诺齐克早期对人力所及的哲学方法之前景的探究相联系。尽管诺齐克依然是理性力量的一个坚定信徒,然而当他继续说下去的时候,却显现出更具论辩性的语气。

> 近些年来,合理性已经成为特定批判的对象。这种批判所提出的主张是,合理性是**偏见**,因为它是以阶级为基础的,是男性的、西方的,或者别的什么观念的。可是,有意识地关注偏见,也包括关注合理性自身的偏见,并抑制和改正偏见,正是合理性的一部分。(或许力图改正偏见本身也是一个偏见?但是,如果这也是一种批评,那么它来自何处呢?能够有这样一种观点吗?它主张偏见是不好的,但同时又主张改正偏见也是不好的。……)指控现存的标准之中存在着偏见并不表明这个偏见是实存的。……仅仅说我们(所有人)都是透过我们的概念框架看世界的,是不够的。问

题是：以什么特定的方式，又以什么确切的机制，我们的概念框架和标准歪曲了世界？(NR，xii-xiii)

另一个可能前后冲突的评论出现在《苏格拉底的困惑》之中，当诺齐克宣布他认为苏格拉底是"一个非强制的哲学家"(SP，2)的时候。为什么这个评论会前后冲突呢？我的想法是：苏格拉底或多或少不正是强制的哲学的族长吗？最为重要的是，不正是从苏格拉底那里，我们认识到强制的哲学是多么令人钦佩，多么富有乐趣，不正是强制的哲学能使我们痛击我们的对话者，证明他们智力略逊一筹吗？这不正是诺齐克在他自己的作品中雄辩地加以拒斥的风格的一个模型吗？

当然，这根本不是诺齐克的想法。在《苏格拉底的困惑》一书的同名论文中，诺齐克指出，使他印象深刻的是，苏格拉底无畏地承认他所不知道的，并一直信奉哲学，确信这里有某种值得学习的东西，即便在怀疑我们所学到的东西从来都不是终极性话语的时候。诺齐克钦佩苏格拉底，因为在哲学家之中苏格拉底是独特的，诺齐克说，苏格拉底是以**身**作则的。我们从他那里学到了什么是灵魂之美，"不是通过面前的一个清晰的理论，而是通过与苏格拉底面对面"(SP，155)。请参看密欧格拉姆所讨论的作为人格展现的哲学。

第五节 结 论

在他的全部作品中，诺齐克的目的是塑造一种更为实际的被审视的生活，而不是被论辩所检验的命题。他的所有导引性的论说，都在考察所表达出来的思想的探究性的、尝试性的特质。诺齐克并不试图赢得辩论。诺齐克不是力图中止谈话，而是尝试提升谈话的水准。那些把他当作论辩对手加以阅读的人们，在开始解释他著作的内容之前，就已经误读了他。诺齐克不是为论辩的对手而写作的。

> 没有论证的哲学,可能以一种方式引导某人走向某一见解。……没有理由迫使人们接受某种东西。他缓步前行,探究着他自己的和作者的思想。他与作者一起探究,只走向他乐意去的地方;然后,他停下来。或许,他会在后来的某个时候回过头琢磨它,或者再一次阅读,那么他会走得更远。……这样的一本书不能使任何人确信书中所说的东西——它并没有这样的企图。(PE,7)

不过,即便诺齐克具有独特的、反思性的谦逊,他仍警告读者,认为自己的作品并不能无愧于这个理想,"即使我愿意以这样的方式展示一种哲学见解,作者和读者一起旅行,两者不断地相互促进。我不但缺乏这样做的艺术,也没有如此深刻和发乎自然的哲学见解"(PE, 7)。也许的确如此。不过,诺齐克的导引性论说不可否认地让我们看到,这一理想的实现会是什么样子的。简单地说,那就是艺术作品。

第二章
政治权威的辩护①

大卫·米勒

罗伯特·诺齐克的《无政府、国家和乌托邦》是一次大胆的、富有想象力的尝试,这一尝试表明,只有最小的国家能够被道德地加以辩护,而且任何超越最小国家的国家都不能被道德地加以辩护。在一个给定的地域范围内,如果一个机构声称而且在很大程度上享有使用强制力的垄断权,那么它就是一个国家;如果它把自己的行为严格限制在保护此一地域内人们的权利和对侵犯人们权利者的惩罚,那么它就是一个最小国家。这里所说的权利,还是传统的洛克式的权利,即生存权、自由和财产权。诺齐克的论证表现为三个阶段,这三个阶段与《无政府、国家和乌托邦》的三个部分相对应。在第一部分,他通过证明最小国家可以在不存在任何形式的政治权威的自然状态中,以道德上合法的途径产生,来阐明最小国家是可以得到辩护的。在第二部分,他致力于论证比最小国家做得更多的国家,比如说,通过在其公民之间重新分配资源、强制纳税或者强制公民对社会保障计划作出贡献来提供公共福利的国家,是不能得到辩护的。而在作为前

---

① 我诚挚地感谢丹尼尔·麦克德莫特、塞雷娜·奥尔萨提、大卫·施密茨和乔·沃尔夫对于本文早前稿本的细致而深刻的评论。而以下对于诺齐克的解释之责任则由我单独来担负。

两部分的补充部分的第三部分,他勾画了一幅最小国家的生活图景,并把这一生活图景当作一种乌托邦的构建,此一形式的乌托邦由于能够包容大量的、多种多样的生活方式,而与其他类型的乌托邦有所不同。

并不出人意料的是,自从1974年《无政府、国家和乌托邦》出版以来,对诺齐克的绝大部分的批评直指该书第二部分。因为在这里诺齐克直接挑战的是,关于国家的适当功能被一致认可的时代智慧和几乎整个二十世纪的政治思想,而后者一直寻求捍卫某种形式的监管型国家或福利国家,假如不是彻底地趋向于其中的左派的话[1]。诺齐克的核心论证是,超越最小国家的国家行为一定会不可避免地侵犯公民的基本权利。争论的核心观点是,诺齐克所捍卫的洛克式的权利是否具有足够的或决定性的分量,能够压倒超越最小国家的捍卫者所诉求的伦理价值,如社会正义、抵御贫困的保护或者公共利益。

相比较而言,该书第一部分则很少被讨论。我想有以下两点理由。首先,这一部分的论证直接针对的主要是个人主义的无政府主义者,这些个人主义的无政府主义者主张,权利能够通过自愿的途径被合适地加以保障,没有必要求助于一个机构,而这个机构坚持认为,在相关地域,有且只有它具有保护公民权利和惩罚侵犯者的资格。但是,相对而言,无政府主义者为数不多,大多数读者倾向于认可诺齐克对最小国家的辩护,不愿费力对此进一步探讨,而把他们批评的眼光集中在他反对罗尔斯或其他再分配国家捍卫者的有力论证上。其次,诺齐克的推理和思考是复杂的,有时很难跟得上。他不得不表明为什么一个处于萌芽期的国家(他称之为"支配性的保护机构"),在阻止个体的捍卫和执行他们自己权利的方面,是可以得到辩护的。为了表明这一点就要论证,为了应对其他人的风险行为,何种做法是正当的,正如我们后面会

---

[1] 诸如这样的理论,即主张国家可以合法地致力于在其公民之间实现某种实质性的平等,如收入或福利的平等、生活机会的平等。

看到的,这样的论证远不是直截了当的。而缺乏耐心的读者则会迅速转向较为容易的第二部分。

在本章中,我打算认真对待第一部分的论证,但这不是因为我分享了诺齐克的意图,即最小国家是正当的,任何超越最小国家的国家不能得到辩护,而是因为我相信从那个论证的失败(正如我将要主张的)中我们可以学到很多东西。政治权威的辩护仍然是一个当务之急。尽管我们大多数人把国家的存在看作理所当然的,而且不管情愿与否,我们都接受了它施加于我们生活的巨大影响和作用,然而一些塞壬之声告诉我们,倘若没有国家,我们照样能够学会生活。比如,在全球经济之下,我们将能够得到现在由国家提供给我们的各种服务,通过丰富多样的不同来源——从一处得到个体保护,从另一处得到医疗保险,从第三处那里得到交通运输服务,诸如此类——而所有这些使得现存形式的国家变得多余①。民主国家赋予它们的公民以发言权,尤其是在决定谁将被委托掌管政府事务上的发言权,但是,就国家制度本身的存在而言,他们则没有被赋予任何选择的权利。个体可以移居国外,但是只要他们还在一个国家的领土范围内,就必须接受国家的权威——强制执行法律的权利,规范财产使用的权利,为了社会目标而向公民征税的权利,等等。显而易见,我们需要了解为什么这样的强制性做法是可以得到辩护的。诺齐克的解释基础非常薄弱:"个体拥有权利,而有一些事情是其他任何人或任何群体都不能对他们做出的(在不侵犯他们的权利的前提下)。"(ASU, ix)从这个简单的前提出发,他力图证明最小国家的合法性。我将表明在其论证的关节点上,诺齐克被迫求助于被他的过度节俭的道德框架所排除在外的思考。他在这一方面的失败有助于我们明白,对政治权威的一个更好的辩护应该怎样进行下去。

---

① 参见J·D·戴维森和W·里斯-莫戈所著的《主权个体》(New York: Simon and Schuster, 1997)一书,书中对于这个论证的呈现有点过于激动。

第一节　诺齐克论证的梗概

诺齐克的论证延续了一个悠久的研究传统,是从想象人们处于无政治权威统治的自然状态开始的①。这时的人们具备多种权利,诸如身体完整的权利,迁徙和表达自由的权利,正当地获取财产的权利,等等。他们正当地对抗侵犯者以捍卫这些权利,对侵犯权利的行为进行处罚,从那些拿走或者损坏他们的合法所有物的人那里索取赔偿。他们也可以与其他同意交换或转让的人们交换或转让他们的权利。在这些权利之中,可以被转让的是,行使自身权利的权利和惩罚那些侵犯他人权利者的权利。因而,如果我受伤了或者我的一些财物被窃,我可以授权其他人以我的名义而行动。由个体组成的群体可能联合起来形成相互保护的社团,以便能够更好地捍卫他们的权利。不过,诺齐克接着论证,由于劳动分工所具有的优势,我们可以期待专业保护机构的出现,这些专业保护机构从向委托人提供完全的行使权利的服务中获得酬劳。因为权利的行使可能是困难的、具有风险的,因此可以合理地假定,大多数人情愿与这些保护机构中的一个签约。诺齐克还假定这些机构将大体上行为正当:它们将仅仅致力于实现合理的要求,为了其委托人的利益,它们将运用合理的程序来确定谁侵犯了其委托人的权利,因而是有罪的,以及谁没有侵犯其委托人的权利,它们将仅仅依据侵犯行为的严重程度实施相应的惩罚,等等。尽管乍一看我们可能会以为人们会具有与无赖机构签约的动机,这些无赖机构将不顾这样的约束而追求其委托人的利益,但是诺齐克论证说,这样的一个机构的委托人却具有显著的不利因素(参见 ASU, 17)。

由于一个大而有力的机构的委托人具有一定优势,诺齐克相信市

---

① 他的主要资源是约翰·洛克的《政府论·下篇》,首版于 1689 年。参见 P·拉斯莱特编辑的洛克《政府论》(New York: Mentor, 1965)。

场力量的作用将会使这样的机构得以产生,在任何地域,最终将仅有一个支配性的保护机构①。这个机构将为居住于那个地域的大部分人提供保护。当然,也将会有"独立者",这些独立者坚持保护他们自己的权利,不排除偶尔对这个机构的委托人采取行动。为了表明一个支配性的保护机构怎样能够将自身转变为一个国家,在一个地域内行使权利和惩罚的垄断权问题是需要被讨论的,因而诺齐克必须证明这个机构具有正当理由禁止独立者针对它的委托人采取行动。他通过论证人们具有不屈从于不可靠的权利施行程序的权利来做到这一点,当人们实际上并没有责任的时候,这样的程序把人们置于被发现有责任的过度风险的境地之中(并且因而被惩罚)。支配性的机构以委托人的名义行使这一权利,并表明它认为哪个施行程序是可靠的,然后阻止独立者针对它的委托人运用在得到认可的程序之外的程序。现在,这个支配性的保护机构实际上拥有了垄断权——但不是在有且仅有它行使权利的意义上,而是因为有且仅有它处于决定应该用或不用哪种程序来行使权利和施加处罚的位置上②。

诺齐克说,这一事实上的垄断允许我们把支配性的机构称为一个"超小国家"。当超小国家承担起为那些独立者提供保护的责任时,它就变成了一个最小国家,这些独立者已经被禁止运用他们自己的施行程序,即使这些独立者并未处于支付保护服务的一般费用的境地。通过赔偿的方式来做到这一点是道德上的义务。独立者的行为具有风险,因而可以被恰当地加以禁止,但是,因为禁止对于独立者来说是代

---

① 他的论证在这里是有争议的,并且已经招致了批评。参见 E·迈克的《诺齐克的无政府主义》,载 J·R·潘诺克和 J·W·查普曼主编的《规范(19):无政府主义》(New York: New York University Press, 1978),并参见 H·斯特伊纳的《一个社会契约能够通过一只看不见的手被签订吗?》,载 P·波恩鲍姆、J·莱弗利和 G·帕里主编的《民主、共识与社会契约》(London: Sage, 1978)。
② 这略微显得有些过分简单化了,因为正如诺齐克所指出的,当一个独立者对另一个独立者采取行动时,支配性的保护机构并不能决定哪一个程序将会被运用。但是,他争辩说,这并没有使这一机构丧失了被认为是一个初始国家的资格,因为"当争议各方都愿意摆脱国家机构来解决问题的时候,国家也可以不插手他们之间的争端"(ASU, 110)。

价高昂的(当他们的权利被这个机构的委托人所侵害的时候,却不具备捍卫自身权利的途径),所以赔偿是合适的。对于这个机构来说,最为明显的支付赔偿的方式就是给独立者提供它自己的服务,并仅向他们收取他们自主行使强制手段时所要付出的费用。因而,现在这个支配性的机构处于为生活于此一地域的每一个人提供权利保护的位置,诺齐克论证说,而这就足以使它成为一个真正的最小国家。

然后,诺齐克声称他已经表明,通过纯粹自愿的方式,从一个前政治的自然状态中,将会出现一个最小国家。只因为个人为了自身利益,就希望获得最佳形式的权利保护;一个支配性的保护机构便会出现,而它将会变成一个最小国家,因为它认识到为了剥夺那些想要成为独立者的人针对其委托人运用其强制手段的权利,必须对其加以赔偿。用他自己的话来总结上文,就是:

> 我们已经完成了我们的任务,即解释一个国家将会如何从自然状态中出现,而在这一过程中任何人的权利都没有被侵犯。个人主义的无政府主义者对最小国家的道德指控被克服了。这种垄断权的强加不是不正义的;这种**事实上的**垄断权是从一种看不见的手的过程中并**以道德上允许的方式**产生出来的,而任何人的权利都没有受到侵犯,也没有对任何一种别人所不拥有的特定权利提出要求。而且,要求这种掌握着**事实上**垄断权的委托人,为那些他们所禁止的针对其委托人运用强制手段的人们支付保护费用,远不是不道德的,而是赔偿原则所道德地要求的。……(ASU, 114-115)

14

第二节 这一论证确立了什么

正如我刚引证的这个段落所表明的那样,诺齐克担负起了一项任务:为最小国家的产生提供一个**看不见的手**的解释。看不见的手的解释具有这样的形式,即根据许多个体行动者的行为来解释某些集体性的结果,而且,特别是,这许多个体之中没有任何人有意地试图使那个结果产生;但是,通过这种方式,他们之间的相互作用却使那个集体性结果的出现变得不可避免。在当下的讨论中,诺齐克的叙述之中没有任何人为了一个国家的出现而**有意地**创造一个国家;一个保护性机构成为支配性的,因为个体选择与已经提供了最好保护的机构签约,而超小国家之所以会转化为最小国家,是因为那些控制机构的人们为了担负起赔偿独立者的责任而采取行动,而不是因为他们想使其机构成为一个最小国家。诺齐克把它视作有利于他的解释的一个特征,因为他的解释采取的正是这样一种形式(他说,看不见的手的解释普遍地具有一个"特别令人满意的性质")(ASU,18)。不过,这里我们需要在**纯粹解释性**的看不见的手的叙述与同时也具**辩护性**的看不见的手的叙述之间做出区分。

看不见的手的解释,也许只是单纯地致力于解释一个确定的模式化的结果是如何出现的,而并不试图辩护那个结果。实际上,那个结果也许是大多数或者所有参与了它的产生的人们会对之感到悲哀的。比如说,通过表明个体驾驶者如何寻求对于他们各自的目的地而言最便捷的和最直接的路径,而不顾其他驾驶者将怎样驾驶,从而汇集在缺乏必要运力的道路上,我们能够解释交通堵塞模式。或者借用诺齐克自己的一个例子,由于种族群体成员想要居住在该种群已占大多数的地方,于是(不受欢迎的)极端的聚居隔离模式便产生了。结果是,通过看不见的手的机制而得以出现的事实,对于证明这个结果的正当性没有任何意义,甚或这一事实具有反面的意义,因为它表明未曾有意协调的个体行为如何可能产生既非刻意追求、也不受欢迎的结果①。

但是,在其他情境中,看不见的手的解释也能够成为一个辩护,诺

---

① 当然,把看不见的手的概念限定在这样的情景中是可能的,即在这样的情景中,手的运作所产生的结果,与手发挥作用之前的起点相比,是好的。当琼·艾尔斯特在《社会科学面面观》(Cambridge: Cambridge University Press,1989)一书的第96—97页,讨论看不见的手的解释的时候,他使用了这个限定的概念。但是诺齐克自己并没有强加任何这样的限定,在《无政府、国家和乌托邦》的第20—21页所提供的,作为对看不见的手的解释之诸多范例的一个简要考察,将显示这一点。

齐克的最小国家理论就是这样①。诺齐克的讲述不仅解释了一个最小国家如何可能从自然状态中产生,而且为了反对个人主义的无政府主义者,它对国家的起源作了辩护②。那么,在什么条件下看不见的手的解释也能成为辩护? 有两个条件是绝对必需的。第一个条件是,看不见的手的过程所产生的结局应该具有积极的价值,在这样的意义上,即相对于早先存在的世界状态,这个结局呈现出了一种改观(依据某些标准来评断)。第二个条件是,被看不见的手所调节的行为本身是道德上合法的,因而这些行为不存在程序的不正义。第三个条件也许不是严格必需的,但是它却肯定会强化看不见的手的叙述的辩护力。这个条件就是,所讨论的结果要么根本上是看不见的手的过程之外的其他过程所不能产生的,要么至少看不见的手的过程是这一结果的最好产生方式。如果同一结果通过其他途径能够更为容易和更为直接地产生,那么至少看不见的手的解释到底增加了什么样的辩护力就是不清楚的③。

正像前一部分末尾的引文所呈现的那样,诺齐克几乎将其全部的注意力集中在了第二个条件上。他一门心思思考的乃是这个问题:"一

---

① 我将把诺齐克对最小国家之起源的看不见的手的解释,作为他对支配性的保护机构的辩护中一个至关重要的部分加以对待,尽管其他人已经对这一解读提出了挑战。特别参见 J·沃尔夫《罗伯特·诺齐克:财产、正义和最小国家》(Cambridge, U. K.: Polity Press, 1991)的第 47—52 页所提出的迥然不同的见解。
② 当诺齐克把他的目标描述为对于政治哲学和解释性的政治理论的一个贡献时,这一点变得很清楚。特别参见《无政府、国家和乌托邦》第 5 页的脚注,在这一脚注中,他把自己的解释与以下这种理论相比较,"这一理论展示,国家是通过一种自然的和不可避免的**退化**过程,从自然状态中出现的,恰如医学理论展示变老和走向死亡的过程一样"。而这一比较呈现出后一种理论也可以是看不见的手的解释。
③ 如果我们回头考察看不见的手的观念的原初出处,即亚当·斯密对市场交换的辩护,我们就会看到这些条件的每一个都是被满足的。依据斯密的看法,一个商品和服务的自由市场提高每一个人的生活水平,因而其结果无可争议是具有积极价值的。此外,通过允许每一个体追求他的自我利益,这一结果最好地被实现了:"通过追求他自己的利益,他通常促进了社会的利益,而且比他真正有意去促进社会利益之时更为有效地促进了它。我从来不知道那些假装为了公共利益而进行贸易的人们做得如此之好。"(R·H·坎贝尔、A·S·斯金纳和 W·B·托德编:《国富论》第 1 卷,第 456 页,Oxford: Clarendon Press, 1976。)而且,斯密把这一点看成是理所当然的,即当他们用他们的劳动和他们合法地持有的财产换取他们估价更高的商品和服务的时候,个体的行为是正当的。

个最小国家能够通过道德上可允许的途径从无政府状态中出现吗?"他较少投入精力来表明以下这一点:相对于自然状态,国家的出现呈现出了一种改善,在这种自然状态中,个体或者捍卫他们自己的权利,或者与保护性机构签订契约,保护性机构代表这些个体行使权利,在这一过程中,没有机构取得支配性的地位①。而且,对于为什么一个合法的国家只能以他所描述的方式出现,或者为什么国家得以出现的这种方式会比其他可能的产生方式优越,比如社会契约这种在政治哲学传统中被很多作者所乐意接受的方式,而且也是他自己与之具有紧密联系的方式。让我逐个地来探究这些问题。

诺齐克怎么能够表明,国家的产生不但是在可允许的前提下可能发生的,而且如果国家产生了,它就是值得欲求的?尤其是,他能对无政府主义者说什么?这些无政府主义者争辩说,由于行使关于行使个体权利施行的事实上的垄断权,国家把所有那些宁愿选择运用他们自己(合法的)的权利施行方法的人们置于不利的境地。当然,诺齐克声称,按照定义,最小国家以这样一种方式行事,即为那些它禁止针对它的委托人行使他们自己的权利的人提供适当的赔偿。但是,什么算作

---

① 有人向我提出这样的观点,即事实上诺齐克不需要表明这一点。他关心的是对最小国家进行辩护,通过表明它能够以不侵犯任何人的权利的正当程序而产生。没有必要表明这样一个国家的产生是具有积极价值的。不过,我怀疑仅凭这样的程序性主张,对于辩护一个社会制度是不充分的。类比一下自由交换的制度。人们可能会有这样的想法,即依据财产所有者有权把他们的财产转让给他们所选择的任何人,这一点能够得到完全的辩护;自由交换的权利简单说来就是所有权的直接推论。但是,一般说来,它无疑与下面这一点相关联,即当个体交换商品和服务的时候,他们这样做是为了彼此的利益。想象在一个世界中,人们是他们自己的福利之如此糟糕的评判者,以至于他们进行交换的时候,几乎总是以得到比他们原来的所有物估价更低的物品而告终。难道我们想要的是这样一个世界中的自由交换制度吗?换言之,为**我们的**制度进行辩护的,既是个体具有处置他们财产的权利的事实,也有与这一事实结合在**一起**的如下事实,即交换通常使他们双方获益。

在《无政府、国家和乌托邦》的第一部分,诺齐克的根本目的是击败个人主义的无政府主义者。但是,假使他不得不承认,依据福利的状况,国家比无政府的自然状态还要糟糕,那么他又将赢得什么样的胜利呢?他可能向无政府主义说:通过可允许的步骤,人们可能沿着下坡路走向国家。但是得知这一事实的无政府主义者,恐怕不会愿意改变自己的信仰。他可能会加倍地努力以劝阻人们走上这条路。

适当的赔偿是被"客观地"决定的,而如此决定的适当赔偿可能并不等同于自愿的独立者自己的估计,即自愿的独立者对两种可供选择的施行程序的相对优点的估计;独立者也许有一些理由宁愿与其他机构签约,而不愿与支配性的机构签约。因而,从他们的观点看,当一个机构成为支配性的并且采取禁止＋赔偿的方式的时候,这意味着向下的一步,而不是向上的一步。而且,他自己的伦理出发点解除了他进行以下论证的资格,即论证最小国家体现了一种改善,因为,**总的来说**,那些支配性机构的委托人所赢得的便利足以压倒自愿的独立者所遭受的不便。一个如此类型的论证将会直接违反反功利主义的律令,这一反功利主义的律令是在《无政府、国家和乌托邦》的第三章颁布的,即"在我们之间不能进行道德上的平衡;我们之中任何一个人的生命之道德分量都不能为了获得更大的整体社会利益而被别人所压倒。为了其他人而牺牲我们之中的一些人,这种做法的正当性是不能得到辩护的"(ASU, 33)。

假如诺齐克要进行以下论证,即连自愿的独立者也会发现,最小国家比存在竞争性保护机构的自然状态要更为可取,而这一论点的依据也许就是,国家提供更为确定和更可预期的权利施行体系,那么他将很难为用看不见的手去解释这样一个国家的产生进行辩护。因为,这样一来,为什么国家不能通过前政治的自然状态中所有个体之间的相互同意而产生,就不得而知了。换句话说,他将不得不阐明传统的、洛克式的社会契约的辩护存在什么问题和缺陷,而这种社会契约的辩护的形式就是,个体明确同意把权利的行使转让给一个政治共同体,而他们自己则成为这个政治共同体的成员,然后授权一个立宪政府来承担行使权利的实际任务。

令人感到奇怪的是,诺齐克从来没有把洛克式的契约作为一个选项而明确地加以关注,而洛克式的契约却是从自然状态到最小国家的更为直接的路径。也许他认为,居住在任何特殊地域的由个体所组成的多种多样的群体,要都同意加入这样一个契约乃是不大可能的;换句话说,也许他以为,以下的情况是实际存在的,即有这样一些个体,当被约请把权利的行使转让给萌芽期的国家时,他们拒绝给予明确的赞同,但国家一旦出现,他们却仍然被正当地囊括在国家之内①。可以设想的另外一种考虑是,也许他认为看不见的手的机制具有特殊的性质,使得以诺齐克所描述的方式出现的国家,比以洛克式的契约的方式所产生的国家,事实上具有更高程度的合法性。

以上第二种考虑看来是难以置信的。一般地说,看不见的手的机制确实具有以下明确的优点:它在信息方面是经济的(为了结果的产生,没有人需要掌握整体的图景),而且也常常立足于道德的动机(自我利益能够转向公共利益,像斯密对市场的解释那样)。但是其相应的缺点也是明显的,即个体参与者不能决定结果的总体状况,即使他们想要这样做。试想一下最小国家的制度形式,即它规划权利保护功能的方式,它用以解决争端的特殊程序等。在洛克式的社会契约之下,国家的制度形式是被多数票所决定的:依据洛克的说法,起初建立政治共同体之时,必须要有全体一致的同意,但是一旦政治共同体被建立起来了,共同体就依据多数原则来裁决其事务,包括立法机关和其他专门的政府结构的权力和构成②。因而,洛克式的立约者也许并不以对他们各自都喜爱的政府形式的决定而终止他们选择的权利,至少多数的选择是普遍存在的③。相比较而言,诺齐克的看不见的手使得结果是依赖路径的,在以下这种意义上,即那个最终成为支配性的保护机构可能最初在吸引委托人方面是最为成功的,但却可能不是多数人所喜爱的,假如多数人知道他们将不得不选择一个保护机构作为一个萌芽期的国家的话。如果机构 A 非常成功地进入了下一个阶段,不管是因为它进行了最好的广告经营,还是由于它使那些委托人很快地看到专业的保护服务的便利,或者别的什么理由,其他委托人可能转向机构 A,但不是因为喜欢它的组织和它所运用的程序,而是简单地因为成为一个市镇

---

① 在《无政府、国家和乌托邦》第 90 页顶部的一些评论,说明他认为自己提出了这一点。在那里,他主张个体出于自身利益的考虑,有可能拒绝参与全体一致同意建立一个国家。
② 洛克:《政府论·下篇》,第 8 章。
③ 我这里把可能出现的社会选择的问题放在一边,免得三种甚或更多的可供选择的政府形式,可能被讨论中的政治共同体的成员所喜好。

第二章　政治权威的辩护

最大的机构的委托人所具有的便利。如果机构 A 最终变成了一个最小国家，它声称具有的合法性仅仅在于这一事实，它承担的功能与一个最小国家是相当的；它不能声称是由于（比如说）它的方法优越于它从前的那些竞争对手，它所服务的人们**选择**它成为一个最小国家①。

以上所设想的诺齐克可能会有的第一种考虑，即看不见的手胜过社会契约，是因为我们不能假定将会有建立国家的全体一致的同意，直接地使我们面对已经提及的问题，即如果自然状态中有这样一些个体，他们强烈反对建立国家的这样一种想法，不管是基于原则性的理由还是谨慎的考虑，那么将不容易证明，由于他们在施行权利方面的损失，最小国家通过免费给他们提供自己的服务的方式合适地赔偿了他们（信念坚定的无政府主义者想必会拒绝接受一个公共机构的服务，他们会把公共机构视作一个可憎的东西，而如此一来，他们则被置于没有可用的形式以抵御国家的委托人的境地）。下面，我将再回到这个赔偿问题。现在让我们简单地总结如下：诺齐克对他暗含的主张，即对国家的看不见的手的辩护比契约式的辩护更为令人满意，所能进行的论辩已经失败。

这里有一个最后的方法论要点需要加以讨论。看不见的手的国家理论和社会契约的国家理论，都能够被看作关于国家起源的历史解释**或者**假设的解释：一旦某些关于人类行为的假设被给定，两者都能够作为存在的国家是如何实际地出现的解释，**或者**作为自然状态中国家**可能会**如何出现的解释，而被提出来。因而我们就有了以下四种可以对最小国家的合法性进行解释的可能方式。

　　IH1　国家 S 是合法的，因为它是以道德上可允许的方式从前

---

① 这也意味着不能说人们已经赞同 A 行使政治权威，即使他们可能已经自愿与 A 订立契约以购买它的保护性服务。正如大卫·施密茨所明确阐述的观点一样，即"这个问题是，人们赞同个体地交易，而不是订购从个体交易中自发产生的东西。换句话说，通过个体的赞同出现这一结果，并不意味着人们赞同这一结果"。参见大卫·施密茨的"辩护国家"，载 J·T·桑德斯和 J·纳维森主编的《对国家的赞同与反对》(Lanham, Mass.：Rowman and Littlefield, 1996)，第 91 页。

政治的自然状态中**出现的**(没有任何人有意创造一个国家)。

IH2 国家 S 是合法的,因为它是以道德上可允许的方式从前政治的自然状态中**可能出现的**(没有任何人有意创造一个国家)。

SC1 国家 S 是合法的,因为它是在前政治的自然状态中通过个体的自由同意**被**创立的。

SC2 国家 S 是合法的,因为它是在前政治的自然状态中通过个体的自由同意**可能被**创立的。

现在,如果我们从它们的辩护力的方面来对 SC1 和 SC2 进行比较开始,我们可以说,SC2 也许能够对一个现存的最小国家的普遍形式进行辩护,SC1 却做得更好,因为它不但能够对这样一个国家的普遍形式进行辩护,而且也能够对这样一个国家的特殊制度结构进行辩护。假设,用一个具体的例证,我们的最小国家采取的是立宪君主制的形式。SC1 类型的一个成功的历史论证将能够为这个国家提供一个完全的辩护,通过表明这是它当前的公民或者也许是他们的祖先曾经同意建立的国家形式。相比较而言,SC2 类型的一个假设的论证将不可能确立这么多的东西。在最好的情况下,它将能够表明我们的国家是潜在合法的一类国家中的一员,而在前政治的自然状态中,这一类国家中的任何一个都可能被选择。当然,假设的社会契约的论证避免了历史的论证所具有的一些困难,而首要的困难就在于发现哪些国家具有清楚的契约起源。我的观点是,当运用于现存的国家时,它们的辩护力是相对较弱的[①]。

如果我们对 IH1 和 IH2 提出同样的问题,那么我们会再次发现,

[①] 这一观点已经被 A·J·西蒙斯根据辩护与合法性之间的对比分析所发展,即表明一个国家是可辩护的,就是表明它在道德上是可允许的和有好处的,而表明一个国家是合法的,就是表明它有权利命令它的国民,换句话说,合法性依赖于一个特殊的国家与一个特殊的民族之间的关系。在西蒙斯的表述中,假设的论证,不管是契约论的还是看不见的手的,可以表明一个国家是可辩护的,但是历史的论证原则上也可以表明一个国家是合法的,尽管西蒙斯怀疑,对于任何实存的国家,此种类型的一个成功的论证都能在实际上形成。参见西蒙斯的《辩护与合法性》,《伦理学》第 109 期(1999),第 739—771 页。

看不见的手的故事的历史版本比假设的版本具有更为强大的论证力量。说一个国家通过自愿的和道德上可允许的途径而出现了，并不等于把所有的事都说完了，正如我前面对看不见的手的论证的伦理限定的考察所表明的，但是，它确实说出了关于辩护的意义方面的某些事情。然而，说一个国家**可能**通过这样的途径出现，却相当于什么都没说。因为在诸多情景中影响看不见的手的过程的偶然性，比如，关于个体自己的善概念将是什么样的，我们不能假定得太多，关于保护性机构一开始并随后通过赞助的形式所表现的善意，我们也不能假定得那么多，等等，所以国家形式的范围将是非常广泛的。我们也许能够更为自信地说，专制政体不可能以权利保护的方式产生。但是还会留下很多竞争者登台亮相，包括许多在诺齐克的意义上并非最小国家的可能国家形式。(要给出超出最小国家的看不见的手的解释，我们只需要假定，比如说，几乎所有个体都非常不情愿冒险，因而他们宁愿获得保险以避免各种形式的匮乏；我们可以想象保护性机构既提供权利保护政策，又提供这种类型的保险政策，从而将这个话题延伸得更远……)

因此，在辩护强度方面，我们能够说 SC1＞SC2，而 IH1＞IH2。如果我前面关于社会契约的论证和看不见的手的论证的相对辩护力的论证是有效的，那么我们也就能够说 SC1＞IH1，而 SC2＞IH2。不管你对 SC2 和 IH1 的相对优点持什么样的观点（假设的社会契约与历史的看不见的手相对），非常清楚的是，IH2 最终是处于最底层的，在我们所探究的四种对于政治权威的辩护中最缺乏力量的（在最少区别对待的意义上）。IH2 仅仅能够告诉我们，某种合法形式的国家是可能的，而这能够击败个人主义的无政府主义者，这些个人主义的无政府主义者认为不能够有这样的机构；或许它也能够对某些既已存在的不合法的国家进行有力的批判，即击败那些相信所有有效的国家都是事实上合法的霍布斯主义者。它不能获得什么比这更深入的东西了。但是，IH2 呈现的却是诺齐克所喜爱的论证形式。他的看不见的手的解释，是对一个确定形式的国家可能怎样出现的一个说明，而不是对某一既已存在的国家实际上如何出现的一个说明①。

第三节　对诺齐克的论证的细致辨析

正如我们已经看到的那样,诺齐克捍卫最小国家的论证分为两个主要的阶段:在一个地域范围内支配性的保护机构的产生和从支配性的保护机构到最小国家的转变;后一阶段涉及通过赔偿的方式对"不可靠的"施行程序的禁止和提供支配性保护机构自己的施行程序。论证的两个阶段都值得批评地审视。

关于论证的第一个阶段,应该追问两个问题:一个支配性的机构**可能**从诺齐克所描述的洛克式的原初自然状态中出现吗?而且假定它确实出现了,对于那些最终成为它的委托人的人们来说,这是值得欢迎的吗?正像我早前所指出的,诺齐克的批评者争辩的是,市场在保护性服务中所发挥的作用并不像诺齐克所声称的那样,不可避免地导向垄断的方向。诺齐克对这一主张的辩护是,被购买的权利保护服务的价值,取决于提供这一服务的机构相对于它的竞争者所具有的实力;因而转向你居住的区域中无论哪家最强的保护性机构,就将总是理性的。但在诺齐克对权利保护的理解中,似乎太接近于在保护—勒索(protection-racket)的意义上来理解"保护",因为确实,在这种情况下,如果你付给某人保护费,那么你应该付费给你所在地方肌肉最发达的人。而对于保护性机构来说,只有在以下情境中,即机构之间的争执不能通过仲裁和谈判被和平地加以解决,强制性力量才是重要的。然而,诺齐克把这一点说得很清楚,支配性的保护机构不能阻止其他机构竞争吸引它的委托人。支配性的保护机构能够坚持的只是,当它的一个委托人被指控侵犯了他人的权利时,这一机构可以运用它所赞同的一

---

① 关于国家的假设的和历史的看不见的手的解释之相对辩护力的进一步反思,参见施密茨的《辩护国家》一文。

个程序①。设想你是一个小机构的委托人,当你与在其区域内最大机构的委托人打交道时,谨慎地决定仅运用被赞同的程序;当应用这些程序时,如果发现某一最大机构委托人有过错时,这个最大机构并不可能表示异议②。所以,机构的强制性力量与这一点并不相关。最大机构的服务的价值取决于其服务速度和效率,即它有能力追踪侵权者,并责成他们把侵犯所得归还受害人或者对受害人进行赔偿。如果依据这些标准,你的机构运作良好,那么你有什么理由必须转而惠顾一个更大的机构?即使像诺齐克所说的那样,唯有最大机构能够说,它而且只有它将决定什么程序可以应用于它的委托人,而如果较小机构乐意由自己仅应用这些程序,那么,这何以赋予它对抗小机构的竞争优势?③ 如果是这样,一个单独的支配性机构的产生,或者说,一个支配性机构的支配地位的延续,就仿佛整个地依赖于在提供保护服务中是否存在规模效益,而这种规模效益使得一个较大机构比一个较小机构在使顾客满意方面总是处于有利地位,或者相反,官僚主义的低效率、全体的惰性以及诸如此类的问题使得较小机构具有竞争优势。这是一个经验性的问题,在缺乏相关证据的前提下,我们应该把它作为一个有待解决的问题留下来。

另一个与此不同的问题是,如果市场在保护性服务中所发挥的作用,到头来使得一个支配性机构**确实**产生了,这是否是一个发展,因而他的委托人(和其他人)将会对此表示欢迎。显然,由人们作为个体有理由选择与其地域内最大机构签约的事实,并不能得出他们作为集体

---

① 我将会马上回到这个问题上来,即在坚持只有它所赞同的程序才应该被运用这一点上,这一机构是否是**可辩护的**。
② 参照迈克的《诺齐克的无政府主义》,第 52—53 页。
③ 可以这么说,当与**其他的**较小机构的委托人打交道时,较小机构具有一个不利之处:在这里,什么程序将被用于它们的委托人,它们不能给予任何保证。但是这样的话,这些机构就具有一个直接的动机,同意遵循共同的程序,委任仲裁人,以及诸如此类的做法,如果它们要在支配性机构的一旁继续经营的话。因而,尽管说一个支配性机构的产生改变了保护性服务的市场,使其趋向于更高的可预期性的方向,这可能是正确的,但这却并不需要使所有与其竞争的机构全部消失。

有理由欢庆一个支配性机构的产生的结论。为什么他们可能不欢迎它？正如诺齐克自己所指出的，他们可能简单地对它的权力感到恐惧，认为一个达到垄断地位的机构，会被诱导去运用垄断性的强制力量追求自己的各种目的，而不是去保护人们的权利（ASU130‐131）。更为平常的是，基于以下的理由，他们可能不喜欢垄断，即在市场环境中人们普遍地不喜欢垄断，因为一旦竞争被排除，就没有什么去阻止机构提高它的价格和/或缩减它的服务，从而伤害它的委托人①。

如果许多人出于以上所提到的理由或者其他的理由，反对一个单独的支配性保护机构的产生，那么他们可能发现自己陷入了一个集体行动问题的困境。他们不能阻止其邻居选择与保护性机构签约，至少只要他们继续被诺齐克在自然状态中赋予他们的一系列权利所约束。正像他清楚说明的那样，人们具有的施行他们自己的第一序列权利（first-order rights）的权利能够被转让给他们所选择的任何人；其他人也不能因为这种转让可能使他们自己的权利被置于一种风险的境地，而阻止这种转让（ASU, 120‐130）。因而，如果个体成为一个在其地域范围内最大保护机构的委托人，确实存在某些便利之处（沿着上述思路考虑的话），那么个体也许不可能单独行动以阻止一个支配性机构的产生。

我们可以通过反思此处关涉的这个问题，而尝试修改诺齐克的看不见的手的叙述。假定人们对那个支配性保护机构的权力感到恐惧，而且渴望对它实施一定程度的控制，我们可以设想：在自然状态中，在以通常的方式作为私营公司被组建的保护性机构一旁，也许会产生这样的保护性机构，它们给予它们的顾客以投票权，就像房屋互助协会这样的互助性社团现在所做的那样。这些机构当然必须以私营保护性机构所采取的同样方式而竞争，以吸引委托人，但是与它们签约的人们知道，如果他们所选择的机构结果变成支配性的，他们将能够影响它的行为方式（通过在它的年度全体会议上提出动议，严厉抨击管理者委员

---

① 关于这一论证，参见沃尔夫：《罗伯特·诺齐克》，第57—58页。

会,以及诸如此类的做法)。任何人如果对某一机构在事实上掌握保护性服务的垄断权之后果感到恐惧,都将有理由与这样一个互助化的保护机构签约,至少只要它所提供的服务费与它的私营竞争对手所收取的费用相当。所以,如果人们确实具有诺齐克所乐于承认的那些他们可能具有的动机(对于一个具有正常见解的人来说,要让他把对垄断性权力的恐惧,作为非理性的心理失常而加以摒弃是困难的),那么一个作为支配性的机构,很可能就是一个其委托人集体地行使控制权利的机构,换言之,即一个萌芽期**民主的**国家①。

换句话说,处于自然状态中的人们可能非常合理地持有以下观点,即如果专业的保护性机构要被建立,那么:**或者**,在保护性服务中应该存在真正的市场,以便机构之间的竞争能够确保每一个机构对其顾客的偏好做出高效的回应;**或者**,如果要有一个单独的支配性机构,那么这个机构就应该被它的委托人自下而上地加以控制,以便得到相同的效果。这两个结果中的任何一个,都比并非自下而上地加以控制而成为支配性机构要更为可取,这个支配性机构既不受有效的市场竞争的约束,也不被它的成员的联合力量所控制。如果人们确实采纳了以上观点,那么诺齐克作为一个辩护所提供的,对国家的看不见的手的特别的解释就是失败的。它所导向的结果,比以上所确认的两个选项中的任何一个都要糟糕。当然,我们可以变更这一叙述,以便获得这些相对较好的结果中的某一个,就像上一段落所提议的那样。但这仅仅突显了我前面关于(假设的)看不见的手的解释的模糊性论断。这里存在几种不同的安排,可能合乎情理地出现在诺齐克所述的自然状态的出发点中,一些与支配性的保护机构有关,而另一些则没有。诺齐克所讲述的内容,既不享有解释的特权,也不享有辩护的特权。

现在让我们关注诺齐克论证的第二个阶段,在这个阶段,超小国家

---

① 沃尔夫的《罗伯特·诺齐克》的第 58 页,提出了一个相似思路的建议,尽管不清楚他是否认为,一个被民主地加以控制的保护性机构能够从一个洛克式的自然状态中自发地产生,或者他只是简单地想指明它的优势。

变成了最小国家。诺齐克不得不表明，一个支配性保护机构可以正当地阻止独立者针对它的委托人使用他们自己的权利施行程序，只要它通过赔偿的方式给他们提供它的服务。让我们接受他的一般性前提，即存在这样一些情景，在这些情景中，侵犯一个人的权利是正当的，只要对这种侵犯进行了合适的赔偿；并且让我们也接受他的更为特别的主张，即要侵权但却尚未侵权的**风险**行为，有时可以被禁止，只要这些可能实施侵权行为的人们得到了合适的赔偿。问题是这些前提是否能够被用来为将独立者并入最小国家之中作辩护。

依据诺齐克的说法，"如果其他人试图把一个不可靠的或不公平的正义程序用于一个人，则这个人可以在自我防卫中进行抵御"（ASU，102）。如果运用一种程序有很高的风险，以至于那些在侵权行为中无辜的人们却被发现是有罪的，且/或侵犯了权利的有罪的人们被发现是无辜的，那么这一程序便是不可靠的；在前一种情况下它是不公平的（而且在后一种情况下，它也许依然是不公平的，如果我们持有一种报复性的惩罚理论的话）。但是，我们能够假定存在关于一个程序的可靠性和不可靠性的事情的客观事实吗？人们可能对这个事实性的问题，在仅把那些有罪的人们判定为有罪的方面，即到底是程序 A 还是程序 B 具有更高的可能性存有分歧（比如说，想想刑事审判的对抗制的支持者与审问制的支持者之间的长期论争）。另外一个问题是伦理性的：人们可能依据相对不同的价值，对一个无辜的人可能被惩罚而一个有罪的人却逍遥法外的可能性问题进行判断（就像诺齐克所指出的那样：参见 ASU，97）。由于存在这些问题，看来我们不大可能客观地确认哪一个特殊的权利施行程序是最可靠的和最公平的。换一个角度来看，即使我们可以正当地把一些明显不公平的程序加以排除（诸如在十五世纪和十六世纪被用来决定人们是否施行了巫术而应该被处死的程序），还将有一系列的程序留给我们，而关于这些程序却存在理智的分歧：在这一系列程序中，不同的人有充分的理由去喜欢不同的程序。

然而，只有我们假定存在一个客观上最好的程序，而且这个机构自己所运用的正是这个程序，那么诺齐克关于支配性保护机构对于独立者所做的事情是正当的断言,才能说得过去①。因为在这一情景中,一个独立者把一个不同的程序用于这个机构的委托人,并对其强加了不正当的风险,而如果她被禁止运用那个不可靠的程序并以诺齐克所建议的方式而被给予赔偿,那么对于独立者就没有做错什么。但是假定那样一个单独的最好程序是不存在的:这个机构真诚地(有充分的理由)相信它的程序是最可靠的,而那个独立者真诚地(有充分的理由)相信她的程序是最可靠的。由于这个机构在强制性力量方面具有明显的优势,它将毫无疑问能够成功地迫使那个独立者接受它所提出的作为自主施行的替代物的赔偿,但是为什么这样做是可允许的? 依据诺齐克的说法:"支配性保护机构可以为自己保留这种权利,即裁定任何被用于它的委托人的正义程序。它可以声明,它将惩罚对它的任何一个委托人运用了一种它发现是不可靠或不公平的程序的任何人,并且按照这种声明采取行动。"(ASU,101)我以为,"可以"在这里的意思是,"道德上可以允许的";然后所有的事情都依赖于我们所引用的第二个句子中的"发现"的含义。如果"发现"意味着"依据任何理智的人都应该接受的客观根据加以裁决",那么这个论证就讲得过去;如果"发现"意味着"运用它自己的可靠性和公平性的标准加以裁决,而对于这个标准,其他人可以理智地提出质疑",那么这个论证就讲不过去。由于通过给定的路径接受这个机构所偏好的程序,被禁止运用她自己的合理程序的独立者并没有被合适地赔偿。赔偿是否合适,必须从受偿人的角度来评断,就像诺齐克所说:"假若与Y没有这样做而X没有得到赔偿的状况相比,得到赔偿使X将至少处于同样高的无差别曲线上,那么Y就为自己的行为而对X进行了赔偿。"(ASU,57)不管这个机构会怎么想,当独立者裁断(理智地)所提供给她的权利施行程序,比她另

---

① 严格地讲,我们应该说"客观上最好的程序或者程序的系列",不过为了说明的方便,我将会在较为宽泛的意义上使用"程序"一词,使得它能够包容这样的情景,在这样的情景中,论及的支配性机构对A到N的一系列程序中的所有程序进行评判,以确定它们是否足够可靠并可以用于它的委托人,以及能够包容仅有一个程序被挑选出来作为最可靠的程序这样的情景。

外想要选择运用的程序相比要差的时候,她就并没有被合适地赔偿。

对这一要点的一个吸引人的回应是说,当支配性机构把它自己的一套权利施行程序强加给情愿选择使用不同程序的独立者的时候,由此导致这同一套程序被用于它所控制的区域内居住的每一个人,而这又将带来一个相当重要的收获,即依据稳定性和可预期性,即便是自愿的独立者也会承认的收获,因而就可以对他们进行赔偿以否决他们自己选择的权利施行程序。每一个人都知道他处于何种境地,因为他们知道,如果他们的权利被侵犯或者他们被怀疑侵犯了别人的权利,什么程序将会被遵循。在许多对于国家的一般辩护中,包括在洛克的辩护中,恰是这一起重要作用的论证,对于诺齐克却是无效的,考虑到他在前政治的个体权利之首要性的条件下详尽阐发一个对于政治权威的辩护的雄心的话。因为这个论证指向在一个被法治所规导的社会中集体地被每个人所享有的利益,而诺齐克不能准许任何种类的集体利益压倒所有权以及用以行使这些基本权利的第二序的权利(the secondary right),他的整个政治哲学就奠基于这一论点之上。

第四节 辩护国家

诺齐克的雄心是,提供一个即便对于那些起初对国家的主张持有最高度怀疑的人们也将具有说服力的对国家的辩护。即使顽固的无政府主义者也将被迫承认,一个类似国家的实体能够,而且非常可能,通过道德上合法的过程从非政治的自然状态中产生。如此的雄心实在值得赞扬:如果我们能向**每个人**证明,他们有理由接受政治权威——也许不是他们目前所服从的政治权威的形式,但是至少是某一可供选择的行得通的形式——那么我们便可能拥有与权威完全协调一致的自由。

但是诺齐克给他自己设置的障碍太大了。通过诉诸被广泛享有的人类的需要和利益,政治权威能够被辩护,但是不考虑他们个人的信念和雄心,是不可能表明每一个人具有内在的理由去接受政治权威的。

不仅如此,我们能够设想一个情景,人们在这一类型的情景中能够被正当地要求服从权威,为了与他们一起生活的其他人的利益,他们确实有这样的理由。这里的论证需要两个步骤。第一步,我们必须表明,为了有效地运作,政治权威必须在其明确划定边界的地域内完全地履行职责。每一个居住在其范围内的人必须服从政治权威,他们有权利移民,但是只要他们尚处于国家的边界之内,他们就可以被正当地迫使接受它的权威。第二步,我们不得不表明,这样的强迫没有违反诺齐克的取自康德的原则,即没有他们的同意,个体不可以被仅仅用作达到更大的社会利益的手段。

让我们依次来讨论这两个步骤,包容性的要求是作为国家形式的政治权威能够提供的益处的直接推论的结果。这些益处是什么?让我仅仅关注其中的两个益处。如像前一部分的末尾所提到的,一个有效的政治权威系统将创造一个合法的政权,在其中,法律以齐一的、一致的方式被运用于每一个公民,在相对的安全感之下,容许每一个公民设计他的或她的未来。这使一整个系列的人类行为,其中最为重要的是经济行为,得以可能。当冲突出现,比如说,关于财产所有权或者合同的解释出现了冲突,任何一方当事人都知道转向哪里去寻求一个法律的解决途径,而且也知道什么规则将被用来解决他们的争端。而这一切是不可能出现的,除非一个单独的权威系统始终普遍地存在于这一讨论范围。

政治权威也使一系列公共利益的创造成为可能,这些利益使人们中的大多数受惠,但由于各种各样的理由,个体的单独行为却不能使这些利益产生。大规模的交通运输系统是一个例子;环境方面的利益,诸如自然风景的保护区,是另一个例子。这样的利益只有在满足以下条件的情况下才能产生,即相关全体居民中的每一个人都服从政治权威,而政治权威可以要求他们以一定的方式行为(如不得在指定的区域内狩猎野生动物),或者贡献资源以满足供应的花费(如为建造一个铁路网而纳税)。

有时存在这样的争辩,这两方面的益处,即一个齐一的法律系统和公共利益的供给,原则上能够通过纯粹自愿的途径被创造出来,而没有必要求助于政治权威①。此处的这个论证是复杂的,要对此进行阐发,我将离题太远。因而,为了当下的目的,让我们简单地假定,出于经验上的理由,除非那个辐射到国家边界之内的每一个人的政治权威发挥作用,否则提供这些益处将是不可能的。而留下的道德上的论题是,没有充分地评价这些益处而仍然被强迫服从它的人们,是否有理由接受政治权威。

诺齐克将会毫不迟疑地声称,这样的服从是为了其他人的益处而利用一些人,违反了构成其整个哲学之基础的道德直觉。但是,这一点是可质疑的,仅仅为了更大的社会利益的缘故不可以把代价强加在个体身上的直觉,最低限度地说,是否意味着个体自身的权利或者其财产权,在任何时候,都是被准许而没有限制的。让我们通过类比进行以下思考。设想十个农夫共同拥有河岸旁相互毗连的几块土地。由于气象情况的变化,可能会有一次灾难性的洪水,将冲掉所有农夫为了改良他们的土地所做的一切努力的成果,除非他们所有人合作,适当地加高沿着河岸的防洪堤坝。一个农夫拒绝在他的土地上加高堤坝,声称他有神的保护以抵御洪灾,或者他具有隐秘的知识,知道相关的天气状况不会出现,或者给出诸如此类的一些其他理由。其他九个农夫强迫这个反对者在他的一段的加高堤坝,是可允许的吗?我想非常清楚,这是可允许的,而把这一事件描述成"为了其他人的更大益处而把代价强加在一些人身上"的一个例子,则错失了这一事件的显著特征,即九个农夫的至关重要的利益——辩护他们的财产权的同样的利益——被置于风险的境地,如果第十个农夫被准许破坏合作的解决办法的话②。诺齐克自己承认"为了避免灾难性的道德恐慌"(ASU, 30n),权利可能不得

---

① 例如,参见 D·施密茨的《政府的边界:探究公共利益的论证》(Boulder, Col.: Westview Press, 1991)和我对施密茨的论证的讨论,见 D·米勒的《没有国家的公共利益》,《批判性评论》,第 7 卷(1993),第 505—523 页。
② 应该指出的是,这个例子并不涉及诉诸公平游戏的原则,而诺齐克在《无政府、国家和乌托邦》的第 90—95 页批评性地讨论了这个原则。强迫第十个农夫进行合作的理由不是他从其他九个农夫的行为中获益,因而必须给予回报,而仅仅是没有他的合作,其他九个农夫的至关重要的利益将被置于严重的风险之中。

不被侵犯,但他没有展开这一论点,以指出什么才能算是一个灾难。这里所需要的是介于功利主义观点与严格的义务论见解之间的某种伦理视野,功利主义的观点是,所有产生幸福总量的净余额的政策是可辩护的,而严格的义务论见解则认为,不管是什么后果,权利永远都不可以被侵犯。这样一个介于功利主义观点与严格义务论的见解之间的视野,与我们以上所概述的政治权威之益处的经验主张相结合,将能够令我们解释,为什么我们有时可以正当地把政治权威强加给人们,而这些人既没有实际地给予过政治权威以同意,也没有充足的理由(考虑到他们有自己的个人信念和偏好)给予同意。

表明至关重要的人类利益可以为政治权威作辩护,并没有解决哪种权威形式更为可取的问题,也没有解决政治权威的地理边界问题,即哪一个国家应该对任一给定领土范围之内的居民施行权威的问题。对于第二个问题,诺齐克给予我们一个看不见的手的回答:在地域 A 成为支配性机构,就是随着时间的流逝,在那个地域吸引了最多委托人的机构。这一地域与相邻地域之间的边界位于何处,仅仅是一个历史的偶然事件之类的事情。诺齐克没有注意到以下这种可能性的特殊分量,即居住在地域 A 的人们可能享有一个集体的认同,这样一来,对于他们来说要紧的是,机构 1 而不是机构 2 应该在他们之间负责权利施行的事情,比如说,在这样的基础上,机构 1 的全体职员也分享了他们的集体认同。当然,在他告诉我们的故事中没有什么排除了这种可能性,即人们选择惠顾哪家机构,可能被除了费用、权利施行的有效性以及诸如此类的因素之外的其他因素所影响。但是,同样重要的认同问题的思考,在决定一个政治权威系统的边界在哪里划定的事情上,没有被给予什么伦理上的重要地位。

在我们居住的这个真实世界中,诸如此类的思考是很多的。人们关心很多事情,不仅关心他们如何被统治,还关心谁统治他们,这样的思考指向这个问题,即哪里是他们可以准备战斗和牺牲以摆脱他国统治与建立自治(意味着具有身份认同的人民所建立的政府)的地方。这里所讨论的认同首要的就是**民族**的认同。在《无政府、国家和乌托邦》第一部分中，诺齐克都没有提到民族共同体①，尽管在该书第三部分，当诺齐克讨论以下问题的时候，民族简短地露了一下面，即为什么小的面对面的共同体可以合法地强加给它们的成员的多种限制，却不可以由他称之为"民族"的更大的共同体强加给其成员（ASU，320－323）。这不仅仅是一个笔下的疏漏吧？难道诺齐克所说的一个民族只简单地意味着"那些碰巧都选择承认同一个支配性保护机构的权威的人们"，或者这里他自己采纳了这一想法，即切实可行的政治权威系统需要某些超出这样的偶然情况之上的东西，以把它们的国民团结在一起？

人们事实上非常关注应该由他们所认同的那些人来统治他们，这当然并不等于说，在确定政治权威的边界时，民族就应该具有**伦理的重要性**。为了表明这一点，需要一个辩护民族自决权的论证，这个论证从任何地方的人们几乎都渴望和要求自治的经验事实，得出他们的要求是一个合法的要求的结论。我已经尝试在其他地方做出了这样一个论证②，这里我将不重复这个论证；为了当前的目的，我想仅仅重述一下我的想法，即没有关于政治权威的辩护性说明能够避免关注边界问题，这个问题就是，在一个政治权威施行的范围之内和之外，如何确定政治权威的界限。诺齐克的看不见的手的说法把这个问题完全当作一个偶然事件：个体逐个选择与机构1、机构2、机构3签约，比方说机构1在地域A吸引了最多的顾客，因而随着时间的流逝变成了支配性保护机构，并且最终在地域A演变为了国家，而机构2在相邻的地域B做得更好，等等。这里没有为这样的想法留有空间，即地域A的居民可能持有关于他们渴望如何被统治的某些集体的见解，或者恰当的边界划分根本不是在地域A与地域B之间，而是（比如说）以不同的方式跨越了这两个地域划分边界，这样一来，A^1+B^1组成一个自然单元，而A^2+

---

① 当他讨论先发制人的攻击时，确实简短地提及了"民族"（nations），但是，在某种意义上却是在与"国家"（states）一词相同的含义上使用该词的。
② 特别参见 D·米勒的《论民族》（Oxford: Clarendon Press, 1995）。

B^2 组成另一个自然单元,这里"自然"的意思就是,就像那些居住在 A^2+B^2 的人们一样,居住在 A^1+B^1 的人们享有一个共同的民族认同。

第五节 结 论

对政治权威的一个成功的辩护,将至少需要阐明以下四个问题。第一个是关于一般辩护的问题,即一般来说,为什么一个政治权威系统比一个无政府的自然状态更为可取?而在这一无政府的自然状态下,个人防护和其他必要的功能留给个体自己或者由个人所组成的自愿性的社团①。第二个是政治权威应该采取什么形式的问题,即应该由谁施行政治权威?应该设立什么机构来承担在一般辩护的过程中所指明的任务?第三个是边界问题,即我们如何在人民与领土之间划分边界以便每个权威系统各自有其合适的范围?最后是权威的界限问题。即在什么情况之外政治权威就不可以合法地施行;换句话说,生活的哪些领域必须留给个体选择单独地或与其他人结合的自由行动?

在《无政府、国家和乌托邦》的第一部分,诺齐克所提供给我们的对于最小国家的辩护,非常接近于成功地回答这些问题中的第一个和第四个。通过论证处于自然状态中的个体愿意与保护性机构订立契约以求便利,随着时间的推移和通过道德上合法的途径,形成了最小国家,这回答了第一个问题。对权威的这一一般性的辩护,立足于为了克服自然状态的不确定性而组织保护个体的理性偏好。通过赋予个体在为了得到保护而订立契约时的不屈从的自然权利,它回答了第四个问题。

---

① 并不是每一个人都同意这是一个需要追问的切合实际的问题。相反的见解坚持认为,政治权威是人类生存的这样一个无所不在的特征,以至于没有它我们就不能想象一个人类社会;因而,唯一值得追问的是关于政治权威应该具有什么特殊的形式、限度等问题。我相信第一个问题确实需要被追问和回答,要是作为其余三个问题探究的一个前奏,我们就应该在某一方面追问它,以便尽可能地在无政府主义者与中央集权论者之间平等地分配证明的负担。这里我追随J·沃尔夫的《无政府主义与怀疑主义》,见桑德斯与纳维森主编的《对国家的赞同与反对》。

机构的职能被限制在权利的保护和施行方面,而且权利的界定机构不能变更。不管这些答案令人信服与否,它们明显地是对第一和第四个问题的回答。

如果我们转向第二和第三个问题,相比较而言,我们发现诺齐克的路径几乎不能提供任何启发。在一个诺齐克的世界中,国家的形式和边界依赖于看不见的手的游移不定。这里我们需要回头简要地提及,前文在看不见的手的历史解释与假设的解释之间所做出的区分。一个对于国家的看不见的手的历史解释将至少能够说明,国家的制度结构体现了人们个体地决定惠顾哪一家保护机构之时所做出的选择,而且与此类似的是,国家的边界可能体现了,在每一个地域,人们在相互竞争的机构之间所做出的选择模式。由于前面所给出的理由,这些解释作为辩护不能特别好地发挥作用:在个体的合理性与集体的合理性之间存在一个裂隙,因而人们执著于他们自己的偏好,结果却可能得到他们都认为是低劣的制度安排。但是这里的主要观点是,一个**假设的**看不见的手的解释,对于回答第二和第三个问题,不能给我们提供任何东西。就国家的形式和边界而论,几乎没有什么**不可能历史地发生,如果**个体选择以某种特定的方式惠顾保护性机构的话。如果我们想知道,国家应该是单一制的还是联邦制的,政府应该是代议制的还是总统制的,国家中的少数民族是否具有脱离国家的权利,讲述关于国家一般地可能怎样从前政治的自然状态中产生的假设,对于我们将没有任何帮助。

30　　我不想以一个否定性的评注结束我的讨论。在最好的意义上,诺齐克辩护政治权威的尝试是富于激发性的。对于我们需要追问的所有问题,它可能没有给予我们答案,但在努力设法超越其局限的过程中,我们可能更好地理解了答案在何处。

第三章
筹划与财产①

约翰·T·桑德斯

"个体拥有权利。"诺齐克的《无政府、国家和乌托邦》之"序言"开篇的这句话，对于那些注定成为其崇拜者的读者而言，乃是他的著作之大胆自信的第一个表征，而对于那些注定成为其批评者的人们来说，则是其令人恼怒的肤浅之第一个表征（ASU, ix）。"人们**当然**具有权利"，有些人会这么说。"如果不抛弃道德，这一点又怎么能够被否认呢？"其他人追问道："关于政治领域的一个严肃的分析怎么能够以宣称个体具有权利而**开始**呢？这是具有争议的重要主张之一啊！"

在政治哲学家之中，权利话语表现出的是最糟糕的东西。一个人怎么能够通过谈论权利而在沙地上画出一条界线，假定确认这个谈论者站在我们一边或者反对我们。而一旦这一界线被划定，那么这个人所说的所有东西大概都要透过一个棱镜去看待，而这个棱镜被设计出来，就是为了让这个人的听众来对此做出反应。

---

① 本文的各种版本，曾在西弗吉尼亚大学、博灵格林州立大学、布法罗的纽约州立大学和滑铁卢大学宣读和讨论过。早前的版本在奥卡姆学会会议、牛津大学、莫斯科的价值研究国际学会、赫尔辛基召开的第十届国际社会哲学研讨会、罗切斯特地区政治思想论坛的一次学术会议、罗切斯特大学做过发言和演讲。对于所有参加者在这些各种会议和场合提出的评论和批评，我深表感谢。对于G·A·柯亨，他是我在牛津大学的评论人，以及罗杰·克里斯普、詹·纳维森、莎荣·瑞恩、大卫·施密茨、丹尼·夏皮罗、大卫·休茨、娜奥米·扎克，我还要表达特别的感激之情。

尤其是，以赞同的态度谈论私有财产权，可以说是给别人为你做好的盒子钉上盖子。无论如何，这似乎就是发生在诺齐克身上的事情。"个体拥有权利"，他说，"而且有一些事情是没有任何人或任何群体可以对他们做的（在不侵犯他们权利的前提下）"（ASU，ix）。稍后呈现出在这些权利之中，主要的就是私有财产权①。来自四面八方的批评者都在指责"基础"的缺失。

考虑到此一类型的反应之可能性，那么连带地回避私有财产权的话语就很有吸引力。也许一个人可以不用权利话语，就能够在理解资源分配和划拨的不同安排的正反两方面的论证中取得进展②。

不过，即使没有别的理由，在过去的几个世纪，大多数关于财产安排的哲学论争都是依据权利而被阐发的这一事实，也足以说明，一个人不可能永远地回避这一话语。因而，问题不仅是，是否谈论权利，而是如何开始。

我不是那些对诺齐克著作的开篇句感到烦恼的人们之中的一个。我认为否认个体拥有权利，将会同时断言，对于个体其他人可以合法地做什么不存在什么限制。确实存在许多"权利"的行话究竟如何准确地得以展开的情景。我以为，正是蕴含在其中的这种对权利的理解，使得说动物具有权利显得似乎言之成理。说这一点仅在于指出，有一些事情是不应该对动物做的。为什么不以这种自然的方式使用"权利"一词？而且，如果我们接受了这种用法，那么，说个体拥有权利，不就没有争议了吗？那么，把权利确定为我们的出发点，又有什么不对呢？

这种用法的错误之处大概就在于，它粗心地利用了行话。以说个体拥有权利为开端，可能看似无害，当一个人这样说仅仅意味着，对人们做某些事是错误的；以这种方式来谈论权利，是非常意味深长的。由于这种谈论方式似乎迎合了某种政治意识形态，而又排除了其他的政

---

① ASU，尤其是第 167—182 页和第 268—271 页。
② 这是约翰·T·桑德斯在《正义与财产的初始获得》一文中所采取的一个策略，该文载《哈佛法律和公共政策期刊》第 10 期（1987）。特别参见第 367—368 页，在该处这一论题被加以讨论，以及第 368 页底部的脚注 2。

治意识形态,权利话语的历史允准对这些词句的这种读解,并使它们不那么无害了。

然而,一个人应该如何开始呢?除非一个人希望把政治思想还原到某种不可否证的第一基础,而这一目标并不为当代政治分析所广泛地加以寻求——当然我也不追求这样的目标,那么一个人就不得不从至少在某种程度上是可错的断言开始。这里我选取这样一个断言作为出发点,即存在一些不应该对人们去做的事情。我这样说,并不意味着存在关于这些事情的任何清单,也不意味着这些事情,在任何情况下,**永远都不**可以正当地对任何人去做(而且我的意思也不是排除这样一个清单存在的可能性)。我这样说的意思乃是,对人们做某些事情是可能的,而做这些事情却是错误的——进一步地说,如果可能的话,就应该避免做这些事情。在下面的论述中,我希望发展一种关于一个确定的道德行为领域的言谈方式,而这种言谈方式表达了这一类的事实。我将在这一努力中使用权利的行话,重新考察贯穿诺齐克一生的职业生涯所探究的那些论题。

这里,我将致力于完成两件事情。首先,我将在一个诺齐克式的思想脉络中,尝试提出一些有助于私有财产权的伦理基础的明晰化的先导性想法,以避免更为严格的洛克式理论通常所面对的那些陷阱,以便为阐发私有财产的通常安排的批评者所提出的论证,做出更好的准备。其次,我将阐明在晚近日益变得流行的一个批评性的论证。这个论证的版本至少能够追溯到比埃尔·约瑟夫·蒲鲁东。我将关注杰里米·瓦德诺(Jeremy Waldron)给出的一个系统阐述。这一系统阐述的基本观念是,关于私有财产权的唯一正当的论证导向这一结论,即社会有义务保证每一个公民拥有私有财产。在瓦德诺的系统阐述中,可以得到辩护的是对于私有财产的普遍的权利,而不是特殊的权利。我将试图表明这一结论是没有正当理由的。

尽管我自己的结论并不总是与诺齐克的看法保持一致,他的著作的影响却是无处不在的。此外,我将通过考察几个思想者的工作来展开讨论,由于部分地受到诺齐克的影响,他们的著作具有几种独特的形式。对于那些批评诺齐克著作的人和那些赞同他的人,这种情形是同样的。因而,一部分基础的信息会涉及诺齐克的广泛影响。

第一节 对个人的尊重

我从一个原则开始我的讨论,正如前文所指出的,这个原则不可避免地是有争议的,至少在某些解释之下。但是,也正如前文所指出的,一个人必须有个开头。我想使这一原则中谈及的"权利"相当宽泛,以便像这样的句子是对的:"如果人们不拥有权利,那么就可以对他们做任何事情。"我以为正是对权利的这种理解使得这一原则显得合乎情理:

> **尊重原则**:尽管对个人的尊重可能并不等于对个人的权利的尊重,然而这两者之间的关系是非常密切的。缺失了对权利的尊重,就不可能有对人们的尊重,或者更为重大的是,就不可能有对人道本身的尊重,如果这样的事情还有任何意义的话。

我想要阐明的是,对于**尊重原则**的这一系统阐述来说,对于权利的以下讨论,首先是不相干的。这一点是重要的,即权利理论的批评者所具有的一介传统的倾向,及其许多当代的支持者,把这样的理论看作根本上是利己主义的和造成不和的。我反对这样的看法。尽管存在批评任何特殊版本的人类权利理论的广泛空间,然而所有这样的理论的最为根本的动机涉及的,或者它应当涉及的,却是对公平的和合理的人类相互行为规则的关切。

现在,说权利理论的要旨就是构设"公平的和合理的人类相互行为的规则",乍看之下可能显得天真。但是再一看却可以发现,以对权利的当代讨论为前提,至少在两种思路中,这一阐述却是微妙的。

首先,如果认为权利理论涉及的首要的就是**人类的**相互行为的规则,那么至少最初看来,似乎就可能危及其他动物具有权利的观念。可是,在我看来,这一结果似乎是可以避免的,至少为了当前的目的,我们可以这样想,即使权利理论的一个重要的(或者甚至比**这**一重要性更为重要的)作用,就是制定人类相互行为的规则,但是这并没有排除它具有其他作用,即可能承认关于动物权利的话语。比如,如果对人们做某些事是错误的,那么说人们拥有权利就是可以得到充分辩护的(这当然就是几个段落之前的**尊重原则**被激发的方式),因而,同样的思考似乎就会得出动物也具有权利的结论。因为确实有一些事情是可能对动物去做的,但却不应该做①。

如果有人对谈论动物权利存有顾虑,因为一方面,人类相互之间的可能的行为是多样的,另一方面,人类与其他动物之间的可能行为的样式存在非常大的差异,那么也许这个人就应该在权利的归属方面更为谨慎,即便他认可有一些事情在道德上是不应该对那些其他物种的成员去做的。早在《无政府、国家和乌托邦》之中,诺齐克就提出了一个可被接受的"最低限度的"建议,他给这种建议贴上了"对动物的功利主义和对人的康德主义"的标签(ASU, 39)。在这一建议之下,一个人就有义务使所有动物的幸福总量最大化,但是只有人将被理解为是受这一类型的严格边界约束所保护的,而在诺齐克那里这一边界约束就表现为权利。也许这种思考方式的一个足够充实的版本,对于某些人将会具有吸引力。

不过,在解决这一类争论之时,我的观点是,不虐待非人类的动物之道德的和伦理的理由,并不是特别地根源于人类的利益②。这些理

---

① 莎荣·瑞恩对本文早前一个版本的评论,对于帮助我理顺我的思考之中所存在的一个明显不一致之处起了重要作用。尽管我得承认,对于把权利的行话拓展到其他动物种类,是否是最好的,我依然没有把握。

② 在此,对于其他人尤其是詹·纳维森所设计出的一种思路,我表示反对。特别参见纳维森的《动物权利再论》一文,载 H·米勒和 W·威廉姆斯主编的《伦理与动物》(Human Press, 1983),第 45—60 页;并参见纳维森的《反对动物权利的一个事例》一文,载《动物福利科学的进展》(The Humane Society of the United States, 1986);也参见他的《道德与动物》一文,见《道德论题》第 2 版,第 133—142 页(Peterborough, Ont.: Broadview Press, 1999)。

由最终根源于关于那些其他动物的事实和道德的思考,而道德的思考可以涉及或者也可以不涉及权利行话的适当利用。在我看来,权利不需要而且也许不能穷尽道德。

除了特殊的人类相互行为是否穷尽了权利理论的范围的问题之外,我关于权利理论的范围的主张还有第二个特征值得考查。我主张权利理论牵涉的是人类相互行为的"公平的和合理的"规则。我认为,由大体上是霍布斯式的社会契约论者所做出的许多晚近的工作可能意味着,这一阐述要么是多余的,要么是错误的。或者公平的恰好**就是**合理的,或者公平恰好不是权利理论的一个合法的部分。这就是说,要么把公平简单地还原为订立契约的各方所同意的合理的东西,要么公平在权利理论中没有任何作用,因为霍布斯主义者把权利看成是从实际或假设的理性的同意之中所产生的东西①。

我不认同这一说法。对我来说,双方大概会发现,在一个霍布斯式的契约中,他们置身于这样的境地,很可能他们所同意的合理的东西,却恰好侵犯了他们其中一方的权利。我首先想到的是这样的情景,在其中双方之间的实力差异是压倒性的。作为实力较弱的一方,我可能会说,实力较强的对话者应该会想到我以后获得实力的可能性,也许通过与其他人密谋等途径。但是,如果这样的前景是足够渺茫的,那么不管我多么花言巧语,实力较强的一方认真对待我的论证简直就是不理性的(按这种霍布斯式的解释)。在那样的情境之中,作为实力较弱的一方,我认识到我并没有真正的实力,因而对我来说,通过抵制实力较强一方的意志来冒险一试,简直就是不理性的。

对于霍布斯来说,通过征服所达成的协议与在自然状态中通过目的的一致所形成的协议,是同样合法的。在我看来,这是错误的。从霍布斯的立场来看,是合理的某些协议侵犯了权利。

---

① 对于霍布斯主义者,这样一个理路似乎将解决非人的动物是否能够具有权利的问题。但是他们没有解决这一问题,除非人与其他动物种类的成员之间假设的同意能够具有某种意义。

因而,再说一次,我主张人类权利理论的最为根本的动机,关涉的是人类相互行为的公平的和合理的规则,而且这里的"公平"与"合理"是相互独立的(至少按霍布斯式的理路来理解是"合理"的)。最后,在我看来,遵循这一阐述中的"相互行为"的重要性,就似乎意味着,所有对于权利理论的通常批评就必须准备阐明这样的问题,即如果我们未能承认他人的权利,我们将会处于何种**社会**境地。

看待权利的这种方式的一个重要结果就是,它不是特别地孤立主义的或个人主义的。诺齐克写道:"我从前提出的自由至上主义的立场,现在看来是严重不足的,部分地因为它未能充分地结合人道的考虑和共同的合作行为,它留下了将之更为紧密地结合在其结构之中的空间。"(EL,286-287)如果他暗示的问题就是一个强调之类的事情,我怀疑诺齐克是对的。但是诺齐克又说,他的立场"忽视了关于重要议题和问题的官方政治关切的象征的重要性,作为表示它们的重要和紧迫的一种方式,由此表达、强化、引导、鼓励和确认我们私人的行为和关切指向它们"(EL,287)。在我看来,虽然人道的考虑好像提供了所有种类的好的理由,使得一个人对其试图一举消除国家的强制的渴望保持慎重,诺齐克还是(在 EL 中)高估了"官方政治关切"的表达的重要性,而又低估了国家权力的危险性,即便在民主的多数人的控制之中①。

对诺齐克在近期对政治关切之官方表达的象征性之重要性的强调,不管我的忧虑是否正确,我们当然还是同意把人道的考虑充分地结合在权利理论的结构之中的重要性。承认权利,远不是让我们相互隔绝,而是帮助我们建立相互之间最基本的联系:正是权利建立了人与人之间的责任的界线。

尤其是,关于权利的这些一般性思考,现在为财产权的考察铺平了道路。这部分地是因为,探究财产权的严格洛克式的路径的确看似是

---

① 也可参见约翰·T·桑德斯的《没有国家之意义的国家》("The State of Statelessness"),载约翰·T·桑德斯和詹·纳维森主编的《对国家的赞同与反对:新的哲学读物》(Lanham, Md.: Rowman and Littlefield, 1996),第 255—288 页,以及盖拉德·高斯的《目标、象征、原则:诺齐克论实践合理性》一文,即本书第六章。

孤立主义的，这些遭到了否决，而且还存在对此进行质疑的其他理由。洛克的著作确实对讨论中的各方都施加了足够的影响，单凭这一个理由，在我转向更具建设性的思考之前，就值得对它进行一个简短的批评性的讨论。在下一部分所提出的批判将因而成为后面的讨论的一个先行的基点。

第二节 严格的洛克式路径的失败

在早前的一篇论文中①，我表明洛克的论证为财产理论所提供的根据是不适当的②，这基于以下几个理由。首先，著名的洛克的限制条款（即未被先行占有的资源可以被转化为财产，只要给其他人留下了充足的和同样好的资源），不仅在概念上是不一致的，而且也是不攻自破的。

自从那篇论文发表之后，大卫·施密茨已经使这个论证进展得更远③。尤其值得注意的是（对我来说，也是令人信服的），施密茨的以下论证，即假如有人要达到为了其他人使用资源而保存资源的目标，那么这个人就必须**节约**"公共"资源，而初始的获取正是由来于此。

不过，想必这会带来这样一个结论，即不管什么原则被挑选作为获取原则，"只要一个人留给其他人足够的和同样好的东西"这一点，都不能作为限制条件或限制条款而发挥作用。与之相似的某种东西，反而成为（至少部分地）对于获取的辩护，而"剩余的"部分必须被完全放弃。由于这一部分是洛克的限制条款的核心，正像我已经证明的，似乎清楚

---

① 《正义与财产的初始获取》，见第 40 页注释②。
② 这一论证不仅在洛克的《政府论·下篇》，而且在《政府论·上篇》也可以发现。参见彼得·拉斯莱特编辑的洛克《政府论》(Cambridge: Cambridge University Press, 1960)。
③ 参见施密茨的《什么时候原初占有是**需要的**?》，《一元论者》(1990 年 10 月号)，第 504—518 页，以及施密茨的《政府的边界：探究公共利益的论证》(Boulder, Col.: Westview Press, 1991)，第 15—32 页。

的是,这一限制条款应该简单地被抛弃。

与此不同的是,施密茨认为,通过以某种方式重新解释这一限制条款,论者就能够调和他的论证。重新解释的方式会是什么呢?是像以下表述的某种东西吗?即"一个人可以尽其所能地占有,只要他留下尽可能少的未被占有的东西"。埃拉斯莫斯·达尔文(Erasmus Darwin)有一次把唯一神教派(Unitarianism)描述为"俘获一个堕落的基督徒的温床"①。也许施密茨想让他对洛克的限制条款的"重新解释",成为一个俘获堕落的洛克信徒的温床②。

在我看来,为了从正当的财产初始获取的规则之中,简单地放弃这一限制条款,依然存在极好的根据,而这些根据根本上涉及的是其他的事情。简单地说,在洛克所描述的方式中,这一限制条款不能保护其他人的利益。事实上,它使洛克以为会得到改善的稀缺问题变得严重了。诺齐克对相似于洛克的限制条款的多种多样的替代选项的讨论,清楚地呈现了这样的问题,就如哈斯汀斯·拉什多尔(Hastings Rashdall)关于占有沙漠中唯一水源的人的例子一样,他自己的考虑占据了非常重要的地位(ASU, 178 – 179)。

但是,正像我坚持认为的,以及其他传统的和当代的分析者异口同声所指出的,抛弃洛克的限制条款,而留下来的洛克的劳动—混合说,会导致违背直觉的后果,如果还不是十足疯狂的后果的话。在这些分析者之中,诺齐克的雄辩是众所周知的:

> 洛克把对无主物的财产权看成是由某个人把他的劳动同无主物相混合而产生的。这引起了许多问题。劳动同与之相混合的东

---

① 参见查尔斯·达尔文给恩斯特·克劳斯的《埃拉斯莫斯·达尔文》(London: J. Murray, 1879)的导言,第 45 页。
② 在《财产制度》(《社会哲学与政策》,1994 年)一文中,施密茨相当详尽地阐述了他对这些问题的讨论,(大致上)提出当需求并未超出共同占有的存量之限制时,这一限制条款**允许**占有,而当需求超出了存量的限制之时,就**要求**占有了。如果(正像看似合理的那样)"限制条款"起着这样的作用,那么它就清楚地没有作为一个"限制条款"而发挥作用。

西的界限在哪里？如果一位私人宇航员在火星上扫清一块地方，那么他使他的劳动与之相混合的（以至他能拥有的）是整个火星，是整个无人居住的宇宙，还仅仅是一小块特殊的地方？哪一块地方由行动产生了所有权？行动使一个地域的熵减少了，产生所有权的最小地域就是这个减熵的地方而不是其他的地方吗？处女地（通过高空飞机进行生态学调查得出）能够通过一种洛克式过程而产生所有权吗？围绕一块地域修建一道栅栏，大概只能使某人成为这道栅栏（以及它下面紧挨着的土地）的所有者。

为什么把一个人的劳动与某种东西相结合就使这个人成为它的所有者？也许因为一个人拥有自己的劳动，所以这个人就拥有了一个先前无主的物，而在这个物中满是这个人所拥有的东西。所有权渗入了这个物的其余部分。但是，把我拥有的东西与我并不拥有的东西混在一起，为什么不意味着我失去了我所拥有的东西，而是我得到了我并不拥有的东西？如果我拥有一罐番茄汁并把它倒入大海，以至于它的分子（使其带有放射性，从而我可以进行检测）均匀地混合于整个大海之中，那么我是拥有了这片大海，还是愚蠢地浪费了我的番茄汁？(ASU, 174 - 175)

对于先前无主的资源的正当获取原则的寻求，抓住了劳动—混合学说的良性特征，同时也指向克服它的明显的任意性。我心中想到的这种良性特征，包括首先的确有必要建议给洛克的这一特征：劳动投入几乎总是预示着意图做某事或者生产某种东西，而所做的事情和所生产的东西对于劳动者是重要的。我们必须发现一个原则，这个原则紧紧地抓住了这一特征，又不具有伴随着劳动—混合原则的任意的和潜在的破坏性后果。我在当前的这篇研究论文中所希望拓展的正是这一探索。我打算再次讨论先前无主的资源的原初获取的论题，并提出一个能避免各种洛克式的和非洛克式的陷阱的路径。在这一讨论中，我将阐发人们具有对于私有财产的"普遍的"权利的观念。

作为先前无主的资源的正当初始获取之标准的劳动—混合的任意

性,并不仅仅是理论上的。在被忠实的劳动—混合者所运用的当代的和历史的论证中,相当程度上明显地表现出,使他们丧失了对于未被根本开发的资源的权利。一个显见而易的例子就是,有时提出来的对于欧洲殖民者的以下行为的辩护,即他们侵占了几乎整个北美以及其他大陆的大部分地区,而其有关的根据就是,当他们到达那里的时候,那里相对地缺乏耕耘过的土地、栅栏以及劳动—混合的其他表现。其他的例子涉及总体方案,即已经提出的在乡村重新分配资源的例子,在那里致力于实现国有经济的私有化的努力正在进行。这样的论证和方案错失了财产权的观点之中一个重要的部分,而且我以为也揭示了劳动—混合的标准的一个严重缺陷。

获取私有财产的权利关涉的是,个人的事业和筹划在人的生活中的核心性,不管这种事业和筹划是个体地还是集体地实施的。不管资源被这样的筹划变更与否,正是筹划及其对于个人的重要性应该得到尊重,必须为个人的筹划留有空间,只要他们没有干预其他人的同样可以被辩护的筹划。如果有什么比嘴皮子功夫更为重要,那么这就是尊重他人的观念。

第三节 筹划和权利

索尔·芬博格(Joel Feinberg)曾经指出:"对个人的尊重……可能简单地就是对他们的权利的尊重,因而两者之中缺少了一方,另一方就不可能存在。"[1]在对个人筹划的伦理重要性的评价中,一个人可能成功地比这走得更远。这里着重意味着,没有对他们的筹划的理解,就不可能理解个人。人们是活生生的、呼吸着的行动者,而不仅仅是具有静止特性的被动物。

一个有趣的推论涉及什么促进了值得拥有的人的生活的问题。在

---

[1]《权利的本质和价值》,载《价值探究杂志》1970年第4期,第252页。

与学生讨论这样的问题的一门课程中,我有时提出如下标准的晚期二十世纪分析倾向的哲学家的问题:如果当代的"虚拟实在"技术发展到这样的程度,虚拟的体验百分之百地令人信服,就像许多近期的小说作品所呈现的情景一样,而且如果一个人能够把他的体验精确地以自己乐意的方式编成程序,那么,简单地启动机器进入虚拟生活,而不是去经历充满了痛苦和挫折的真实人生,就是人们所向往的吗?再加上没有丝毫危险,甚至寿命可能提高的限制条件(也许一个人被设计进入一个对细菌免疫的环境,并通过静脉注射获得营养,以至降低了生病的风险,或者也许一个人仅仅只是同意变成一个瓮中之脑,被值得信赖的科学家所照料)的话。

这个想象机器明显就是一个诺齐克称作"体验机"①的东西。的确不能说,虚拟实在的错误就在于它缺乏挑战性,或者说为了享有成功,一个人有时需要挫折——因为人们无疑能够把这样的事情编入虚拟生活中。但是,由于一个人能够保证,在虚拟实在中,挑战将从不变成压倒性的,成功将总是压倒挫折,总的来说那难道就是一种更好的生活吗?

一旦虚拟体验开始,一个人将没有任何方式知道体验只是虚拟的,因为体验是假设百分之百令人信服的。我向学生提出这个问题的经验是,除了罕见的例外(而这些例外几乎总是由于误解了这一情景中的一些限定条件而产生),人们总是拒绝选择失控。这样一个虚拟实在的机器将会是星期五和星期六晚上的异乎寻常的娱乐,学生们大多同意这一点。但是选择虚拟实在作为"真实人生"的替代物的想法,简直就是不可能的。

为什么会是这样?学生们会说,因为虚拟实在不是真实的,但是这个回答显然没有什么用。也许他们的判断涉及对人的看法,这个看法类似于一分钟之前所勾勒的看法,即个人不能被理解为仅仅是体验的被动的受体,而是行动者。要紧的不是行动的**体验**,而是行动的事实。所假设的虚拟世界的生活也是异常孤独的。这里我提出的建议是,人

---

① ASU 的第 42—45 页。也可参见大卫·施密茨的《生活的意义》一文,即本书第十章。

类根本上不是把自己理解为世界经验的被动接受者,而是在一个世界中与像他们一样的其他行动者一起分享体验的主动的参与者①。

这无疑是诺齐克的见解。我们不但想做某些事情,而且我们也想要**以**某种方式去做,而不仅仅是想要拥有做这些事情的体验。正像他所表述的,"长期处于罐子里的人是什么样的,对于这个问题,不会有任何答案。他是勇敢的、和善的、理智的、聪明的、可爱的吗?不仅仅是这些问题难以回答,而且他根本就没有办法成为什么"(ASU,43)。

我不确定这是否有助于解决关于好的生活的许多"大问题",但是它对于剖析人们的以下反应却可能大有帮助:人们拒绝虚拟生活,不管它多么完美;人们更喜爱真实生活。而这样一个值得过的人生的观念,无疑构成了我当前主张的基础,即关心一个人、尊重一个人,就是至少关心和尊重他具有目标、雄心和筹划这一明摆着的事实。尊重他人意味着,把他们看作主体、一个共享世界中的共同居住者,而不是仅仅看作具有某些性质的客体或者具有传入神经的神经系统的组织。

为任何一个人的筹划的特殊细节而喝彩,或表示欣赏,乃是不必要的。一个满是行动者的社会,追求着个体的和合作的广泛筹划,将需要为可以接受的行为设置边界,即便只是为了实行使追求筹划的自由获得最大程度支持的一般原则的话。但是为了使人类生活更容易,甚至仅仅为了使人类生活成为可能,一个人就必须阐释为了有助于那些激励着个人的目标的实现,人所需要行动的事实。如果认为关心其他人不过是关心他们通常对社会有所贡献的能力——这一点应该被理解为,最诚实地说,对我们和**我们的**筹划有所贡献的能力——这就暴露了对作为个人的他们的深深的蔑视,以及彻底地丢掉了人道的所有伪装的自我中心主义。

也许人类对社会有所亏欠这一点是对的。也许这些亏欠确实相当

---

① 在个人通信中,罗杰·克里斯普提出,由于有人能够想象一个体验机,他还是能够做出自主的选择,而本章中所举事例可能更为有力,如果想象一个集成电路芯片被置于你的大脑中,而这个集成电路芯片使所有为你做出的决定,以这样一种方式使快乐、成功或者无论什么都最大化。

广泛。尽管没有什么目的,对于个体对社会的亏欠,有人会想,这样的说法为尊重他人留下了什么空间,以及在个人的生活中社会可能具有什么样的价值。也有人想知道,在这样的见解中发挥作用的社会的概念到底是什么。阐明对权利的理解的这一种方式,凸显了他们表达个体承受社会亏欠的界限的方式,尽管这一点显然是论题的一个方面。

在对人权的解释中,个人的筹划扮演着至关重要的角色,这一看法存在重要的先例。与这一看法相似的观点,可以在约翰·罗尔斯《正义论》中的众所周知的弱形式(thin form)中找到[1],尽管它被罗尔斯的以下论点严重地削弱了,即他认为不仅是无主的资源,甚至连个人的天赋,都应该被认为是共同体的财产。在整个1970年代,伯纳德·威廉姆斯把"筹划"的主题拓展得更远[2],不过,我想把分析的焦点锁定在劳伦·洛马斯基以发人深思的方式所阐发的那些论题上[3]。

不用进入重要的细节,对于洛马斯基所采取的总体理路,我想表达我由衷的赞同,同时我也希望引起人们对他的论证的某种特征的注意,而对于我来说,这种特征要么显得损害性地分散了对于核心观念的注意力,要么在某些情况下,明显就是错误的。比如说,洛马斯基提供的对"筹划"这一术语的技术性的定义,在他为了给权利提供一个基础的努力中,就比必要的限定过于严格了。在他的书中,"筹划"不只是那个术语在日常英语中所涵盖的那种事业:

> 某些目的不是一劳永逸地被确认并因而通过一个特殊行动的成功完成所实现的。更准确地说,由于目的的促进作用,它们在个

---

[1] 罗尔斯:《正义论》(Cambridge, Mass.: Harvard University Press, 1971)。
[2] 特别参见威廉姆斯《道德运气》(London: Cambridge University Press, 1981)一书中的《个人、品格和道德》一文。并参见 J·J·C·斯玛特和伯纳德·威廉姆斯合著的《功利主义:赞成与反对》(London: Cambridge University Press, 1973)中的"功利主义批判"的部分。
[3] 尤其是《个人、权利和道德共同体》(New York: Oxford University Press, 1987)。

体的生活的相当长的一段时间内自始至终地存在着,并且持续地诱发行动,以至建立一个连贯性的模式。在未来的无限期的范围内,那些在个体的不断展开的努力中扮演着最重要的角色,并且为个体的生活提供了一个相当重要的结构稳定性的东西,我称之为**筹划**。①

在我看来,可以这样说,为给一般性的权利辩护,或者为特殊的财产权辩护,筹划不需要这样的重大。一些这样的筹划在一般人的生活中扮演着重要的角色这一点,毫无疑问是对的,而这一点无疑也是洛马斯基所谓的"哲学人类学"之中一个重要的思考。但是我不相信,这一事实对于权利理论像洛马斯基所指出的那样重要。

除了对于"筹划"的这个不必要的技术性定义,应该对洛马斯基的以下论说做出评论,尽管在我看来,这一论说是错误的。他认为,由于个人的筹划在人类生活中的重要性的赞赏,以下几个联系在一起的传统哲学学说都被抛弃了:(1)道德观点的中立性;(2)在功利主义之中的个人可互换性的学说;(3)道德反思的目标就是总体幸福的最大化的功利主义学说;(4)正义问题应该在适当安排的无知之幕背面加以解决的罗尔斯的学说。任何一个或者所有这些学说的确可能是错误的,但是我认为洛马斯基的错误在于,他认为这些学说的错误是筹划——即使是他所意指的那些非常重大的筹划——在人类生活中的重要性受到充分赞许的结果。如果说洛马斯基关于筹划的重要性的看法是对的,那么以上所列举的这些学说就具有为人所熟知的理论能力,来认可这一哲学人类学的事实,并将之容纳在自身之中。

在简要指出我在什么地方不再与洛马斯基同行之后,我必须强调,他为了确保筹划在权利,尤其是财产权的辩护中的基础性地位所做努力的重要性。

---

① 洛马斯基:《个人、权利和道德共同体》,第26页。

第四节　不受干预的权利

现在该轮到论述我的以筹划为基础的私有财产权论证的第二个基本原则：

> **不受干预原则**：反对外在干预的主张应该被普遍地加以尊重，毋容置疑，在他们所致力的筹划中，人们应该不被干预，只要这些筹划本身没有干预其他人的正当筹划。

财产（以及一般的权利）的观念、与财产（以及其他权利）有关的规则，在把握和详细解释上述正义原则的努力中，将得到最好的理解。这一点至少与诺齐克在《被审视的生活》中所说的"表达论"(expressivism)保持着一致："……我们对个体的自主和自由的关切……本身部分地就是一个表达出来的关切。我们相信这些东西是有价值的，不只是因为它们能够使某个人选择表现出一个特殊的行为，或者它们能够使他获益，而是因为它们能够使他从事明确的和复杂的自我表达与自我象征化的行为，而这些行为又进一步地使个人充分展示自己和获得发展。"(EL, 287)

每个人所需要的，是奋斗的途径，是一个正当的和合适的行为得以展现的王国，是一个可以合理地期待甚至要求不受干预的王国。为了确保如此，必须对于如此界说的王国之界限给予某些规限。在明确提及财产权的以下论述中，查尔斯·赖希(Charles Reich)很好地表达了这一要点，他说："在社会中，财产承担着保护自立、尊严和多元性的功能，通过创造置身于其中的区域，大多数人不得不成为所有者。"[①]

[①] 参见赖希的《新的财产权》，载《耶鲁法学评论》第73卷(1964)。正如盖拉德·高斯和劳伦·洛马斯基所洞察的那样，这决没有把财产权与任何其他权利区别开来。参见高斯和洛马斯基的《财产权是成问题的吗？》，载《一元论者》第73卷(1990)，第492—493页。

某些权利可以被看作天赋的(生存权?)。某些其他的权利可以被看作逐步成熟的,它们的行使也许会达到某一恰如其分的发展阶段(充分自由的权利?)。最后,某些权利可以被看作是获取的,也许是在先前权利的基础上(对某些特殊事物的权利?)。不过,所有这些"权利"都是根源于正义的思考。干预别人的筹划是不正当的,当这些筹划并没有干预我们的正当筹划的时候。我们正在尝试去做的,是在建立一个权利的分类学的过程中,使这个普遍的正义原则系统化。

那些争辩说权利限制自由的人当然是正确的。其实,这正是权利的全部要点所在:阐明对于其他人干预道德上具有特权的行为的"自由"的限制,不管是个体地还是集体地进行的。关于权利的问题,因而就变成了在何种考虑的基础上、应当如何限制自由的问题。

所以,是否存在我们可以拥有的某种权利,这种权利是我们的生存权的附加物(正如以上简略解析的)? 我为这一权利论辩,而且我主张这一权利是不受干预原则的一个直接派生物。

如果存在一个行动的领域,能够容许不被他人的行为所干预,因为在这一领域中没有任何行为,以侵犯他们先前确立的正当声称的方式,影响了其他人;因而不受干预原则的一个直接应用就是可能的,即在这一新的领域,某人就应该可以展开行动①。由于在这一领域的新的行为并不妨碍其他人的行为,在这一领域之外其他人可以做出正当的主张,在这一领域的行为就能够不干预任何人的正当主张。

我把它看作类似于这一特征的某种东西,而这一特征正是许多人所喜爱的,是约翰·洛克关于先前无主资源的正当获取的规则所具有的。不过,我已经说过,洛克的论证在许多方面是失败的。总结前面的那些论证,可以说,洛克的论证是失败的,因为:第一,它依赖于"劳动—混合",而劳动—混合的论证是可疑的;第二,它包含一个限制条款或限定条件,而这些显得至少在概念上有问题,而且往最坏处说,是自我挫

---

① 这一阐述是理想化的。当在现实世界中运用这一原则时,就必须依据有关干预的主张,来解释这一原则。在本章的第六节,我将简要阐述某些这样的主张。

败的;第三,它是借助可疑的神学术语来表达的(尽管这些术语可以去除,论证也不会因此失去实质性的力量)①。

但是还存在任何未被开发的行为王国吗?事实上,当然永远存在许多这样的王国。这样说可能显得令人惊奇,而我以为,它之所以令人惊奇,是因其根源于一个根深蒂固的倾向,即倾向于假定,所有可能的行为还没有产生与之相关的权利之前,都以某种方式正当地属于共同体或国家决定的范围。当我们把其混淆不清之处剥离掉之后,这一假定就是,任何行为尚未对其获得权利之前,就可以通过国家或共同体的占有而被正当地确定**获得了**权利。在可以被理解为财产的事物的情境中,这导致一个奇怪的(但是却被广泛接受的)假定,即尚未被任何人所拥有的无论什么东西,至少都被国家或共同体所准拥有(quasi-owned)了,因为国家或共同体被认为具有决定如何处置它的权利。但是在这一假定中却存在着问题,因为它设定了关于财产问题的一个先在的解决,于是留下的就仅**是**事物可以被如何正当处置的问题。而遗憾的是,在关于财产权论说的历史中,这一类问题却是普遍的。

第五节 对于私有财产的普遍权利

我们所讨论的这个假定的一个特别微妙的形式(这个假定就是,尚未被任何人所拥有的任何东西,都被国家或共同体所准拥有),可以在以下的论辩中发现,即如果财产权对于人们是如此重要,那么社会就应该保证每一个人都获得一些财产。杰里米·瓦德诺在他出版于1988年的具有影响力的著作《对于私有财产的权利》②中,在讨论他称之为"特殊权利"的私有财产权的辩护之前景时,他认为洛克和诺齐克所致

---

① 参见桑德斯的《正义与财产的初始获取》一文。
② 杰里米·瓦德诺:《对于私有财产的权利》(Oxford: Clarendon Press, 1988),第106页起。

力于提出的辩护形式,都是前景暗淡的,此后,他以非常同情的态度认可这样一种可能性(社会确保每人都获得财产)①。

瓦德诺的讨论立足于可能的权利类型的两种区分之上,其中一种区分来自 H·L·A·哈特的著作,另一种区分则是瓦德诺自己提出来的。哈特在"特殊的权利"与"普遍的权利"之间做出区分,前者产生于某些特殊的事情和关系,后者则并非如此②。特殊权利的一个明显例子就是,由一个承诺所创造的权利。公认的普遍权利的通常例证就是生存权、自由和追求幸福的权利。

当哈特最初以这种方式提出权利之间的区分时,他没有提及特殊权利的以下两种形式之间的区别,即一方面,通过介入特殊交易而产生的并只与交易的各方相联结的特殊权利;另一方面,则是没有这种限制的特殊权利。瓦德诺论证说,尤其是在对财产权的思考中,这是一个需要做出的重要区分。他还进一步指出,对权利如何产生的问题的思考,应当做到对权利与谁相联结问题的概念上的清晰把握。

因而,对于瓦德诺来说,特殊的与普遍的权利之间的区分只是着眼于来源的问题。于是,在对人权(rights *in personam*)与对物权(rights *in rem*)之间的区分就被提了出来。对人权指的是,通过介入特殊的交易而创造的并只与交易的各方相联结的权利,而对物权则没有这样的限制。瓦德诺接着考察了这些范畴之间的几种可能的组合,如以下图表所示:

---

① 我认为,瓦德诺反对关于私有财产的"特殊权利"辩护之可能性的论证,是能够被 A·约翰·西蒙斯所反驳的,参见西蒙斯《私有财产的原初获取之辩护》,见艾伦·弗兰克·保罗与人合作编辑的《财产权》(Cambridge: Cambridge University Press, 1994),第 63—84 页。正如西蒙斯所论证的,瓦德诺称之为"特殊的对物权"的东西(以下将称之为"范畴Ⅱ的权利"),通常比瓦德诺所建议的要更为人所熟知和更不令人反感。在传统的方式中,捡起垒球的游戏赢得游戏空间是一个很好的例子(西蒙斯,第 83 页)。在下面的论述中,我自己的目的是阐述,对于思考可能存在对于财产的普遍权利,瓦德诺所提出的肯定的理由。
② 参见 H·L·A·哈特的《存在什么自然权利吗》,载杰里米·瓦德诺主编的《权利理论》(Oxford: Oxford University Press, 1984)。

	对人	对物
特殊的	I	II
普遍的	III	IV

以上图表中所列出的四种组合中的两种,在道德世界之中存在非常清楚的例示,瓦德诺论证说,其他两种则是有疑问的。范畴I是特殊的对人权的类别,它的一个例子就是一个标准的承诺。范畴IV是普遍的对物权的类别,包括通常所说的生存权、自由和追求幸福的权利。

至于范畴III,即普遍的对人权的类别,瓦德诺似乎认为,在道德世界中,尽管可能会存在某些例子,却看起来是相当难以分辨的。他建议属于这一范畴的条目应该"限定在一种类似于对人的方式之中",但是,考虑到他对"对人权"的定义,依据假设(假使它是普遍权利)它就不得不被限定,尤其是被一个交易所限定,而这样的情况却并未出现。无论怎样,我将跟瓦德诺一样,对范畴III不予理会。

对于当下的讨论目的来说,有趣的是范畴II,即特殊的对物权的类别,因为瓦德诺将整个的包括洛克和诺齐克的财产理论的族类都奠定在这一类别之上:

> 在通常与约翰·洛克和罗伯特·诺齐克联系在一起的观点中,一个占有者所具有的权利是一个特殊的对物权,即一个与世界相对立的特殊权利。试想一个洛克式的农夫对他圈占和耕耘的田地的权利。这一权利(阻止其他人进入田地,为了他自己的利益而控制田地等)是一个特殊的权利,因为它不是他自始就应该具有的权利或者理所当然的事情,这一权利是从一个特殊的偶然事件,即他在田地上劳动的事件中产生的。不是每一个人都在这块田地上劳动,而且无疑只有一个人能够是**第一个**在任何具体的田地上劳动的人;因而此处所讨论的权利,在哈特的术语中,对于拥有它的人是特殊的。但是这样获取的权利却是与整个世界相对立的,因而是一个对

物权,因为在洛克的解说中,一旦有人已经在这块田地上劳动了,而没有经过这个劳动者的同意,**任何人**进入这块田地就会妨碍他的职责。与此相似的是,在洛克的尤其是诺齐克的解释中,从田地和其他占有的资源的买卖中产生的权利都是特殊的对物权。①

最后,瓦德诺论证的结果是,不但洛克和诺齐克对作为特殊的对物权的财产权的特别捍卫失败了,而且说任何人对于与世界联结在一起的无主资源能够做的任何事情,都应该产生对于该物的私有财产权,简直就是不合情理的。这样一来,试图用其他某些相关的类似论证来取代洛克的劳动—混合的论证的努力,都注定要失败。

不过,瓦德诺未必就是私有财产权的一个反对者,因为他认为许多对于私有财产权的传统论证反而是具有说服力的。然而,这些具有说服力的论证都有一个倾向,就是把私有财产权归类在范畴Ⅳ之中,即认为它是与世界联结在一起的,但却没有特殊的事件和关系创造它。就像生存权、自由和追求幸福的权利一样,对作为物的私有财产的普遍权利也是属于每一个人的。我们一出生就拥有它们。而且就像那些我们更为熟悉的其他的普遍对物权一样,它们应该被一个正义的社会所保护。

简言之,瓦德诺发现至少合乎情理的是,社会应当看到每一个人都从私有财产的拥有中获得利益。这些利益是什么?瓦德诺讨论了几种可能的利益:第一种是,拥有一个人自己的财产,对于自主是有重要作用的和必要的,而自主又被承认是至关重要的人类价值;第二,对于保证一个人的平安来说,拥有财产也是具有重要作用和必要的;第三,拥有财产对于性格的塑造是有好处的;等等。可以合理地推定,瓦德诺将会把本章所提出的论证摆置在以上所提到的效果上来加以考量,而本章所提出的论证就是,依据私有财产在个人筹划的追求中所具有的重要性,私有财产将可以为自身辩护。如果筹划对于人们是如此重要,而且如果私有财产对于筹划的追求又是至关重要的,那么我们应当看到

---

① 瓦德诺:《对于私有财产的权利》,第 108—109 页。

每一个人都获得一些私有财产。

现在,我毫不怀疑,如果每一个人都享有私有财产所带来的利益,在对他们筹划的追求中,私有财产能够被利用,而这又没有妨碍其他人的正当筹划,那将是一个好事情。这是一个令人向往的目标,而且很难与这样的观念进行论辩,即能够有效地实现这个目标的制度将是一个好的制度。这个故事并不全都是片面的;虽然我将不得不同意私有财产批评者的以下观点,即许多糟糕的事情可能来自对这一目标的追求。不过,总的来说,在我看来,提升私有财产的所有权的制度是好的制度。困难在于设计出一种能够有效地做到这一点的制度,而这些问题大体上都是经验性的。

比如,这种制度可能是一个像洛克所提出的安排,通过某些类似劳动—混合的特殊行动,先前无主资源的私有财产权能够被最先来到的人所获取,而这样的安排事实上使以下情况变得非常可能,即相对于任何其他半途而废的实施方案,第三方更能够相应地获取对于这些东西的财产权。可被转化为财产的事物的范围就这样终究被拓展了,而且那些不管出于什么理由而未在先前无主资源中去翻寻的人们,现在可以购买并通过交换获取资源,而这将会促生更多的财产,也许还会推进财产为每一个人所用①。正如诺齐克所指出的,像这样的一些论证并不只是财产的功利主义辩护的一部分,这些论证反而可以用来支持占有私有财产的主张,并满足洛克的某种限制条款的意图,但是它们也只是**可能**这样(ASU,177)。

把像劳动—混合这样的规则,即打算作为把无主资源带入私人所有权的普遍方案的规则,与获得所有权的普遍规则相混淆,会是一个错误。不难想象,一个阅读洛克或者诺齐克著作的人会认为,一旦首次获取有限供给的先前无主资源的竞赛结束,那么任何未在那场竞赛中尽力获取财产的人们就倒霉了。但现在这却是一个众所周知的错误。对于其他人来说,那些资源的大部分现在**更容易**得到,因为人们现在不必

---

① 施密茨在《财产制度》一文中所提出的论证,在这里尤其有用。

遵循首次获取的规则来得到它们。比如说,他们能够通过购买和交易而得到资源。

但是我们还是必须承认,财产化(propertization)的许多截然不同的方案也可以实现这一目的,而且不必非得要表现出具有如此之多方面特征的私有财产方案。如果我们的目的是确保每一个人拥有私有财产,那么这里将呈现出不同制度安排的一个自由活动空间,而且它们将使个人筹划的机会最大化,(比方说)通过控制资源。

不管怎样,人们可以拥有对于私有财产的普遍权利,这一观念所意味着的比人们乍看之下所呈现的要少得多。除非"对于私有财产的普遍权利"的观念,预先设定了某种先在的财产持有,而且那些持有财产的人们施行这一权利,否则,这一权利就是空洞的。对于正是社会普遍地施行这一权利的假定来说,除非社会控制着那些资源并将其授予那些刚出生的人(或许,这些资源在这些人成年之前被信托持有),以实现他们拥有私有财产的普遍权利,否则,正在讨论的这一权利不会比欺骗性的修辞意味着更多。

现在,社会能够而且确实控制着资源。但是洛克和诺齐克所阐发的问题,必须与财产主张如何首次出现的事情联系在一起。那么,什么是为财产辩护的主张?尤其是,当思考哪一个主张可以对于行为和资源正当地做出,并超越于迄今所有权利主张之上,即何种辩护成就了**第一个这样的主张**?

普遍权利路径的支持者也似乎经常预先假定,这一最为棘手的辩护问题已经在财产理论中解决了。他们假定,他们知道想要利用的资源已经处于某些人的控制或者——通常在国家的控制中了。但是,这一假定却可以被归结为另一假定,即所有权问题已经解决了。

国家完全地控制(即所有权)全部先前的无主资源,可能的确是正当的。但那仅仅是这种主张,即它应该通过一个深思熟虑的成功构建的财产理论而被建立起来;而且它是诸如洛克或者诺齐克的努力所直接阐发的那一类论题,即为了产生权利,需要确定什么是必须发生的,也就是说,具体说明是什么产生了特殊的权利。可辩护的财产权可能

51

是私有的,或者可能不是私有的。可是,把问题的解决假定为分析的基础,却是根本行不通的。

对于私有财产拥有普遍权利这一说法与其道德内涵联系在一起,即使它完全没有物质的实体。正如瓦德诺提出的那类论证所辩护的一样,它还将对这一观念提供支持,即在其他平等的条件下,我们应当以将获取私有财产的机会最大化的方式来安排制度。但是除非存在某些论证——不管是这个同样的"普遍权利"的论证,还是别的什么论证——支持社会自身声称对于从来尚未被任何人持有的财产资源具有权利,那么"普遍权利"的论证就必须在那里止步:它必须在这一点上止步,而正是立足于这一点,它对使人们获取私有财产的能力最大化的制度安排提出建议①。由于洛克和诺齐克的工作都可被看作是为这样的安排做出的努力,他们不会与合法的"普遍权利"的关切相抵触。

第六节　筹划与占有

于是,大体说来,我们构建权利系统的努力之一以贯之的解决方案,就必须不假定任何先在的解决方案。尤其是,它不应当假定,权利属于国家或者整个共同体,或者权利属于任何多数人或少数人或个体。如果这样的群体或个人被承认持有权利,那么这一承认必须从分析中产生。它不应该被预先设定。

如果我们小心地避免共同体或国家超越所有行为而预先具有权利的假定,那么存在决不会妨碍其他人的正当行动的任何行动的王国吗?这将是一个相当有争议的问题。那些**可能**在原则上妨碍其他人的正当行动而实际上(或可能)却肯定并非如此的行动领域又怎么样呢?援引不受干预原则的标准又该如何表达?

---

① 对于丹尼·夏皮罗,我深表感激,因为他所提出的一个令人烦恼的合理论证,帮助我看到了,在这一点上我早前的思想线索是不完整的。

我怀疑是否存在这样一个答案,它能够满足思考所有提及的行动的需要。显然,许多行动将依赖于可能侵犯权利的风险程度和严重性。涉及新领域的行动规则之良好形式,在很多情境中,必须依赖于一般效果论的致思理路。然而,这些论证理路的核心内容,类似于一个基本权利不受干预的观念,而且,是否能承认这样的权利需要自己引出这一类或那一类的结果,也是不清楚的。关于这一基本权利的终极基础的所有义务论和效果论的传统论证,都能非常清楚地用这些新的术语加以重建。在当下的这一讨论中,我希望建立的只是:与此相似的某种东西应该被理解为一个基本权利。

尤其是,从不受干预原则如何引出财产权?通过一般的观察,即行动通常需要对象、工具以及在使用过程中的稳定性预期,财产权从此引出。这里我没有添加任何新的东西。尽管用以决定一个人对哪一个对象和工具具有财产权以及财产权的使用范围的标准,应该包含了不受干预原则。

通常的洛克式情境就是一例:先前未被占有的资源,可以正当地被个体和(也许是)群体或者共同体所占有,并从而加以利用,只要假定这样的占有没有妨碍其他人正当实施的筹划(在绝大多数情境中,依据权利来解释),而且运用于这样的正当占有的任何其他规则将随之而来。再次强调这一点是很重要的,即占有规则的整个系列将被设计,以使筹划的范围以一种有效的方式达到最大化。

让我赶紧加上以下三点:第一,对于在占有的方式之中必须做什么,这里没有给出任何明确的说明;混合劳动似乎同时是一个过强的要求(因为想必当地的狩猎者和采集者应该被尊重)和过弱的要求(因为对土地随意的糟蹋可能被算作劳动—混合)①。我们想要的是一个思考这些问题的原则②。第二,对于哪一"束"权利被确认属于占有者的

---

① 参见《正义与财产的初始获取》,第 388—389 页。
② 以及诸如此类的事实,劳动—混合作为获得现在被当作财产权的某些权利的合理论证,恰好是前后不一致的。

问题,这一思考没有给出任何答案。因而,从蒲鲁东到G·A·柯亨,财产权的批评者兴味盎然的许多问题,仍然没有由这一思考所解决。但是必须坚持这一抉择,即当一个人获取财产权时,他到底得到了什么? 是有关正义的事情,而不是有关简单的方便的事情,不管是对于国家和多数人,还是对于其他任何人来说。第三,通过这一思考,也不能确定正当占有的范围。然而令人关注的是,考虑到它特有的逻辑,对于如何解决这个最后的问题,筹划的思路可以提供某些线索。

对于财产权的讨论,筹划的思路添加的东西是,对于相互尊重的强调,对于别人的筹划施加给我的义务的强调,而我自己明显自私的主张则是对立于世界的。私有财产权的传统辩护并非不能采取这一同样的视角,这里的区别在于被强调的是什么的问题。

正如其他思路一样,筹划的思路遗留下的一个问题是:对于任何给定的先前无主资源的正当获取原则而言(合适地界定这些资源,以便把诸如获取"智力财产"和其他类似权利等怪异的论题包括在内),一个人到底得到了对于什么东西的权利? 对于财产理论来说,经典的问题以例示的形式出现在论证之中,比如蒲鲁东的论证所总结的那样,种植和照料庄稼的一个农夫,对于其产品无疑是具有权利的,而且甚至对于这块土地的使用也是具有权利的,只要这个农夫继续在这块土地上耕作,但却没有任何像应得的永久所有权这样的东西。

这里提出的"筹划"的思路指出,拥有某种东西是筹划的定义所蕴含的一个内容,而筹划宣称为任何给定的获取主张辩护。反过来,哪一个筹划的主张是可以得到辩护的,在相当大的程度上,是与在先可辩护的财产主张潜在冲突的一个函数,或者更确切地说,是不存在这种冲突的一个结果,而这些筹划的主张本身是依据筹划被界定和描述的。

因而,这里提出的思路,与其说是给出了关于个别的财产主张的一个批量的解决,不如说是给出了可被用于思考这样的主张的一种语言和方法。这种语言和方法绝不是道德中立的,而是至少确实依赖于我这里已经陈述和讨论过的两个原则。但是,我希望通过选择这种语言和方法,对于私有财产的很多显著的批评,可以在财产理论之内实际地被调和。

虽然存在这一限制条件,不过,在这一思路中,我想我们确实拥有了一个行动的普遍权利的根基(至少是一个不受干预的权利),在尚未被触及的、也就是尚未确立权利的所有领域行动的权利的根基。在筹划的进行显得明智的地方,适当占有先前无主的资源就可以很好地被辩护。

也许以这种方式来描述这一事情是最简单的:大体上说,权利体系的目的在于协调某一共同体成员之间的正当主张。这样的主张的内容,部分地取决于这种协调的可能性。但是,如果某人渴望使他的事情置于权利和权利持有者的现存共同体之外,或者甚至所有的共同体之外,那么在假设的意义上,就不存在协调的问题,他就必须,而且是正义地,被允许不受干预地行动。直至目前,这种把道德王国延伸到外在领域的做法,本身就形成了一个新的道德领域。

第七节 结 语

在对本章早前的一个版本的评论中,G·A·柯亨提出了异议,他认为从不受干预的权利到占有的权利的滑行太过容易了。他认为这一推论不是直截了当的,这是对的。为了佐证他的抱怨,柯亨引证了朱迪思·贾维斯·汤姆森(Judith Jarvis Thomson)的以下这段话:

> ……如果某物是无主的,那么我们每一个人都可以对其他人主张,我们对它的使用不受干预,这样的想法根本上并不是看似合理的。提出不受干预的主张与拥有一个特权是截然不同的;而且对于无主的物,我能够做什么,以便使我主张我对它的使用不受干预,这是一点都不清楚的。

所有权包括的不仅是特权,也不仅仅是主张,而且也包括权力,诸如使其他人具有权力的权力。我对于无主的物能够做什么,以使我拥有使其他人具有尊重它的权力的权力?①

柯亨也可以引证这一整个传统中的任何一位思想者,至少从蒲鲁东到瓦德诺。

然而,我在这里力图表明的,正是如何论证从不受干预转变到占有。你的不受我干预的权利,以筹划对于个人的重要性的理解为基础。我将抑制自己不干预你的权利,就是说,你获取权利的同时也就获取了不受我的干预的权利。一方面,这是依据你的筹划的要求被界定的;另一方面,则是依据其他人先前确立的权利所限定的。

不受干预原则也产生出转让可转让权利的权利,其中就有转让财产权。只要有人同意交换或者转让他们所拥有的权利,而且只要这样的交换和转让并没有侵犯先前确立的权利或者其他人正当的主张,那么这一原则就要求这一合作行为不受其他人干预的限制。

最后,许多对财产权进行了论述的人们②,都论证了以下观点,即获取和转让在改善了参与其中的人们的处境的情况下,却可能经常违反了本章前面提及的不受干预原则。某些作者断言在所有"竞争"情景中,这样的事情都会发生,因为它们使其他人处于竞争的劣势。它们也可能"使其他人丧失了机会"③。

这一批评难以弄明白的两个理由,下面我将简单提及。首先,在这里,首次获取的权利和转让的权利是直接从不受干预原则引申出来的,而与任何关于竞争的谈论完全不相关。也许,如果"竞争情景"是特殊的,那么对它们的特殊性质的思考将使得在这些情景中运用特殊的规则。对于一个人可能想要怎样做到这一点,我没有一点直觉,在没有简

---

① 朱迪思·贾维斯·汤姆森:《权利王国》(Cambridge, Mass.: Harvard University Press, 1990),第325页。
② 比如,参见劳伦斯·C·贝克尔:《财产权:哲学基础》(Boston: Routledge and Kegan Paul, 1997),第43页。
③ 同上。

单地废止所有竞争的前提下。其实,对我来说,它甚至是不清楚的,提出这一批评的一些人,似乎把资本主义当作这一类情景的一个近似的范型,在界定的意义上,资本主义根本上确实是"竞争的"。我认为,这在很大程度上,取决于一个人如何理解"资本主义"这一术语①。

其次,很难理解为什么竞争的情景会是不公平的和不正当的,假定一个人处于一个竞争情景中,作为竞争的参与者,获得了相对于其他人的优势。想象一下国际象棋的游戏,在游戏中,双方遵循规则进行博弈,而一方提出异议说,控制他的"王后"是"不公平的"。在这一情景中,除了表达挫折感,这样的说法又会意味着什么呢(或许是一个笑话)?再者,这一论证似乎相当于一个反对竞争本身的主张,如果它还具有什么力量的话。可是,一般说来,由选取这一思路的那些人所惯常提出的论证,并没有反对竞争。或许在资本主义经济中的竞争具有所谓必然的特质,使其情景与国际象棋有所不同,因而对其进行谴责是可能的。无论如何,在资本主义体制下出现的相关的竞争类型的必然性的主张,并不能够为反对人们相互之间自由合作的主张作辩护,而且对于其中终究涉及任何不公平的主张,也没有提出任何辩护。

不管怎样,让我总结一下在本章中我希望取得的一点进展。我们尚未得出劳动—混合原则的一个成熟的替代物,但是我已经提出,对个人筹划在人类生活中所扮演的角色的思考(在诺齐克所有的著作中,这一角色都被加以强调),将在确立任何首次获取的原则的过程中,扮演首要的辩护性的角色。聚焦于筹划对于人类生活和人格所具有的重要性,很大程度上将使洛克的劳动—混合原则的意图得到保留,同时也对非体力劳动—混合者的筹划给出了充分的考虑,包括历史的和当下的。坚持事物要得到变更的观点也一并消除了。

对于获取、转让等问题,我并没有提供一个超越诺齐克所能达到的

---

① 关于这一点的更多讨论,参见约翰·T·桑德斯《没有国家之意义的国家》,第276—278页。

完全可靠的标准。我确信,事实上,任何规则都一定会存在漏洞①。但是,我以为,这里所选取的讨论财产权的思路,避免了先前的思路中所存在的某些更为明显的问题。

---

① 对于诸如此类的问题的进一步讨论,参见桑德斯:《正义与财产的初始获取》,第397—398页。

第四章
诺齐克的自由至上主义乌托邦 [59]

劳伦·E·洛马斯基

第一节 导 引

  不管乌托邦的想象在别处具有什么样的吸引力,在自由至上主义的理论思考中,它看来显然是不得其所的。自由至上主义并不会认可任何处于个体或社会之上的享有特权的优秀官员。更准确地说,它是这样一种理论,在根本上承诺让人们独自地以他们自己认为合适的方式指导他们的生活,而不像是某些可能支配他们的教化手册。对于怎样生活可能是更好的,甚至是**最好的**,哲学家和其他星球上各种各样的旁观者或许怀有钟爱的秘诀和奇妙的秘药。足够公平的是,在观念的市场之中,他们可以自由地将他们的商品兜售给有购买意愿的消费者。但是,即便这样一个关于良好生活的概念将会赢得压倒性的关注和支持,它的权威也仅限于那些自愿认同其支配的人们。任何人都可以自由地拥有他感兴趣的生活方式,只要这种生活方式不包括侵权行为。结果就是,在自由至上主义的框架内,不可能存在一个值得尊敬的首选概念,即**乌托邦**。

  或者,我们可以说,自由至上主义的乌托邦并不是某种具有特权的社会关系模式,而是包含了对个体权利的充分尊重和关注的任何秩序。

从这一角度来理解,乌托邦就不是某种特殊的恰当安排,而是过程的支配原则的一个充分例示,而通过这一过程,任何种类的安排都可能出现。简言之,它就是自由至上主义的充分实践。但是,对**自由至上主义的乌托邦**的这一解释,虽然可能与自由至上主义之间足够一致,乌托邦的因素却似乎已经丢掉了。享有一个自由至上主义的乌托邦,就是简单地被自由至上主义所支配。依据与此类似的解释,一个霍布斯式的乌托邦就是一个主权没有限制的和绝对的体制,一个罗尔斯的乌托邦就是一个在其中两个正义原则被付诸实现的社会。不管愿不愿意,所有政治理论都被转换成具有乌托邦性质的东西。于是一个潜在地能提供有用信息的名称变得内容空洞,而且政治理论的各种竞争版本之间的至关重要的结构性差异已经被忽略掉了。其实,所谓的自由至上主义的乌托邦显得比其他的乌托邦要更为令人反感。比如,罗尔斯声称:"在作为公平的正义中,人们同意相互分享彼此的命运。……他们利用自然的偶然事件和社会环境,仅当这样做是为了共同利益的时候。"①而这样的说法使得人们把《正义论》解读为乌托邦性质的,显得有些合乎情理。因为它把支配一切的命运看作道德上占首要地位的,这一命运连结着所有行为主体,而且在某种程度上使他们分享共同的成功和失败,这就相当于宣告了一个至少与其他的乌托邦实践具有家族相似性的看法,一个将会使许多人融入其中的、和睦而又值得赞赏的乌托邦。相较而言,自由至上主义者则承受着他们自己各种各样的、不可共享的命运,而且自由至上主义的结构的一个观点,大概也是它的核心观点,就是由于缺乏契约或情感的特殊纽带,个人与他人的成功或失败的牵连是最小化的。在这一意义上,我们可以认为,没有什么类型的政治比自由至上主义更少地具有乌托邦的性质。

那么,以上所述是否决定了罗伯特·诺齐克应该将其自由至上主义的宣言改名为《无政府和国家》呢?没有必要。基于以下几个理由,原书名可能还是更好些。首先,它悦耳动听。其次,在更为实质性的层

---

① 约翰·罗尔斯:《正义论》(Cambridge, Mass.: Harvard University, 1971),第 102 页。

面,它具有这样一个长处,即坚定自信地以一张人道的面孔展现自由至上主义。"一个人**不得**侵犯别人的权利!"因而,一个每个人在其中免于被干预的社会秩序是法定的。不过,即便如此,这一绝对命令所表达的东西,大致上就是鳕鱼肝油的政治对等物。毫无疑问,对权利的尊重避免了人类相互之间可能施加于自身的最坏的情况,如霍布斯的自然状态或古拉格①;但是,它并未以任何明显的方式提出什么令人愉快的承诺。那些毫不马虎地避免侵犯他人权利的人们,却可能是死气沉沉的、不友好的、冷冰冰的和缺乏幽默感的。就像刻板的普鲁士官员,他们可能倾向于遵循正义的秩序,但却看不出他们带有任何程度的热情和同情。这一反思使我们注意到,由自由主义的批评者从左右两方面所提出的控诉,他们发现自由主义作为一种信条缺乏能够使人类获得激励和提升的情感。比如,当代的社群主义者宣称,指向自我决定的自由权利是一种稀薄的黏合剂,它在赋予一个人的生活以精神养料和意义感方面是失败的,而在这一方面,共同体的理想和承诺却是可以做到的。以稍有差异的韵律哼着同样曲调的,是明显的国家命运或者源自神意的绝对命令的鼓吹者。自由主义能够而且也必须抵制诸如此类的论调,但是如果只是作为推销术的话,它们也会是有所助益的,假如它们能够把对商品具有吸引力的描述,纳入那种以"汝不可"为代表性严峻指令的义务论中。一种自由至上主义把一些乌托邦的丝线编织进它的边界限制的外套,因而可以更好地抵御反自由主义的猛烈抨击。

相信乌托邦的思考并非与自由至上主义尤其是诺齐克的自由至上主义不相容的第三个理由是,当他最终试图摆脱与《无政府、国家和乌托邦》中的理论关联时,他赖以前行的基础可以合理地解读为唤起乌托邦的思考:

> 我从前提出的自由至上主义立场,现在看来是严重不足的,这

---

① 即古拉格群岛,苏联曾在该群岛建立劳动改造营。——译者注

> 部分地是因为它未能充分地结合人道的考虑和共同的合作行为，它留下了将之更为紧密地结合在其结构之中的空间。它忽视了关于重要议题和问题的官方政治关切的象征的重要性，作为表示它们的重要和紧迫的一种方式，由此表达、强化、引导、鼓励和确认我们私人的行为和关切指向它们。……存在某些事情，我们选择通过政府共同去做，以郑重标识我们人道的团结，通过这种官方的形式，我们共同做这些事情的事实则服务于这种人道的团结。(EL, 286-287)

这一（自我）批评并不是明晰的，但是它似乎是对自由至上主义的一个指控，不过却并非根源于对于特定公民的任何特殊的不正义，而是因为折磨着自由放任之安排的一些联合体的缺乏。也就是说，即便人们各自干得还不错，但却不如他们联合起来做得好。尽管乌托邦并未在这些书页上被正式地加以刻画，不过，诺齐克对集体工作而并非对人们单独享有的东西的注意，至少使他的关切直接地进入了这一领域。

基于这些理由，如果《无政府、国家和乌托邦》之中的自由至上主义值得认真对待，那么其中的乌托邦结束曲也照样值得关注。因此，本章的第二部分将明确界定，对于一个既是自由至上主义又是乌托邦的政治秩序而言，其中的乌托邦到底应如何理解。第三部分是本章的中心。这一部分从对自由至上主义的对立面的评论开始，这一对立面是在《无政府、国家和乌托邦》的倒数第二章，即"民主过程"一章中发展起来的，然后展示这样的极端集体主义是如何被倒转过来，而走向名为"一种乌托邦的框架"的最后一章的。为了领会乌托邦，这一论述策略能够被有助益地理解为自由主义的宽容的熟知形式的一种延伸和强化。第四部分提出，诺齐克可以被看作发展了 J·S·密尔所预示的早期自由至上主义乌托邦之观念。第五部分论证了，当批评目标是密尔—诺齐克的自由至上主义的乌托邦主义之时，被自由主义的批评者经常捡起的那条线索比通常认为的更无力。第六部分以对诺齐克晚期的乌托邦的反自由至上主义的一个简要考察结束本章。

第二节　解析乌托邦

为了这一阐述,我假定,"乌托邦"并非简单地是一个赋予某一社会秩序的敬语,它是受到巧妙设计和管理的。这主要并不是因为关于这一术语的适当使用的任何日常语言的苛责,而是因为这样的理解将使得乌托邦的反思成为附带性的,没有任何高于和超出平常的理论建构的意义。因此,对于一个作为自由至上主义乌托邦而运转的政治秩序,我明确规定以下四个条件。

1. 乌托邦是**协同增效**的。作为一个整体社会的成就总量并不仅仅是构成它的个体的成就量相加的总和。而是他们的各种各样的努力构成了一个整体,其价值大于它的各部分价值之和。这一点能够以两种方式之中的任何一种加以理解。第一种方式是,作为一个整体的社会被看作一个实体,并具有其目的、筹划和意志力,因而具有它自己的优先于组成它的个体之善的善。这种有机体论的概念在自由主义之中是不可接受的,这种自由主义把个体的男人和女人看作道德身份的拥有者。第二种理解认为,由于他们与生活于其中的那些人们置身于**公民伙伴**的关系之中,社会中的个体从溢出效应(spillover effects)中获益。依据这种理解,社会关系是非常重要的,并非因为它们构成了某种假定的有机整体,而是因为它们赋予个体以高于和超出促进个人筹划的交易机会的红利。如果这些红利不仅仅是偶然的和附带的,而是系统性的和实体性的,它们就强化了一种自由主义,并使其也可以是乌托邦的。

2. 这种政治秩序的框架是**局域最优**的。也就是说,如果它沿着任何向度被变更,则情况将会变得更糟。这一条件的要点是,捕捉到作为最佳的、优于可行选项的乌托邦观念。一个更强的条件是,坚持这种框架是全球最优的,是所有可能的社会生活形式之中最好的。我相信这一条件太强了,因为它排除了几种全然不同的社会形式,而其中的每一种都是其类别之中显著成功的例证,这些形式也是对这样那样的不同的善之积极回应,而这些不同的善是不能有意义地加以比较的。因而,比如,对于评价与民主再分配主义的超越最小国家相对立的自由至上主义的最小国家,它可能是有用的,但是对于一个围绕共同信仰组织起来的修道院式的共同体,这一条件并没有什么用处。

3. 乌托邦处于**均衡状态**。也就是说,当遭受到来自内部或者外部的压力之时,它具有自我调节的防御能力以避免毁灭。不管怎样,政治秩序都不会永远地持续下去,但是它们是人们能够合理地期待在其中度过整个一生的结构,它们更像是稳定明亮的灯塔,而更少像是浪漫的蜡烛。内在地自我维持的性质可被视作有利于一种政权的乌托邦地位;而携带自我毁灭的种子则被视作对其不利。我们并不把一个社会秩序当作一个时间片断,或者当作一个时间片断的系列进行评价,而是将其当作由它的历史和前景所构成的时间上连续的实体来评价①。

4. 人们发誓效忠的目的和他们承担什么样的角色、与他人有何关联,在相当大的程度上是他们自己非强制的选择。我说"相当大的程度上",是因为对个体开放的机会和个体怎样对这些机会做出反应,也是其自然天赋、其早期的文化融入、其所经受的莫测的环境的一种作用,而且最为重要的是,它们依赖于同样是自我决定的他人的同意。分派给这些因素的分量以及随之而来的可能影响,在文献资料之中是存在广泛争论的。这些论题无法在这里一一加以讨论,但是一个社会所采取的形式被明确规定为,是从构成它的个体所采取的大量未经协调的选择之中所产生的,反之则不然。这是对公认的、作为自由至上主义乌托邦之特征的明确规定。

接下来我将说明这些规定是如何实现的。

---

① 关于一种个体的人类生活的繁荣之评价,亚里士多德提出了相似的限制。参见《尼各马可伦理学》,第1卷。

第三节 建构乌托邦

当我们到达《无政府、国家和乌托邦》之三位一体的第三部分的时候,看来似乎发展一个充分的自由至上主义理论的所有基本工作已经完成了(或者,如果还没有完成,那么所需要的是对先前论证的修补,而不是由一个新的哲学方案所做出的补充)。在该书的第一部分,诺齐克满意地证明了,最小国家能够从自然状态的无政府背景中产生,同时不违反基础性的道德约束;而且从确保个体权利的视角来看,由此达到的结果形成了一种改善。在第二部分,他反对罗尔斯、马克思主义者和形形色色的大量再分配组织的拥护者,并论证了比最小国家包容更多功能的政治结构确实包含着对权利的不被允许的侵蚀,因而是不合法的。勉强承认这两个论证策略是令人信服的,众多读者会认为自由至上主义的道德证明书已经被证实了。然而,诺齐克却看到了一个需要封闭的逃脱的出口。即使所有现存的超越最小的国家通过一系列权利侵犯的做法而得以出现和生存下去,这也并不构成它们必须这样做的一个证明。或许存在一个权利维护的途径,通过这个途径,最小国家可能转变为一个超越最小的国家,尤其是转变为一个再分配的民主国家?对这个问题的追问是出色的第九章——"民主过程"——需要完成的任务。

一、选项与挑选

回想一下,最小国家的起源是假设的,是对其制度形成过程的一种**可能性**的解释。它并不是作为任何现实的最小国家之进化历史模型而呈现出来的,也不存在这样的最小国家,它显然也不是一个有关我们可以如何从当下并不充分的正义安排进展到那些为个体权利着想从而做得更好的安排的一个蓝图。如果诺齐克的分析是正确的,那么就存在可能的世界,在其中权利—维护的转变将产生作为它们的均衡结果的最小国家。但是,对于**这个**可能的世界来说,结局是什么?一个具有确凿无疑的非理想历史的世界?诺齐克的答案不是很清楚。但是,也许他的意图如下:如果一个社会秩序是这样的,即它只能是作为侵犯人们的权利的一个结果而得以出现,那么它将因其不正义而被拒斥①。如果一个社会秩序的出现没有侵犯人们的权利,那么它就是可接受的一个**选项**。如果那里仅存在一个选项,那么它会立即被选中。但是如果两个或更多的选项出现,那么就要有在它们之中进行选择的某种机制。我们把这种机制称为**挑选**(election)。因为所有合格的选项都必须满足不包含权利侵犯的义务论准则,就要诉诸某种其他的标准来决定如何挑选。而这种更可取的标准提出过程便是**运动**(campaign)。

假设的历史的功能是,首先,决定哪一个是合格的选项。但是当被援引作为运动的要素之时,它们也能够有助于改变挑选的方向。假定在一个假设的历史之中,人们积累知识、具有同情心和审美鉴赏力,而在另一假设的历史之中,他们停滞不前。当其他所有的方面都一样时,挑选更为动态的社会,就是看似合理的。当然,所有其他的方面可能并不是一样的;假设的历史可能还有可供选择的其他版本,它们讲述了不同的课程,而且还可能存在尚未被发现的叙事,这些叙事突出了在这之前尚未被公开的宠儿,以将其提名作为选项。因此,我们应该小心,不要给假设的历史加上超出其能够承受的重量;对于呈现出来的政制—类型之间的选择来说,没有什么东西接近于计算程序。不过,重要的是注意到,它们不但能够作为(不)正义的检测器,而且能够作为整体吸引力的指针(ASU,293-294)。

最小国家是贯穿《无政府、国家和乌托邦》的前八章的唯一选项,但是在"民主过程"一章中所讲述的故事,探查了民主再分配政制之合格

---

① 这一点或许太过简单了。假定政制类型 A 只能通过权利侵犯而得以出现,但是类型 B、C、D……也同样如此,而且这些是能够例示的、可行的仅有政制类型(即所有更好的可能形式在预期中都是不可得到的或不可持久的)。那么我们可能被迫认可一种不可避免地包含着不正义的社会秩序。

的可能性。正如诺齐克所讲述的,因为人们想要在利用潜在地产生于他人之选择的积极的外在事物方面获得更高效率,偏离最小国家的进程便发生了。人们通过出卖或者交易那些他们可能做出的行为的权利(为一个人的房子外墙挑选粉刷的颜色,一个人的威士忌消费量,等等),个体让步了并彼此得到了好处,即得到了完全的或部分的资格以决定他们怎样举止得体。对减少交易成本的关切使得所持股份的标准化的增强,直到包括自己在内的每一人恰好享有同样的一份。这些部分所有权由选举出来的代表行使,这些代表的权力可能是没有限制的也可能被规定所约束,这些规定为个体保留了某些道德空间,在其中他们施行主权式的自我定向。瞧!——(更大程度上)超越最小的国家成为现实,通过维护正义的交易。

这一结果看似合理吗?在一种意义上它当然是这样的:这样产生的政体之制度,与最小国家相比,在很大程度上显示出与现实社会的政治架构更大程度的相似性。在另一种意义上,它看似极其不合理;与最小国家的产生步骤相比较,这一改进步伐是高度人为化的。不过,后者的看似不合理性或许是无关紧要的,如果是要简单地证明,通过道德上正当的途径,出现一个民主再分配的国家的**可能性**的话。因而,必须存在一种挑选。我的建议是,对诺齐克的"乌托邦"一章的最好理解,就是将其当作致力于最小国家的运动。

二、自由至上主义乌托邦的平台

现在我将论述这一运动的主题。我们注意到,两个核心特征使得诺齐克的自由至上主义乌托邦,既是自由至上主义的,又是乌托邦的。首先,由于在其中,被一再展现的各种各样的善之理想,是个体自愿赞成的,这些个体与自愿的他人一起行动,在这一方面它是自由至上主义的。没有人在不可抗力的强制之下参与共同体,而共同体所指向的目的也不是他们毫不关注的。更确切地说,他自由地尝试与那些在其谋划中愿意把他当作合伙人的人们协作,而且在努力获得他的同意方面,他们也是自由的。因而,共同体的成员资格与市场交易是类似的,就他们通过一致的同意组合起来而言①。

其次,就个人是超出他们所洽谈之结果的接受者来说,它是乌托邦的。这一要点比诺齐克的讨论中的清晰论证更为含蓄,但它却正是添加在自由至上主义的乌托邦之上的东西,不管它所具有的超越熟知的"市场运作"的老调的吸引力是什么。这一思想的进展不会是直截了当的,不过在任何大学第一学年的微观经济学课本中,就能看见其熟悉的出发点。人们是不可相互取代的,他们的天赋、境况、意见和偏好都有所不同。对于某一个体而言,令人满意的生活的构成要素,对于其他人并不是同样的,甚或对于任何一个人都不是同样的。这一老生常谈的考察突现了经济市场中劳动分工的可取性。在当下的语境中,更为意义重大的是,它给予个体行为以广泛自由,这些行为的目的,是出于他们自己的同意,而不是由外在于他们自己评价体系的某一标准所认可的。就像当我们各自去一个饭店吃饭,如果你点你想吃的菜而我点我想吃的,而不是你给我点菜和我给你点菜的话,我们大概都能吃得更好。(当然,这不是否认,我们也许能进一步增加我们消费者盈余,通过分享一瓶葡萄酒或者通过相互品尝彼此的美味佳肴。)在平常的情形下,对于喜欢什么和不喜欢什么,每个人都比其他人更为明白,也具有关于他自己的最佳权衡的更好想法(富含卡路里的食物味美多汁,份大的钱多,份小的钱少),也更有热情促进他自己的而不是别人的目的,更为留意他自己将承受的代价而不是他人将承受的代价,诸如此类。

在经济学领域,这一行为的最终结果就是私有财产权和可强制施

---

① 之所以是"类似的"而不是"对等于",是因为绝大多数共同体也将拥有这样的成员,他们是通过出生而不是同意进入的。在任何自由主义的解释中,无论是乌托邦的还是非乌托邦的,孩子引起了特别的理论困难。在洛克的《政府论》中,他努力面对这些困难;许多其他有影响的自由主义宣传册简单地对孩子的地位不予理睬。因为这个论题对于所有自由主义的理论思考,而且我相信对于绝大多数自由主义的竞争者而言,都是很难摆脱的,本章追随不理会的策略。不过可参见劳伦·洛马斯基《个体、权利和道德共同体》(New York: Oxford University, 1987),第152—187页,此书提出的有关在某种程度上的乌托邦样式的自由至上主义如何能够协调孩子问题。

行的契约。在自由主义政治哲学中,它是有限的自主权力领域所有具有责任能力的行为主体的个人财产,在这一领域中,他们是自我决定和免于强制的。这一领域的边界是被人们所拥有的权利所确立的。在某些解释中,这些权利是完全消极的,即不受干预的;在另一些解释中,它们也包括指向积极的限制条款的某些主张。撇开细节不论,一个理论将不配称为自由主义的,除非它对于个体的自行决定权的实行给予首要的认可①。行为者被理解为受到他们自己的善的概念的激励,而且在与其他人打交道时,他们受到正义原则的约束,由于相互承认这样的约束,他们各自在依据他自己的善的概念时,比假使他们不受约束时要做得更好。在这里没有假定关爱或同情之感的纽带。因而,比如,罗尔斯在其原初状态中将立约者模型化为相互冷淡的、理性的最大化者②。与此相类似,古瑟尔(Gauthier)把他们描述为非利他者(nontuistic)③,从而意指他们的功益是相互独立的。而诺齐克的自己权利的持有者们作为他们自己目的的热切监护人,贯穿了从自然状态走向支配性的保护机构、再走向最小国家这一转变过程。

自由主义的批评者经常指控这一模型是**原子论的**。这一指控并不到位,社群主义的和/或集体主义的指控也未到位。(进一步的具体说明和讨论,在本章的第五部分提出。)自由主义者经常回应说,当然,为了相互的利益,持有权利的个体在建立相互之间的关系时是自由的,而且对于所有人来说——除了少数顽固的孤立者或厌世者,创建丰富的社会性网络乃是人类生活的一个重要特征。这一回应当然是正确的,但它却可能被视为力度不够。因为在这一图景中,所有利益协商的联合都是外在的和工具性的;利益连接点的价值源于为自身偏好的善概念所提供的服务。对于提升一个人自己的效用函数而言,如果一个更

---

① 卢梭可以被判定为是一个例外,就他把政治结构的核心功能视为诱导出**公共意志**而不是作为服务于特殊意志相互影响的竞争平台而言。我想,不给卢梭一个自由主义理论家的称号要更好一些,至少在他关于这一方面的解释上。
② 《正义论》,第144页。
③ 大卫·古瑟尔:《基于同意的道德》(Oxford: Clarendon Press, 1986)。

好的提议、一个更为有效的路径是可行的,那么他在道德上就可自由地,也确实在理性上有义务去接受这项提议。为了利益而建立的交易体系,即使是互惠互利的,也是以个体化的方式成为现实的,这种交易体系恐怕也会给人一种难辨的、干巴巴的、并未充分社会化的印象。如果其他人仅被当作潜在的契约伙伴被估价,那么一个人不就违反了康德的律令,即把人类本身和每一个人不仅仅看作手段,而是当作目的了吗?

对此有三种回应。第一,一个人可能选择某种集体主义,承认一个超越个体的实体的善胜过个体之善,或者完全把个体之善纳入集体之中。第二,一个人可能硬着头皮拥抱一种自由主义,这种自由主义不仅仅是个人主义的,而且坚定地持有这种立场。第三,一个人可能发展某种自由主义的个人主义的综合体,在其中,整体意味着大于它的各个部分之和。第三种策略能够被合适地刻画为自由主义的乌托邦,因为它展示了一种具有吸引力的社会,这一社会中的各色成员不仅依据他们自己特殊的正当标准做得好,而且他们也能够结合在一起做事。

柏拉图的**理想国**不是自由至上主义的,而是乌托邦的,如果任何政治秩序都是乌托邦的话。(据说)它展示了一个总体的社会之善,它不是与它的各个部分的合适运作同一的,反而是意外地对它们产生重大的影响。当然,柏拉图能够利用各种各样的自由主义所无法使用的招数。他认识到了超越个体的总体和一种非个人的、权威的**善之理念**,而这种理念是一体通用的普遍价值标准。自由主义理论家拒斥这两个观点。他们所面对的难题则是,如何不牺牲个体的偏好和筹划的首要性而获得这种乌托邦主义。

对积极的外在事物的关注,产生了通向超越最小国家的路径,同样它也提供了指向自由至上主义乌托邦的通道。自由主义者习惯说,能够依据一个人自己的善概念而指导其生活,这对于好生活是必不可少的。但是,这里所说的是**哪种善之概念**?只有狂热者才会认为只有一种生活方式是有价值的,这非常接近于一厢情愿地认可只有一种生活方式对于自身价值而言才是具有前景的。不用在价值探究的争议领域假定太多,便可认定,一个无限的广泛系列的善是人类活动的潜在指

第四章 诺齐克的自由至上主义乌托邦

令。一个人只为在他所选择的非常有限的一组善所激励,这一事实并不应该遮蔽其他善的存在和吸引力。认为只有进入一个人自己的筹划之中的那些善才是存在的,乃是自身认识论盲区的一个例证。

一些哲学家坚持**道德困境**的存在,即在这种情境下,一个人无论如何选择,他都会做错。这些情境有时被称为"悲剧性的选择"。不管此种困境是否真正存在,我们能够承认一个不同种类的困境的存在,在其中,不管一个人究竟做什么,他都丧失了增进某种非常有吸引力的可选择的善的机会。那将是这样一种情况,X 和 Y 都是可得到的,却是不可共存的。这或许会被认为不是一种真实的困境,因为在善之间的选择仅仅是在可允许的范围内挑选。也许是这样的,但是这并不应该掩饰这一事实,即 X 的机会成本是 Y 被放弃了,而且如果 Y 确实具有更大的价值,那么放弃它就是不划算的。无疑,如果获得 X 能够得到充分的或者比充分还要多的补偿,那么,牺牲的痛苦就会得到缓解。确实,如果 X 比 Y 更有价值,那么谈论牺牲似乎根本就是不适当的。"牺牲"两张 20 美元的钞票而得到一张 50 美元的借据,乃是审慎尽职之人都会愉快接受的一种甜蜜的服务。但是,如果 X 和 Y 都是特殊的,Y 对于生活的奉献无法由 X 提供,那么挑选 X 就真的意味着放弃了某种善(即便它可能得到足够的补偿),因为 X 并非是令人满意的替代物。

如果存在**不可通约的价值**,那么困境就更为明显。说 X 与 Y 是不可通约的,就是主张,既不是 X 比 Y 好,或者 Y 比 X 好,也不是 X 和 Y 具有同等的价值。它们无法还原为更深层的善,也不存在用以比较其意义的价值标准①。价值的不可通约性常常占据了悲剧性选择之讨论的舞台中心,诸如安提戈涅所面对的选择:她必须决定,是为她死去哥哥安葬,还是遵从国王的命令而不去安葬以表达政治上的忠诚。这样的悲剧性选择属于前面提到的道德困境的第一种类型。但是不可通约性同

---

① 关于价值的不可通约性的文献是数量很大的。一个主要的开拓性文献是以赛亚·伯林的经典论文《两种自由概念》,收入《自由四论》(London: Oxford University Press, 1969)。关于不可通约性对于自由主义的重要意义,与本章所展现的观点存在冲突的一种看法是由约瑟芬·里兹发展的,见《自由的道德》(Oxford: The Clarendon Press, 1986)。

样可以体现为**轻松的选择**,即关于在两个鲜明的善之中追求哪一个的决定。某人可能不仅具有进行哲学论证的直觉能力,而且也具有辨别优质干红葡萄酒的直觉能力。追求哲学实践将封闭作为一个专业品酒师丰富而充实的职业生涯的机会,反之亦然。全身心地投入两者之中的任一生活方式都是可能的,但却不可两者兼得。在这一事例中,权衡是非常重要的,但却并非是关涉全部的;例如,某个进行哲学思考的人利用闲暇时间发展窖藏技巧。但是,不可通约性的其他种类却更为彻底地排除了参与其他价值的可能性。在平静而又紧张的沉思生活之中存在着善,而探险者的大胆冒险行为也具有内在的价值,但是这两种生活是相互排斥的。与此相类似,谦卑服务的使命感与创业者的激烈交锋是互不相容的。即便时间、精力、资源和天赋不受限制,一个人也不可能拥有一切值得拥有的东西。

三、自由主义宽容的四个阶段

对于被认为是具有积极价值的东西的一种恰当的回应方式,就是在一个人自己的活动中努力获得它。正如前文所提到的,如果这种理解是正确的,即价值领域是宽阔的、种类各异的,而且很大程度上不能在一种生活的范围内被结合起来;那么这一策略就仅对少数真实的价值是可行的。另一种适当的回应形式就是对其他人追求这些善表示赞同。或许**我**不会去保护雨林、研究古苏美尔语的手稿①,或者在最为经常地进行着的棒球运动中破纪录,但就我赞同其他人进行这些活动和表演而言,我承认这些活动的价值。在自由主义理论的范围内,赞同的范例式表达是**宽容**。

区分赞同的弱类型与强类型是重要的。在其最弱的类型中,赞同是限制的抵押品,即接受来自他人的限制之结果。将之称为赞同具有某种延伸意义,因为这只不过表明,一个人对于其他人的筹划的厌恶和鄙视,没有强烈到激起一个人废止保护他和你双方的和平条款的程度。

---

① 古代两河流域的苏美尔人所说的语言就是"Sumerian",即"古苏美尔语"。同时,苏美尔人是楔形文字的创造者,因此,古苏美尔语的手稿就是用楔形文字所写下的记录和文献。——译者注

我将此称之为**作为限制的宽容**;它是不宽容的个人的宽容。

如果宽容表现为这种认可,即尽管其他人的目的和情感本身对于一个人自身是完全无关紧要的,但因为这些目的和情感是由那一个体真诚而又可靠地做出的,那么这个人依据它们行动,就是适当的,则宽容就是更为积极的。依据这一版本,宽容的人不是成功地克服了干预的诱惑的人,而是支持人们全身心地投入他们个人的筹划本身的人,但这种支持却并非基于对其目的的同感。与作为限制的宽容相比,我们可以称之为**作为尊重自主权的宽容**。

尊重自主权相当于适度的赞同。在《无政府、国家和乌托邦》的第 310 页,为了考察所搜集到的人道寓言集,诺齐克提出了一个更强的形式:

> 维特根斯坦、伊丽莎白·泰勒、伯兰特·罗素、托马斯·默顿、约吉·贝拉、阿伦·金斯伯格、哈里·沃尔夫森、梭罗、卡赛·斯腾格尔、犹太教仪式派拉比、毕加索、摩西、爱因斯坦、休·赫夫纳、苏格拉底、亨利·福特、兰尼·布鲁斯、巴巴·朗姆·达斯、甘地、埃德蒙特·希拉里爵士、雷蒙德·鲁比茨、佛陀、弗兰克·西纳特拉、哥伦布、弗洛伊德……鲍比·费舍、埃玛·戈德曼、彼德·克鲁泡特金,你和你的父母。真的存在**一种**对这些人中的每一个都是最好的生活吗?

这一问题是修辞性的,读者马上就会赞成诺齐克的提议,即对于这些人中的每一个都是最好的社会是不可能存在的。如果我们并不希望看到他们过于经常和过于激烈地相互碰撞,还是让这些行为获得足够的活动空间为好。作为限制的宽容之伦理提示了这一反思。我们也可以注意到,因为对于什么是值得做的和应该通过什么方式去做,每个人都有各不相同的想法①,他们必须被给予适当的范围以实现这些观念,为了能够过一种他们内在地认为是令人满意的生活。这一反思是由作

---

① 尽管就我所知,诺齐克的清单上仅有一个人是那种通过独唱"以我的方式行事"成就毕生事业的典范,实际上所有其他人都只有合唱的资格。

为尊重自主权的宽容之伦理提示出来的。此外,不过,我们能够观察到,这并不是那类由盖洛普聚拢过来,为了某些易被遗忘的民意测验提供代表性意见的一种群体。相反,他们是**充满活力的人**(*powerhouses*),是使人眼花缭乱的人物的集聚,它们显示为魅力、叛逆、智慧、机智、虔诚、激情、同情、信念、创造力、讥讽、投入、超然、竞争力、仁爱、优雅。他们唯一不具备的就是均等。他们是全然不同的个体,不过,在显示人类的理想和人性方面,他们是相似的,即使那些他们自己的生活被不同的善之概念所指导的人们,也可能把这些理想和人性视为有价值的。即便是那些我们视作会给人类造成更多麻烦的人们,也几乎用他们了不起的美德弥补了他们犯下的大错。

我相信,对于诺齐克的乌托邦目标而言,这一聚合体的明星气质是不可或缺的,因为它暗示了第三种宽容,我将其称作**作为关切的宽容**。它例示的,不仅是对展示在其他人的筹划之中的自主权的尊重,以便他的目的的实现被判定为对于他是好的,它也例证了以那种方式所过的生活之内容在客观上看是有价值的。自由至上主义框架激励和保护有价值活动的蓬勃的多样性,在同等条件下,这一框架的产物要比只容许少量有价值活动的框架要好。一个人有理由珍视成为这种社会的一份子,不仅因为它提供的自由对于这个人自身来说是好事,而且因为它本身就是好的。它所有的好处就是用来支持特殊的善的多样性,而这些特殊的善之间是不可通约的,在一种生活之中不能合乎逻辑地都成为被追求的对象,但是在一个井然有序的自由体制中却能够共存。注意,受欢迎的不是多样性本身(就像当代公共道德实践中的风尚同样不受欢迎一样,这种风尚多半是一群人的盲目之举),而是活动样式的多样性是内在地有价值的。当然,关于价值问题,理智的人们可能意见不同,而且假使你正在收集值得称道的人之类型寓言集,你可能恰当地删掉某些诺齐克寓言集之中的类型,并插入一些与其中的个体展现出的任何类型都显著不同的其他类型。但是作为关切的宽容会对以下这类人有吸引力,这些人相信,对更多而不是更少的善之种类的体现,其本身作为一种善是受欢迎的,就算它并非对这个人本身有好处。

让我们再登上一级台阶：对于非个人价值的这些认真思考，能够使观察者转向第四种也是最强版本的宽容。如果你周围的人们过着不同形式的生活，其中许多是对真正的善——尽管不是在你自己的生活中对于行动提供主要推动力的那些善——之积极反应，那么你与他们共同拥有的社会由于他们的存在而变得更加美好。但是，基于同样的理由，由于他们的存在**你**也变得更好。由于你越来越敏锐地意识到有价值的人类行为动机之多样性，你便在**认识**上有所收获。大致可以确定，一个人从他们的筹划的成功和失败中会得到某些经验教训。就一个人被他人的传记片断所激发、获得提升，或者仅仅获得自娱而言，也存在着**情感**上的收获。我们可以这么说，除了看上去像是想要将深刻话语不劳而获地据为己有之外，人们在发自内心地认同那些与他们自己的筹划差异巨大的人的过程中，获得了**精神上的**收益。在他们的生活中，通过自由地尝试一次估价的风险，人们建立起了与那些并无实际关联的善的间接关系，否则的话，人们便可能远离这些善。坐享他人的投入和关切的成果，可以拓宽和加深人们与有价值的事物的关联。对一个人置身于其中的社会之中的善之生活的不同形式的存在表示赞同，可以**称之为作为间接成就的宽容**，因为它们间接地对自己的生活价值作出贡献。它比关切的宽容更强，因为它添加了这一判断，即这些其他的生活样式确实是有价值的，更进一步说，它们给出的价值对于一个人本身也是至关重要的价值①。

因而，一个自由至上主义的社会将不会自动地具有乌托邦的资格，不管它对于权利的保护多么孜孜不倦。如果不加干涉地让个体自行构成社会，而这个社会是淡漠的、使人迟钝的和没有趣味的，那么他们相

---

① 这是把宽容的概念伸展到极限——或者超越它。承认他人的全身心投入是很好定向的，支持他人的成就，并从而间接地把他人的善当成自己的善，最好将这些行为理解为一种赞颂的实践而不是宽容——当然这是有争议的。我采纳了这一要点，但却保留了有点误导性的术语，因为它强调了四个阶段的连续性。严格地说，如果这些阶段之中的最后一个不是宽容，那么它就是经由自由主义的美德对宽容的一种超越，那就更好了。

互之间或许可以展示出完美的正义,但是其他重要的人类美德,却是有缺陷的。这一点看来是清楚的。而一个较为不易辨识的情形是,如果在自由至上主义框架中,多种多样的个体与个体之间的次共同体(subcommunities)被养护着,但是他们是以环境所允许的最大程度的独立性继续生活下去;他们尊重彼此的自主权,并因而承认他们追求属于他们自己的独特目的是恰当的,但是在他们的评价中,那些异己的目的却不引起什么关切和共鸣。在这样的情形中,我倾向于说,这是一个成功的自由至上主义的社会,但它不是**最大限度上**成功的;它不是一个自由至上主义的乌托邦。这是因为社会之善仅仅是部分之善的总和。这一社会尚未达到协同增效。对于每个行为主体而言,相异的其他人的存在是不必要的,而其不存在也没有损失。不像作为关切的宽容,尤其是作为间接成就的宽容中的社会关系,这一社会不存在要去积极争取的外部事物。

这一反思最终把我们带回到了"民主过程"一章中超越最小的国家的起源上来。在那里,激励性的关切依然是捕获积极的外在事物的渴望,而且这同样成为选举运动持续争执的主要议题。关于应对社会性的外在利益(和成本),人类怎样可能做得好,是最小国家还是超越最小国家给出了更好的前景?答案无疑在很大的程度上依赖于其所拥有的自由主义宽容的层次。如果连作为限制的宽容都未可靠地从各方获得,那么,即便是礼仪的基础,都需要一个超越最小的国家来确保一下。霍布斯和当代的巴尔干居民很好地理解了这一命题。而如果更高层次的宽容是现成的,那么自由至上主义的版本无疑将赢得"选美比赛"。在一个自由主义的秩序中,对自主权的基本尊重使个体筹划的追求得以实现,但是在任何易于辨认的外表方面,自主权都是一个社会安排的首要受害者,而正是在这一社会安排之中每个人实际上拥有属于自己的一份。回想一下,尽管作为尊重自主权的宽容还使我们处于远离自由至上主义乌托邦的一边。当作为关切的和作为间接成就的宽容与之相伴随的时候,一种自由主义的秩序将闪耀更加夺目的光彩。它提供了似乎无所不在的和被互惠分享的积极的外在事物,但是只有在适宜自我指导和自愿联合的政制之中,这才是可以得到的。反对这一点的话,社群主义的顺从论(conformism)的乌托邦资格似乎就确实太弱了。

第四节 作为乌托邦之先驱的密尔

对诺齐克的自由至上主义乌托邦的一个可能的批评路径就是,它是不现实的,并未充分地植根于人性之中,太过冒险以至于不值得把赌注押在上面。本节将避免讨论和直接回应此种批评。另一可能的批评路径是,在企图使乌托邦主义与自由主义相匹配的过程中,诺齐克培育了一个怪物,一个在此之前从未存在的创造物。不管自由主义的优点是什么,在历史上,它总是通过自然状态的改善、而不是通过分配天上掉下来的巨大馅饼的方式,来呈现它自身。确实,有人会说,自由主义的一个主要优点,就是冷静地防止乌托邦的诱惑。

这一看法忽略了自由主义理论思考的重要方面。比如,它未充分地考虑卢梭的乌托邦自由主义,对于他来说,国家组织的系列行为并不仅仅是它的构成部分的特殊行为主体的总和。不过,正如前文所指出的,因为恰好是在这个关头,卢梭的乌托邦主义趋向于淹没他的自由主义,这一忽略是可以原谅的,或许还是值得称赞的。而并非可有可无的却是,J·S·密尔在《论自由》中所最为显著地展现的自由主义的方面[①]。它在自由的男女的个性的繁荣中,而不是在社会对于权利和义务的忠实的义务论限制中,发现了自由主义秩序的首要辩护。

密尔宣告了一个清楚明白的功利主义评价标准,但是它的应用却是众所周知的闪烁其辞,因为做出终极评价的标准祈求于"最宽泛意义上的功利,立足于作为一种进步的存在的人的永恒兴趣"[②]。这看来包含着本质主义和功利的一种非享乐主义的成分,两者都与密尔在《功利

[①] 正如密尔通过《论自由》之中所引用的格言所指出的,这一方面的另一重要代表作是威廉·冯·洪堡特的《国家行为的限度》。
[②] 《论自由》(ed. Gertrude Himmelfarb, Harmondsworth: Penguin Book, 1974),"引言",第70页。

主义》中宣告的正式程序有分歧。不同于反复讨论密尔解释中的众所周知的困难,为了当下的讨论目标,我将简单地假定,依据自由至上主义的成果为自由至上主义秩序辩护的某些严肃尝试是存在的。我想在这里指出的是,《无政府、国家和乌托邦》中的乌托邦主题,与密尔对**生活中的试验和天才的个人**这两个概念的使用,在精神上是多么相似。

"生活中的(或者'属于')试验"这个术语是误导性的。我们几乎从来都不会把这些试验想象为某些假说的细心设计的测验;它们并不试图抓住一切,而仅是把握住关键性的变化中的不变项;直到这样一种程度,即存在一个控制群体,它是人类文明剩余物的全部经验;试验者则在他们自己身上进行试验。而且,它看起来并不是这样的情况,即这些"试验"能够决定性地为经验它的个体之外的其他人证实或否证一种生活方式①。相反,他们所做的,只是生动地告诉(或提醒)观察者以那种方式追求那种善会是什么样子。在帮助我们对抗习俗的重压方面,这些试验的实践数量越多、越多样,它们所提供的服务也就越多。生活中的试验对于大胆的探险尝试具有更大的助益,但对于谨慎的、循规蹈矩的个人还具有更为显著的重要性。通过关注反传统者和创新者的榜样,一个人可以认识到(或者更为坚定地认识到)传统并不是必然性的格言,而是难以计数的其他可能性中的一种选择。其认识即便在最小程度上突破了自我和自己圈子的人,也会面对这一隐含的问题,"为什么我做的是**这个**而不是**那个**?"直到自我的怀疑引出了主动的回应,个体才被提升到了机械论的顺从主义的水平之上。由此可见,生活中的试验的价值就是,首先,给观察者留下生动的印象,其次才是从价值的比较判断中派生出某种东西②。

---

① 参见密尔在"论个体性"一章中对他人经验之认识地位的讨论,第 122 页。然而,密尔确实表明了对这一声言的某种赞同,即不存在对醉汉和放荡者的生活中的支持性试验的要求,因为过去经验的挤压性影响已经驳斥了这一假说,没有持续检验的必要。参见第四章"社会的权威性与个体",第 147—148 页。

② 在《功利主义》中,密尔似乎持一种不同立场,为了对各种各样的快乐之更高和更低的质量进行比较,他把"人的经验"的报告溯源到可靠的经验基础上。在这一问题上,两本书是否能达成一致,是在其他场合去进行讨论的问题。

第四章 诺齐克的自由至上主义乌托邦

正像伴随着诺齐克的自由至上主义的乌托邦一样,这里追求不同种类的目的之人群的多样性,也服务于共同的善。那些不同于自己的他人的生活方式是被宽容的,不仅因为这是向某个人自己的自由所付出的代价,而且因为他们也在同样程度上享有不受限制的自由(当然,在他们不伤害其他人的条件限制下),它们产生重大的积极外在事物。正如伴随着诺齐克的自由至上主义的乌托邦一样,密尔式的自由社会的优点就是,它建立在作为关切的宽容与作为间接成就的宽容的基础上。如果两者有什么区别的话,那就是,密尔甚至比诺齐克更为坚决地坚持道德风险(moral stakes)的重要性。相对于一个生机勃勃的多元的自由主义社会,他把毫无生机的亚洲的停滞与之并列对比。尽管在圣人和哲学家的质量方面,东方一点也不比西方低等,而且虽然它很早就拥有了制度和习惯,至少这些制度和习惯像那些在世界其他地方的制度和习惯一样的实用,但是这些实践的僵化束缚着生活于其中的人们,完全削弱了他们的生命力。比较而言,我们文化中更强的活力,要归功于我们的非顺从主义者,他们是被奖励的而不是被限制的①。

天才的个人这一概念尤其是正确的。他们是那些罕见的个体(密尔认为,在他自己的时代这类个体比在早前,更为罕见),他们不是简单地在先前开辟出的生活路径之中进行挑选和选择,而是激进地开辟新的理论和实践,然后这些理论和实践会被较少创意的其他人有益地采纳。他们的贡献几乎不会被过高评价:"这些少数人是大地上的盐;没有他们,人类的生活就会变成一池死水。不仅正是他们引进早前并未存在的良好的东西,而且正是他们使那些已经存在的东西保持活力。"②这里密尔的解释使他趋向于提出一个基本的至善论的论证,而我相信这是错误的。自由制度并不是为了制造出卓越的人类的伟大个

---

① 在《申辩篇》中,苏格拉底宣称,对于他的非顺从主义行为的适当"惩罚",就是在其有生之年在一个荣耀之地交纳公共资助金。在这一基础上,把他算作迄今为止的另一个自由至上主义的乌托邦主义者,也许就多此一举了。
② "论个体性",第129页。(《论自由》第三章,程崇华译,商务印书馆,1959年,第69页。译文有改动。——译者注)

体的罕见实例而必须付出的代价。相反,那些伟大的个体本身就自有其价值,但他们更大的价值在于作为推进剂和催化剂,激励许多本来并不具备创新能力的人,并实现他们更为平凡的潜力。密尔的解释可以说是精英论的,但却不是向上的再分配论的:在自由的条件之下,最具天赋的人们与他们更少天赋的同胞之间的相互作用具有总体性的积极价值,但却不成比例地有益于后者。不用拉近相距一个世纪的卓越的自由至上主义者之间的相似之处,密尔的天才个人说使人想到诺齐克的引人注目的个体人格的清单。而在一个普遍的千篇一律的社会中,两种群体自身都做得不好,而且更为重要的是,在顺从论的集体主义条件下,他们将被阻止给予丰富的积极的外在性,而在一个自由的政制之中他们分配这些外在性。

然而如果是这样的,任何人都想要知道,为什么在构成公民社会的所有社会阶级之中的大多数非天才,会行动起来限制和扼杀他们自己的一个如此具有潜力的利润源泉?情感如何会与普遍存在的理性的自利产生如此尖锐的分歧?尽管密尔没有给出一个直接的回应,但来自"论个性"的几个段落的讨论是有启发意义的,也许这是他发过的最大的牢骚:

> 社会现在竟然压倒了个性;而且威胁着人性的危险不是个人的冲动和偏好的过度,而是不足。……在我们的时代,从社会的最上层到最下层,每个人如同生活在敌意的目光和可怕的审查之下。不仅在关涉其他人的事情上,而且在仅仅关涉他们自己的事情上,个体或者家庭不问问自己,我更喜欢什么?或者,什么会适合我的性格和气质?或者,什么会让我之中的最好和最高级的东西获得公平的竞赛并使它能够成长和繁荣?他们问自己,什么适宜于我的地位?①

---

① "论个体性",第125页。(《论自由》,中译本,第65页。译文有改动。——译者注)

那就是说,他们并没有以自主性来行事,而是表现得好像每个人都是他们的一部分。"民主过程"不是作为"它怎么可能发生"的一个想象力丰富的别出心裁的故事,而是作为对于集体主义顺从论的有毒果实的头脑冷静的社会评论。我们因而注意到密尔与诺齐克之间更进一步的相似之处:对于他们来说,自由至上主义的乌托邦都是积极的外在性的并非勉强的互惠的抛撒,而反乌托邦则是由其他人所提出的潦草而又谨慎的主张。

第五节 乌托邦抵御自由主义的批判

在本章的范围之内,不可能致力于讨论强加在自由主义社会之上的大量指责。许多批评者诋毁自由主义,是因为自由主义并不尊崇一种支配性的善,而正是他们自己发现了这种善,并热衷于把它赠予愚昧无知的人类,不管他们同意与否。形形色色的神权政治和极权主义的热情契合于这一描述,自由主义者之所以抵制他们的宣言的理由太过明显了,以至于不需要在这里展现。一个更为有趣的批判类型宣称,根据自由主义本身的主张来看待它,它的核心是空洞的。自由主义社会错误的地方在于,就它是一个社会而言,它太过自由主义了。我们被告知,自由主义是在一个"原子论的"①、"占有性个人主义"②的大厦上发展起来的。缺乏道德引力的**太空人**居住在那里,因为他们是"不受妨碍的自我"③,不受联结他们本人的自我与任何外在事物的纽带的限定。

具有不受妨碍等特性的原子论,被批评者看作无法控制的境况,这

---

① 参见查尔斯·泰勒:《原子论》,载《社群主义和个人主义》(eds. Shlomo Avineri and Avner de-Shilit, New York: Oxford University Press, 1992),第29—50页。
② C·B·麦克弗森:《占有性个人主义的政治理论》(Oxford: Clarendon Press, 1962)。
③ 迈克尔·桑德尔:《自由主义与正义的局限》(Cambridge: Cambridge University Press, 1982)。

是清楚的,不太清楚的是它为什么是这样的。可以简单地对一种喜怒无常的保守主义反省一下,它对于基于契约关系而不是身份的社会的无休止的喧嚣和不可预期性感到很不自在。因而,它是对前现代共同体之稳定性的一种怀旧,这种共同体具有强制性的关于好生活的单一视野①。作为批评者自己的趣味的一种表达,这可能是不可反驳的,但它对于那些与现代性相处融洽的人们,则没有任何意义。

阐释这种批判的一种更为有效的潜在方式就是,它是对抗据说处于困境的关于好生活的自由主义概念的一个更具包容性的替代选项。作为诗人和传教士的约翰·但恩(John Donne)有一个主张,即"没有人是一个孤岛",批评者坚持认为,处于自由主义中心的个人主义让人们仅能够达到那种程度的成功,而这种成功只能被某个用零碎布头制衣的人所享有(即便在这一比喻中,这些布头是从当季定制时装的架子上选出来的),也只有他会为了他自己来追求这种成功。这是一个不仅社会性的而且也接近于唯我论的模型,就它把个体想象为他自己的评价宇宙的主人而言。它所傲慢地抛弃的,准确地说,乃是绝大多数人的过有意义生活的能力的基础:在一个更为广大的共同体中被承认的成员资格,这个共同体的成功和灾难是每一个人的成功与灾难的延伸。

在其他语境中,我曾尝试对这种社群主义的挑战进行回应,指出没有任何东西可以阻止自由的个体,围绕与他人之间宝贵而持久的联系制定他们的筹划,而且对于绝大多数人,这种纽带对于他们关于好的生活的看法确实是首要的②。自由的个体能够利用共同联合的善,同时也能自由地废止这样的纽带,如果他们发现这样做是必要的。那仍然是一个令人满意的反驳,但我现在相信,它能够通过留心乌托邦的思考而获得支持。批评者依据不存在外部性的市场安排的模型,来看待自

---

① 如参见阿拉斯戴尔·麦金太尔:《追寻美德》(Notre Dame, INd.: University of Notre Dame Press, 1981)。
② 参见劳伦·洛马斯基:《公民的就够:通向一种邪恶(和美德)的自由主义理论》,载《公民社会、民主和公民的复兴》(ed. Robert Fullinwider, Lanham, Mass.: Rowman and Littlefield, 1999),第273—294页。

由的社会。但是,在自由主义中,宽容不局限于对自主权的尊重,而是延伸到作为关切和间接成就的宽容,在这种自由主义中,某些人是孤立的岛屿,而许多人则不是;他们拥有通往道德桥梁的通道,道德桥梁不是通向某些似是而非的大陆(它是谁的领域?),而是通向难以数计的其他岛屿价值的前哨,有才智和意志的自由个人能够侦察和定居于此。当然,这些桥梁是双向运动的。不是每一个人都将获得广泛的社会联系,而且某些人可能根本就不允许这些联系,但是在一个自由社会之内,那还是对个体的自行决定权开放的一种选择。把这样一种秩序刻画为"原子论的",充其量是高度误导的。

批评者坚持认为,被完全分开的人们将不能获得社会联系的至关重要的好处,这无疑是正确的。解决这个问题的一种方式就是"民主过程"的策略,即每一个人都占有其他每一个人之中的一份。就其把集体主义的价值判断视为首要的来说,它表现出与社群主义方案之间的亲和力。另一种方式是一种赌博,即认为经各方同意而联合起来的人们多半会产生积极的外在性。这是自由至上主义的乌托邦主义所押的赌注。

第六节 诺齐克的反自由至上主义的乌托邦主义

如果自由至上主义的乌托邦是如此有吸引力,那么为什么它的阐述者要与它断绝关系?我回答不了这个问题。不过,瞥一眼作者自己关于这一话题的评论,就知道他也回答不了这个问题。在本章的第一节,我引用了诺齐克最初"公开宣布放弃"自由至上主义的一段话,而它表面上立足于乌托邦的思考。这不是一时的想法,这一点体现在他四年后提供的一个本质上完全相同的批评上:

> 呈现在《无政府、国家与乌托邦》中的政治哲学,忽视了我们的社会纽带和关切的共同的、正式严肃的象征表达对于我们的重要

性,因而(我已写过)是不足的[这里引自前面提到的《被审视的生活》中的段落]。(NR,32)

这一想法看起来像是这样的:在一个自由至上主义的政体中,在个体的基础上行动的人们可以主动给出他们深层价值的符号表达(通过举行礼拜仪式、纪念活动、程式化的指责行为等),但他们并不联合起来这样做。其最接近的情形会是这样,如果他们一致地同意来一起举行这样一个仪式,但是高昂的交易成本,以及我们几乎从来都不能在评价中达成这样的全体赞同的事实,意味着事实上,诺齐克说"共同的和正式严肃的符号陈述"在一个自由至上主义的政体中是缺席的,乃是正确的。不过,不管他是否正确,坚持缺席的东西对于我们是重要的则是另一个问题。每个人首先急着想问的是:谁是"我们"?想必是它把那些缺乏符号表达的欲望的人们排除在外了。但是它也把以下这些人排除在外了,对于这些人来说,共同的符号表达行为确实是重要的,不过他们是在比作为整体的社会更小的单元之内来最充分地实现这一功能的,诸如在家庭、犹太教堂、学院、共济会之内。对于这些被部分排除的单元之中的第一个①,这样的联合是自愿的,而且通常规模较小,以至于不同于大规模的、缺乏人情味的亲密联合的获益才得以出现。一个人不用否认正式的国家庆典日存在的所有价值,诸如每年的感恩节——甚或国家泡菜周——就可以观察到,我们没有任何理由认为,在自由至上主义的社会之中,共同的表达行为不会相当不错地进行下去。

这并不是否认,某些人将发现他们自己的符号表达被其他公民的选择所轻视。通过某种方法(如传播福音;威逼胁迫使其转变想法;使其在面对投票箱的瞬间改变想法)使弃权者加入共同活动,以便增加参与的人数,而这将会为那些人提供积极的外在性。从而他们会认为一

---

① 尽管通过出生成为某个家庭的成员并非出自自愿,随后支持亲属关系的纽带的重要意义的决定,则是一件持续赞同的事情。

个自由主义的秩序并不是最佳的,它只是更充分地享有社会性之█████的一个小站。如果他们很聪明,他们将反省,比如,如果每一个人█████有其他每一个人之中平等的一份……这看上去确实表明,诺齐克█可能不仅反思了自由至上主义的满意度,而且也反思了(《无政府、█████和乌托邦》的每一个读者差不多都将接受的)民主过程易于觉察的█████点。其间他的思想能够发生如此急剧的转向吗?我承认,尽管证据█████向那一方向,我还是不能相信,诺齐克已经踏上了这样一个注定要失█████的旅程。

此外,指向共同表现的民主过程的路径是想象出来的。通过一连串自愿的同意形成全体一致的参与,没有什么现实的前景。在现实世界中,这样的共同事业是民主表决的产物,在其中多数人确保了约束所有人的结果。与通过普遍参与而获得的、假定的积极外在性相对的,是体现在不情愿的其他人身上的消极外在性。自由主义的思想和实践的全部历史使我们懂得,这常常是重大的、会造成分歧的。基于这一原因,通过民主实践做出集体决定的任何令人满意的机制,都将必须受到宪法条款的限定,而宪法条款则对多数人把他们的意志强加于不情愿的少数人的能力进行审查[①]。确实,尤其是考虑到民主制度的运作中众多的表达者,如现代民族国家及其绝大多数附属的政治单元中的选民,就表明了限制而不是扩展做出集体决定的范围的进一步理由[②]。即便尽可能模糊地表现这一事情,对符号表达行为之重要性的注意,绝不能算作反对而不是赞成自由至上主义的结构。

最后,我们可以把在这一讨论开始的时候对于许多人来说似乎是明显的观点总结一下:乌托邦存在于喜爱乌托邦的人眼中[③]。诺齐克

[①] 《联邦党人文集》是关于这一担心的一个经典陈述。一个提供了相同教益的当代经典是詹姆斯·布采南和古尔顿·图卢克所著的《同意的微积分》(Ann Arbor:University of Michigan Press,1962)。

[②] 这一结论的论证被乔福利·布里南和劳伦·洛马斯基详尽地发展了,参见《民主与决断:选举偏好的纯粹理论》(New York:Cambridge University Press,1993)。

[③] 这句话的原文是"Utopia is in the eye of the utopian beholder",它套用了"beauty is in the eye of the beholder"(情人眼里出西施)。——译者注

……在他的《无政府、国家和乌托邦》中把乌托邦的建构当成了一种乌托邦的框架,从而才华横溢地提出了这一观点。对于所有他后来不得……说的话,我相信,这一结论依然是成立的①。

---

① 对于迈克尔·里桥和大卫·施密茨对一个早前草稿的深思熟虑的评论,我深表感谢。本文源于《无政府、国家和乌托邦》发表二十五周年的纪念会议,这次会议由印第安纳州的印第安纳波里自由基金赞助,于1999年12月期间在马萨诸塞州的剑桥举行。与会学者们充满活力而又学院化的讨论,不仅分析了自由至上主义乌托邦的观念,而且在相当大的程度上证明了这一观念。

第五章
非效果论与政治哲学

菲利普·佩蒂特

罗伯特·诺齐克①帮了政治理论一个大忙,当他表明一种如约翰·洛克②所赞成的自然权利理论,能够用来为一种自由至上主义的国家理论辩护之时;尤其是,能够用来辩护这样一种理论,即在其运用中给予无政府主义以更大的支持而没有自我灭亡的一种理论。结果就是,对于最小的、自由至上主义国家的以权利为基点的辩护而言,他的书作为可以得到的最具条理的表述,具有不容置疑的地位③。

但是,在对国家的辩护中援引自然权利却必须面对两种挑战,而不是一种。那些援引自然权利的人无疑必须表明,他们的方法没有陷入对某种类型的无政府状态的以权利为基点的辩护,而我乐于承认,诺齐克建立了接近这一结果的某种理论。而且他们还不得不表明,这种方法没有陷入对国家的这种辩护,即最终不是立足于某种非效果论的权利理论,在更为普遍性的层面上,不是立足于任何类型的非效果论,而是立足于国家应该致力于促进其目标的一种效果论。

---

① 诺齐克:《无政府、国家和乌托邦》(Oxford: Blackwell, 1974)。
② 洛克:《政府论》,由拉斯莱特编辑(New York: Mentor, 1965)。
③ 他后来的自我批评,参见诺齐克:《被审视的生活》(New York: Simon and Schuster, 1989),第 286—292 页。

本章的论点是,诺齐克并未表明,他对自然权利的引用是与这一效果论的挑战相对抗的证明,在更为普遍性的层面,很难知道任何非效果论的政治哲学如何能够成为对抗它的证明。政治哲学是伦理学或者道德哲学的一个分支,它告诉我们国家应该是什么样的和应该做什么,假定在一个社会中国家被赋予对暴力的合法垄断的话(PE,503)。提出一种并未最终转入效果论的非效果论的政治哲学,类似于更为广泛地出现于伦理学中的一个政治问题,正如我们将会看到的那样,这是一个尤其不容忽视的问题。在效果论者与其反对者的争辩中这一问题并不多见,它在文献资料之中令人惊异地付之阙如。

本章分为三个部分。在第一部分,我提出了对政治理论中的非效果论的一种解释,并表明为什么诺齐克所采用的以权利为基础的方法是符合非效果论的。然后,在接下来的两个部分中,我分别考察了效果论的挑战的两种变体形式。第一种变体形式是这一熟悉的问题,即为什么国家应该必须把某些原则当作限制而不是目标加以对待;我将此称为对待问题,因为它追问的是,为什么国家应该以某种确定的方式对待原则,即当作限制而不是目标。第二种变体形式是不太经常被提出的一个问题,即为什么国家应该必须特别地把这些原则而不是别的原则当作限制来对待;我将此称为挑选问题,因为它聚焦于,为什么我们应该挑选某一组原则,而不是任何别的原则,来当作限制国家的原则。

第一节 原则、限制和权利

一、非效果论与效果论

作为关于个人道德的一种理论,非效果论表现出多种形式。义务论者认为行为主体应当履行确定的义务:他们应当讲真话、信守诺言、是非暴力的,等等。康德主义者说,行为主体应当依据绝对命令来行动,即仅仅依据他们当作普遍行为法则来接受的准则行动,或者说,应当把其他人总是当作目的而永不仅仅当作手段来对待。美德伦理学家说,他们应当在其行为举止中显现确定的美德。契约论者宣称,他们应当遵从没有人能够合理地加以反对的作为社会生活之基础的原则。特殊义务理论家说,他们应当以某种确定的方式与那些和他们联系在一起的人们打交道,如他们的孩子、配偶和朋友。权利理论家坚持,他们应当尊重其他人具有的、对他们不利的某些权利。利己主义者说,他们应当尝试增进他们自己的福利。诸如此类。

贯穿于这些立场的共同线索是什么呢?所有非效果论者说的是,在任何抽象的层次上,任何人或者每一个行为主体应当做什么或是什么;在这种意义上,他们是普遍主义者。所有非效果论者为这样的行为主体规定关于行为举止或心理或关系的中立性原则:他们依据绝对命令行动,显现确定的美德,扶持他们的朋友,尊重他们与之打交道的人们的权利,增进他们利己的目的,等等;在这种意义上,原则是中立的,即它们能够被每一个人以相同的方式加以理解。而且所有非效果论者都说,就在他们自己的行为举止或关系或心理中它们是一起可被例示的而言,一个行为主体所做的正当的事情乃是:以自己的行为方式或在相互关系中或在心理上将限定的诸原则实例化,只要这些原则是可以共同被实例化的。尤其是,他们说,那正是要做的事情:由于行为主体的环境的反常性,即便他们在自己的生活中将一个原则实例化意味着比在另外的情形中,原则在作为一个整体的世界中将较少得到充分的实现。

非效果论自然地从个人的道德延伸到政治道德:从私人的行为主体——个人的或者联合的——应当做什么和是什么的理论到国家应当做什么和是什么的理论。它认为,在其每一种形式中,存在着任何国家在它自己的行为或关系或被认为相关的心理中应当加以实例化的普遍原则。而且它坚持认为,国家应当将这样的原则实例化,即便由于环境的反常性,这样做意味着在作为一个整体的世界中原则将会较少地得到满足,也就是说,在它的公民之间会较少地得到满足。

在伦理学和政治学中,效果论采取两个步骤远离这种立场①②。第一个步骤是,断定存在某些潜在地共享的价值,而借助它可能的事态能够得到安排,尽管或许不会完全得到安排。这些价值可能是非效果论者所喜好的存在于行为或关系或心理中的中立原则;事态可能被安排得如同是有价值的,换言之,就它们关联着每一个人依据绝对命令的行为、每一个人对确定的美德的显现、每一个人对他或她的朋友的扶持等而言。或者,安排事态所借助的价值可能是中立的效果原则,而它高度地独立于人们的行为方式:比如,指向幸福应该被最大化的效应原则,或者保护无人居住的荒野。

第二个效果论的步骤是说,在任何决定中一个行为主体所采取的正当选择是那些选择中的一个——假定至少存在一个选择,并假定不完全的安排不是问题的话,这些选择增进这样的价值和原则的全面的实现。增进全面实现可能意味着,在某种意义上行为实际上导向最高水平的实现,或者在某种意义上行为使预期的实现水平最大化;这里我回避讨论模糊性的来源。我不去讨论效果论是否应该延伸到超出行为和选择的领域而进入动机、规则、决定程序等问题③。

在这一解释之下,效果论者与其反对者之间的根本差异是,虽然每一方都赋予确定的普遍原则以特权——把它们当作价值对待,但是正如人们自然会说——他们的差异在于是什么特权。效果论者说,对于任何行为主体——个体或联合体或国家——而言,重要的是在整个世界中增进这些原则的实现,而对立的另一方说,对于那些行为主体而言,重要的反而是在他们的行为或关系或心理中将相关的原则加以例示。效果论者说具有特权的原则应该被当作去增进的结果或目标加以对待,而非效

---

① P·佩蒂特:《伦理学研究中的一种效果论的视角》,载《伦理学的三种方法:一种论辩》,M·巴荣、M·斯鲁特和 P·佩蒂特编(Blackwell: Oxford, 1997)。
② P·佩蒂特:《非效果论与可普遍化特性》,《哲学季刊》,2000 年第 50 期,第 175—190 页。
③ P·佩蒂特、M·斯密斯:《总体性的效果论》,载《道德、规则和效果:批评读本》,布埃德·胡克、E·玛森 D·E·米勒编(Edinburgh: Edinburgh University Press, 2001),第 121—133 页。

果论者所认为它们应该被当作加以例示或尊重的限制来对待。

二、诺齐克在权利理论中对这一区分的应用

对效果论与非效果论之间差异的这一说明,就其实质来看,源自罗伯特·诺齐克在《无政府、国家和乌托邦》的第三章中所提出的观点。核心的观念出现在他对以目标为中心的理论与以限制为中心的理论的对比分析中。以目标为中心的理论或效果论提出各种各样的模式应当被行为主体所促进。以限制为中心的见解主张各种各样的原则应当被他们所尊重,即使对原则的尊重意味着他们在总体上将较少地被尊重。

在此书中,作为一个非效果论者,在对国家被确定的权利所约束的信念的描述和对那种信念的捍卫中,诺齐克运用了这一解释。他所认为的国家受其约束的权利,是与洛克的自然状态联结在一起的权利;其核心就是,一个人的生命、健康、自由和财产不受侵害的权利(ASU,10)。他争辩说,在洛克式的传统中,一个权利理论家会坚持认为,与对相关权利的尊重相联结的原则是对国家的限制。它们是这样的原则,以至于在其针对其他行为主体,尤其是针对它自己的成员的行为中,国家应当将其实例化。而且它们是这样的原则,以至于不能证明国家未能例示一个给定的原则是正当的,仅仅因为一次机会主义的侵犯许诺:与遵从这么做的效果相比,它将更好地增进那个原则的总体性的实现。他说,"边界限制的见解禁止你违反这些道德限制";而且它禁止这样做,即使一次违反会"在社会中减少它们总体上的违反行为"(ASU,29)。

这一解释使得权利的两个特征相较于诺齐克的书出版之前更为清晰。首先,对权利是限制而不是目标的坚持,阐明了这一意义,用罗纳德·德沃金的话来说,权利被视作王牌[①]。而在一种极端的意义上,即永远无法证明对权利的一次破坏是正当的,则一种权利可能就不成其为王牌;在那种意义上,几乎没有什么权利会具有成为王牌的无限的分量。而依据所提出的这一解释,每一种权利都将至少在这种意义上成

[①] R·德沃金:《认真对待权利》(London: Duckworth, 1978)。

为王牌：对权利的尊重的总体上的增进，将一点都不能证明对权利的一次破坏是正当的。人们所拥有的每一项权利都会是他们能够援用的一种资产，用以反对那些会以与对这种权利的尊重联结在一起的特定原则的最大化的名义践踏它们的人们，从而保护他们自己。比如说，想一下言论自由的权利。这一权利能够被用以反对一个使法西斯主义的群体禁声的国家，即使当这一群体（如果被给予言论自由的话）很可能激发起民粹主义的激情，并且急剧地缩小少数人的言论自由的时候。

在这一解释之下，权利的另一特征变得尤为清晰，即认同一种权利理论的传统意义与作为一个效果论者关于权利的看法被区分了开来。对于确定的权利，一个人会是一个效果论者，如果他认为，国家或者其他任何行为主体应该增进与对这些权利的尊重相联结的原则，即使这样做意味着，在它自己的行为或关系或心理中对权利的尊重没有得到例示。这是"某种类似于关于权利的功利主义观点"，诺齐克（ASU，28）论证说："在功利主义的结构中，对权利的（最小化的）侵犯将会取代总体幸福作为相关的最终状态。"因而，一个国家为了增进言论自由而准备使一个政治群体禁声——比如说，为了阻止这一群体宣扬种族主义——就没有言论自由的权利当作它自己的行动之限制；它仅仅把这样的自由——这一权利的享有——当作应该被增进的一个目标加以对待。

诺齐克不但对非效果论给出了一个清晰的刻画，而且运用这一刻画使以洛克式的权利控制国家所关涉的东西变得清楚了。他也以最为尖锐的方式提出了，任何这样的权利理论都必须面对的一个问题，即表明：鉴于用洛克式的权利反对非最小国家而论证最小国家，它们没有被用以论证无政府状态而反对任何类型的国家。"在探讨国家应该如何加以组织的问题之前，政治哲学的基本问题是，国家到底是否应该存在。"（ASU，4）他对这一问题理所当然的著名回答就是，如果我们想象一个洛克式的自然状态，在其中人们尊重彼此的权利，并且假定这些人是理性的，然后我们将能够看到，这些人不必侵犯权利，便会理性地导向建立某种近似于最小国家的东西。我已经在别处讨论过这个论证，在这里我不会对它进行进一步的阐述①。

第二节 对待问题：为什么把这些
原则当作限制对待

一、论题

在政治理论中，效果论者将如何对非效果论者做出回应？具体地说，他们将如何回应这一宣称，即确定的原则——比如说，与对洛克式的权利的尊重联结在一起的原则——必须被国家所例示，不管付出多大的代价？他们将不可避免地追问："为什么把这些原则当作限制对待？"正如我们将会看到的那样，这一问题有两种解读，每种解读都与一个明显的挑战相联系。在本节中，我们把它当作这样一个问题，即为什么非效果论者会认为，他们赋予特权的原则应该被当作加以例示的限制而不是加以增进的目标来对待，即本节标题的黑体字部分所指明的。

于是，对于诺齐克来说，这一问题就是，为什么他所珍视的洛克式的权利应该被视作国家应该加以例示的原则之标志，而不是国家应该尽其最大努力加以增进的原则之标志。一般地说，这一问题在政治理论中要比在伦理学中更为显著，因为国家可能经常地处于这一地位，即在原则上，它能够最好地增进洛克式权利的享有——或者被当作限制看似有理地加以称颂的任何原则——以它自身违背这些权利中的某些权利的方式。它可能遭到反对，即永远都不能安全地把这样一个增进的任务委托给国家，不过，我将暂时不讨论这一异议。

我们自然地描述一些情景，在其中每一个体能够最好地增进一个确定的原则，通过在他或她自己的行为或关系或心理中，作为反常的例外而违反它。突然想起这样一些情景，在其中，个体能够通过违反某一原则而使其他人感到震惊，并且能够由此诱使他们不加以追随；而且在

---

① P·佩蒂特：《评判正义》(London：Routledge，1980)。

那些情景中,由于同样难以相信的理由,个体通过在他或她自己的境况中违反一个原则,能够减少其他人追随的机会。但是,国家通过它自身违反这一原则,能够最好地增进一个原则,尤其是与洛克式的权利相联结的这一类型的原则,这样的情景是较为容易想象的。

想一下与言论自由相联系的原则,或者与合作的自由相联系的原则,或者与这一类型的任何事情相联系的原则。或者想一下与其他大体上是洛克式的权利相联系的原则,诸如不被任意地侵害或剥夺一个人的财产或拘禁的权利。我们已经看到了,国家可能处于这样一个情景之中,即它面对着一个不断扩张的具有重大影响的法西斯主义群体,而这是很清楚的,如果它现在剥夺这一群体的言论自由,那么在这一社会中言论自由将在总体上更好地呈现出来。关于其他权利的相似观点也会成立。存在许多可能的情况,在其中由国家做出的一次先发制人的侵害权利的打击——实施暴力或强制或威胁或监禁——将保证普遍地减少这样的侵害行为的发生率。如果国家在其行为中循规蹈矩地例示相关的原则,即尊重权利,它将经常地不得不面对比假如它更少地循规蹈矩更为严重的、由其他人做出的侵害行为的景象。孟德斯鸠无疑想到了这种类型的情景,他写道:"世界上自古以来最自由的一些民族的做法使我相信,在某些情形之下,人们需要拉下帐幕把自由暂时遮盖起来,像在习惯上遮盖神像一样。"①

于是,在对这种可能性的回应中,效果论者将坚持追问这一问题——用诺齐克自己的见解来说——为什么国家将不得不把洛克式的权利当作限制而不是当作目标加以对待。通过争辩,他们只对理想的理论感兴趣,非效果论者可以不必做出回应:在国家应该是怎样的和应该怎样行为的理论中,假定生活于其中的那些人将充分地遵从它的法律;尤其是假定,国家可以不必考虑对具有特权的原则的侵害,为了减

---

① 孟德斯鸠:《论法的精神》,A·M·寇勒、B·C·米勒和 H·S·斯通编(Cambridge: Cambridge University Press, 1989),第 204 页;中译本上册,张雁深译,商务印书馆,1961 年,第 204 页。

轻由其他人的侵害所产生的影响①。但是,对于非效果论的理论家来说,把他们的注意力限定在指向理想理论的特定意图上,也许是完全适当的,而同时他们却不能无限期地延迟讨论我们业已提出的论题。那么,他们可能会如何做出回应呢?

二、瓦解于效果论之中的两种回应

我能够设想的非效果论者做出的回应有三种。第一种是这一异议,即不能把这里所考虑的此种增进的任务委托给国家;这是我在上文中未予讨论的异议。这一想法是,通过把所设想的先发制人的、机会主义的自由裁量权委托给他们,政府官员会被赋予过大的权力,以致使其品德最为高尚的个体腐化,而且它将总体上导致一个比相关的严格限制的国家更糟的结果。它最终将导致对所讨论的权利更多的而不是更少的侵犯。

非效果论者可能做出的第二种回应与第一种回应紧密地联系在一起,可以并行地予以考虑。我所想到的这种回应认为,如果国家将与权利相联系的原则实例化,即使付出了这些原则总体上得以实现的增进之代价,那么与被赋予机会主义地侵犯原则的权力所产生的结果相比,它将更好地增进一个更为深远和重要的目标。非效果论者可能争辩说,比如,通过循规蹈矩地对待甚至是我们所想象中的法西斯主义的群体,国家因而能够在其全体公民中诱发一种信心,即他们的生活并非任由他们所创造的国家所摆布;它并非他们中间的一个利维坦,而是一个内在地值得尊敬并被限制的行为主体。

与这两种回应相伴随的问题是,它们正中效果论者的下怀。它们各自所表明的理由,即国家必须例示和尊重某些与权利相联系的原则,这一点是有益的,最终乃是一种效果论的思考。在第一种情形之下,以适当的与权利相联系的原则约束国家的这种思考,将实际上降低权利侵犯的总体水平,因为一个不受约束的国家可能走向疯狂。而在第二种情形之下,以这样的与权利相联系的原则约束国家的这种思考,需要

---

① 罗尔斯:《正义论》(Oxford: Oxford University Press, 1971)。

给出原因,不是减少总体上的权利侵犯,而是增进某一更为深远和重要的目标。

对于所提出的挑战,在每一种回应之下,非效果论者都把约束国家的限制展示为一种有条件的限制,而这是效果论者乐于承认的。它们是国家必须尊敬的限制,就而且仅就它们被看作促进最终目标的最佳方式而言,而事情则依据最终目标被评估,不管是所讨论的权利不受侵犯的目标,还是某种更为深远的善之增进。限制不再表现为非效果论者所想象的绝对命令,而是变成了效果论者或目的论者通常所支持的某种假言命令。诺齐克准备容忍在洛克式限制中的某种有条件性,提出"为了避免灾难性的道德恐慌,它们可以被违反"(ASU,30)。但是——不知可否得到辩护——他认为灾难之下的这种可中止性,应与平稳的可靠性区别开来,而伴随后者的将是一种效果论的前景(PE,495)。

作为一个效果论者,从判定国家之表现依据的总体善的观点来看,思考以确定的限制约束政府官员也许是最好的,在这一点上我没有任何问题。在别处我论证了,增进作为不受控制的自由的目标——这种意义上的自由要求不受另一个人的控制,即使是一个善良的他者的控制——要求以这样的方式限制政府官员①。它要求基于政府官员自己关于什么将最好地增进作为不受控制的自由的估计,政府官员不得违反正是以那种目标的名义施加于他们的行为的限制。如果非效果论者持有任何这样的想法,那么他们就放弃了他们独特的担当。他们要求政府官员被确定的限制所约束,但是只是基于这一要求能最好地服务于他们最终的效果论目的。

对于本节所提出的挑战,非效果论者可能做出的前两种回应,我说得够多了。在转向对第三种回应的思考之前,我应该加上以下这点,正如他们不能援引任何其他的目标以支持他们会施加于国家的限制,非效

---

① P·佩蒂特:《共和主义:关于自由和政府的一种理论》(Oxford:Oxford University Press,1997)。

果论者同样不能援引罗伯特·诺齐克本人的象征性的效用(symbolic utility)或价值概念作为某种证明,用以为施加限制进行辩护①。我们能够想象某人争辩说,由于认识到洛克式的权利是对其行为的限制,国家能够象征,在人们与国家的联系中,人们享有某种豁免权的重要性。也许的确如此。但是那些利用这个论证的人们,依然毫不动摇地处在一种效果论的思想框架之内。关于效果论者如何计算象征的效果,在他们的估计中,或许存在精确计算的困难,因为正是对于采取那些行动的理由来说,这些效果是敏感的(NR, 55-56)。但是,为了这种做法的象征价值,国家应该承认,确定的限制的论证仍然是一个典型的效果论论证,而不是能够被洛克式权利的任何追随者乐于赞同的一个论证。

三、第三种回应及其问题

那么,对于为什么他们所珍视的原则应该被国家当作限制而不是目标加以对待这一问题,非效果论者可能做出的第三种回应是什么呢?我所想到的是,关于针对个人的行动——或许特别是关于国家针对个人的行动——存在某种东西,它要求承诺把相关的原则当作限制对待。这实际上是诺齐克所采取的路径,当他在《无政府、国家和乌托邦》中设法解答为什么国家应该把洛克式的原则当作限制对待这一问题的时候。国家把那些原则当作限制对待,它就否定了自己在任何时候——为了使那种权利总体的实现最大化——侵犯个体的某种权利的可能性;如果它将它们当作目标对待,它就保留了做出这样的机会主义侵犯的自由裁量权。但是,诺齐克(ASU, 30-33)论辩说,国家被要求把每一个体当作独立的个人加以尊重——把他们当作目的而不是仅仅当作实现任何截然不同的目标之手段来对待——而如果国家保留侵犯一个给定的个体对于某种东西的自由裁量权,仅仅因为那是侵犯权利总体的最小化的最佳路径,那么便会违背这一要求。这样一来,旨在把人们总是当作目的对待的国家——简言之,尊重人们——必须把洛克式的原则,当作它的行为之限制而不是仅仅当作调节的目标加以对待。"在其

---

① 诺齐克:《合理性的本质》(Princeton, N. J.: Princeton University Press, 1993)。

所规定的方式中,边界限制表达了他人的不可侵犯性。下述命令表达了不可侵犯性的这些样式:'不要以特定的方式利用人们。'"(ASU, 32)

对于人们享有此种类型的不可侵犯性——即他们将置身于一种政制之下,在其中每个人都满足于洛克式的限制——为什么是重要的这一问题,诺齐克很有兴趣。这种引导着他的路径在其他的著作中获得了进一步的发展(PE, ch. 6)。"我猜测,答案与一种捉摸不定的、难以把握的观念有关:生活的意义。一个人按照某种总体的计划塑造其生活,就是以一种方式来赋予他的生活以意义;一个人只有拥有如此塑造其生活的能力,才能够拥有富于意义的生活或者为富于意义的生活而努力奋斗。"(ASU, 50)

但是从我持有的效果论的角度来看,这一论证路径错过了一个明显的异议。我很高兴地承认,享有洛克式的不可侵犯性对于人类是最为重要的,它与拥有富于意义的生活联系在一起。但这本身并未表明,在破坏限制会是使侵犯限制在总体上最小化的最佳方式之情形中,国家应当尊重洛克式的限制。它并未表明,国家应该把相关联的原则当作限制而不是当作目标加以对待。

如果人们享有他们不受侵犯的权利是重要的,那么他们享有出自任何人,而不仅仅是出自国家的不受侵犯的这些权利,也是重要的。然而如果是这样的话,为什么诸如此类的不受侵犯之可欲性不应该准许国家侵犯某些人的权利,假如它能由此增加人们总体上享有的不受侵犯的总量?它可能影响并有损于那些人拥有富于意义的生活的可能性,但从更大数量的其他人方面来说,它很可能促进他们享有富于意义的生活。

诺齐克和非效果论者大概需要做得更多,而不是仅仅表明存在这样做的理由,即为什么国家应该把人们当作独立的个体加以尊重,而不是为了他人的利益牺牲他们。像我这样的效果论者当然会同意这一点。更为准确地说,他们需要表明存在这样做的理由,即甚至当它所施加于某些人的某种形式的牺牲,是阻止由第三方所施加于其他人的更大程度的牺牲的一种方式之时,为什么国家应该把人们当作独立的个体加以尊重,而不是为了其他人的利益牺牲他们。

我得赶紧补充说,我并不喜爱以下这种政策,在这种政策之下,国家可能常规性地对某些人施加伤害,为了避免其他人遭受源自第三方的更大的伤害或者更多其他人遭受同样的伤害。但我自己采纳这一见解的理由,并不是因为对立于伤害的限制具有一种神圣的地位,而仅仅因为能够增进某种明显的善——即不受控制的自由之善——的国家必须满足这些限制。我自己的理由,总之,具有效果论的特征。

但是我认为,对于非效果论者来说,坚持这种路径以对抗所讨论的挑战,是非常困难的。他们将不得不提出一种非效果论的论证,来回答为什么国家应该被确定的限制所约束,即便这些限制所施行的原则能通过一次机会主义的侵犯而得到增进。而别人错了,不等于你就对了,除了对此效应重复喜爱的咒语,很难明白他们有效地做了什么。诺齐克的论证所出现的问题将危及沿着同样的路径进行的任何尝试。

当然,非效果论者可能乞求于直觉,并且争辩说,依据道德感,对于国家或者任何行为主体来说,诉诸对任何为国家规定的限制之机会主义的侵犯,恰好是错误的。在《无政府、国家和乌托邦》之中,诺齐克有时似乎就采取这一路径,就像这本书的开篇语句所表明的那样:"个体拥有权利,而且有一些事情没有任何人或任何群体可以对他们做的(在不侵犯他们的权利的前提下)。"(ASU, ix)但是在这一基础性的层面乞求直觉,并不能对对手产生冲击,而且这几乎等于拒绝加入辩论。

第三节 挑选问题:为什么把这些原则当作限制对待

一、论题概述

本节所提出的问题与第二节所致力于讨论的乃是同一个问题,但是却伴随着对一个有所差异的原则之强调。问题不再是,为什么国家应该把相关的原则——也就是说,那些与洛克式的权利相联系的原则——当作限制而不是当作目标来对待。假定某些原则应该被当作限制对待,但问题是,为什么国家应该特别地把这些原则而不是其他原则当作限制对待。早前的论题是,为什么国家把原则当作限制对待,而这里的问题却是,如何挑选这些原则并给予它们那种待遇。

二、与财产权相联系的特殊论题

挑选问题尤其与诺齐克在《无政府、国家和乌托邦》中所讨论的洛克式权利相关。在讨论洛克的《政府论》的时候,在以下的段落中,他陈述了他所想到的原则。

> 在洛克的自然状态中,个体处于"一种完善的自由状态,在自然法的界限内,按照他们认为合适的办法,决定他们的行动和处理他们的财产和人身,而无需得到任何人的许可和听命于任何人的意志"(第4节)。自然法的界限要求"任何人都不应该侵犯另一个人的生命、健康、自由和财产"(第6节)。某些人越过了这些界限,"侵犯了他人的权利……并造成相互伤害",作为其回应,人们可以保卫自己和他人以反对这样的权利侵犯(第三章)。受害方及其代理者可以从侵害者那里获得"与他所遭受的伤害相称的赔偿"(第10节);"每一个人都有权利惩罚违反自然法的人,这种惩罚以制止违反自然法为度"(第7节);每一个人能够而且只能"根据冷静的理性和良心的指示,比照他所犯的罪行,对罪犯加以惩处,尽量起到补救和制止的作用"。(ASU, 10)

洛克式的自然状态,诺齐克指出,乃是"一种无国家状态,在其中,人们大体上满足道德限制的要求,并且大体上像他们应当做的那样行动"(ASU, 5)。而且他告诉我们,国家在某种程度上同样将被证明为正当的,即通过一个不牵涉任何道德上不可允许的步骤的过程,它将会从那种状态中出现。他的设想是,如果我们认为洛克式的原则——在洛克的自然状态中显示出的原则——在道德上是不可抗拒的,那么我们将发现,在诺齐克的起源论之下产生的国家,同样是道德上不可抗拒的,而且当然同样是道德上所许可的。

但是,如果我们并不认为洛克式的原则是独一无二的、不可抗拒的,那又怎么办呢?如果我们对某一其他原则道德上的优先地位之可能性保持开放,那又怎么样呢?在那种情形之中,诺齐克的起源论对于说服我们相信以下这一问题没有任何作用,即国家应当把洛克式的原则当作截然不同于我们所喜爱的原则,当作限制——或者实际上当作目标对待,纵然我们承认某些原则应该被国家当作限制对待,我们也会追问:"为什么把**这些原则**当作限制对待?"

洛克式的原则可以有多种不同的解释——它们构成一个有所差异的原则之家族,而不是单独的一个系列——而且不管怎样,它们不是我们可以想象的、人们在相对和平、良好有序的自然状态中所确信的唯一原则系列。对于人们凭借的、以便在他们的财产方面不相互侵害的原则来说,这一要点尤其显而易见。因为洛克教导我们的财产权在以下方面是众所周知的,即它并未详细规定含义清晰的细节,而且我们可能想到的控制国家的原则也不仅仅是财产权①②。

诺齐克自己以特有的坦率,把人们的注意力转向洛克的财产权论述的不确定的方面和我们可以想象的权利系列的替代选项。财产权制度将确定所有者可获得的不同的所有权和自行决定权,即可以如何使用他们所占有的财物的权利。诺齐克使这一点变得清晰,即洛克对两个方面的事情的论述都不是含义清晰的,举例来说,关于所有权的著名的限制条款的事实所表露的那样——应该存在"足够的和同样好的东西留给其他人共有"(ASU,178-182)——就能够以多种不同的方式加以解释。

而且,更为重要的是,诺齐克也使以下这一点变得清楚,即存在多种有所不同的可能的财产权制度是可能的,如洛克所例证的那种私人

---

① B·威廉姆斯:《最小国家》,载《阅读诺齐克:论〈无政府、国家和乌托邦〉》,J·保罗编(Totowa:N.J.:Rowman and Littlefield),第32页。
② T·M·史盖龙:《诺齐克论权利、自由和财产权》,载《阅读诺齐克:论〈无政府、国家和乌托邦〉》,J·保罗编(Totowa:N.J.:Rowman and Littlefield),第124—126页。

所有制到集体财产权的制度,而在后者之中,"由居住在一个地域的个人所组成的群体共同拥有其领土或矿产资源"(ASU, 178)。在下面的段落中,他阐明了某些可能的变体形式。

> 相对于应加以解释的这种观念的其他部分,X 的所有权观念的核心是决定将用 X 来做什么的权利;以及在涉及 X 的各种受到约束的选项中选择哪一个应加以实现或尝试的权利。这些限制是由社会中实行的其他原则或法律设定的;在我们的理论中,是由人们所拥有的洛克式的权利设定的(在最小国家之下)。……从各种受到限制的选项中选择一个加以实现的权利可以为一个**个体**或一个**群体**所拥有,而这个群体有某种程序来达成共同的决定;或者这种权利可以来回传递,这样,今年我来决定 X 应是一种什么状况,明年你来决定(也许毁坏 X 的选项应被排除)。或者,在同一时期,关于 X 的某些类型的决定由我来做出,另外一些类型的决定由你来做出,等等。(ASU, 171)

假定多种财产权制度是可能的,那么非常明显,诺齐克就必须面对本节所提出的以及刚刚所提出的问题。他不仅不得不解释,为什么洛克式的原则应该被国家当作限制而不是当作目标对待,而且他不得不解释,为什么恰恰是洛克式的原则——尤其是,关于财产持有的洛克式的原则——被挑选出来并给予了这样的待遇,而不是某些其他原则。

三、一种效果论的回答之合理性

我以为,对于对待的问题,可得到的最为看似合理的回答,将使我们回到一种效果论的视角。解释如下问题的最佳方式,即为什么某些原则应该被国家当作限制对待,就是表明,只有通过这样做,国家才能够增进某些重要的价值或目标。关于挑选的问题,我提出一个相似的建议。解释这一问题的最佳方式,即为什么恰好是关于财产的洛克式原则应该被国家当作限制对待,例如,就是通过表明,如果国家以那种方式赋予洛克式原则以特殊待遇,那么它将在确保和提升某些显而易见的可欲效果方面,比通过赋予任何竞争性的原则系列以特殊待遇所可能得到的,做得更好。

诺齐克使人们在几个方面注意到,以效果论的术语考虑以下这一问题是多么自然,即关于在一个社会中哪一种财产权制度应该被付诸实施,这个问题对于政治理论来说,是至关重要的。因而,他似乎告诉我们,为了对有所差异的制度进行评估,我们所需要的恰好是这一类型的理论,即会给予我们关于诸种制度各自所将产生的效果之信息的理论。在他说财产权给予所有者一系列使用限制,以及对所有权的独占或共有的方式进行描述之后,他补充了以下看法。

> 对从中进行选择的各种选项的限制类型,对于决策权力可以被拥有、分割和合并的方式类型,我们缺少一种适当的、有成效的、分析的方法对其加以分类。一种所有权理论中应包括这样一种对限制和决策方式的分类,并从为数不多的原则中得出大量有意义的陈述,而这些陈述涉及限制和决策方式合并在一起的效果和作用。(ASU, 171)

稍后,通过谈及他认为所有权的明显区别于集体所有制的私有制是可以被辩护的,他甚至重复了这种效果论的思考。

> 通过将生产工具放在那些能够最有效率地(最有效益地)使用它们的人手里而增加了社会产品;因为随着由不同的人控制资源,一个有新想法的人不必只有说服某一个人或一小伙人才能进行试验,实验由此得到了鼓励;私人所有权能够使人们自己来决定他们希望承受什么样的风险,并产生出承受风险的专业类型;私人所有权通过使某些人拥有不是用于当前消费而是用于未来市场的后备资源,保护了未来的人们;它为那些不随和的人提供了就业的门路,让这些人不必去说服任何人或任何小团体来雇用他们,等等。(ASU, 177)

诺齐克坚持认为,在一种洛克式理论的范围内,这些思考用于决定我们应该如何理解限制条款,即应该有"足够多的和同样好的东西留给其他人共有"。然后,在这一理论范围内,它们就不是试图提供"财产权的一种功利主义辩护"。但是,这一评论并没有说什么以反对下述这种看似合理的观念,即正是这种类型的思考表明,为什么我们应该要求国家首先赋予洛克式的原则以特殊待遇,而不是任何其他类型的原则。

诺齐克关于财产权的思想路径显示了,对于尝试解决所讨论的问题——为什么国家应该赋予这些原则而不是那些原则以特殊待遇——立足于一种效果论的基础,为什么是自然的。使国家把某些原则当作限制加以对待的非效果论的承诺,留下了这一问题,即为什么这一理论应该从可能的选项系列之中挑选它实际上所挑选出的原则系列。而回答这一问题的一种自然的方式会是,在这一层面,这种理论走向了效果论的思考。当它坚持认为国家应该把这些原则当作限制而不是当作目标对待的时候——在这一方面它是非效果论的——它挑选这些原则,它主张这些原则应该被当作限制,依据这种理由,即用效果论的术语来说,国家把它们当作限制加以对待,将比把任何其他可供选择的原则当作限制,做得更好。

对于挑选问题的一种效果论的回答是看似合理的,正像关于对待问题它是看似合理的一样。这一种或同一种效果论的见解能够马上为这两个问题提供一个答案。因而,我们可以认为,类似于作为不受控制的自由之增进的目标,为国家挑选某些原则作为那些它应当实施的、以及国家以限制的形式实施这些原则作了辩护:把它们当作目标加以对待的任何尝试很可能是事与愿违的。

我们已经讨论过的与财产权相联系的问题,也出现在非效果论者想要国家予以尊重的其他权利中。正如存在许多不同的财产权制度一样,也存在与自由甚或生存相联系的许多不同的权利制度。关于自由的不同解释和关于生存权的不同理解的文献表明,正像在财产权的情形中不存在对于挑选问题的简单回应一样,在这些领域也同样不存在对于挑选问题的简单回应。而且对于生存、自由和财产来说是真实的东西,对于与减少和矫正反对生存、自由和财产的冒犯行为相联系的那些原则之更为重大的衡量标准来说,也将是真实的。在任何情形中,都将存在可以得到的许多可能的原则系列,国家把它们当作限制对待——或者当作目标对待——在每一个情形中,关于哪一个系列是更为可取的,因而都将存在一个重大的问题。

四、契约论并未提供一个持久的选项

到此,我们也许恰好可以离开这个讨论了,不过反对者将会争辩说,我应该超越诺齐克的工作以寻求其他方法,而通过这些方法,挑选问题或许可以被非效果论者所阐发。那么,是否存在任何独特的非效果论的方法,而通过这种方法,政治哲学有希望证明,某些原则而不是别的原则应该被挑选并被转变成对于国家的限制吗?

一个熟悉的路径是,如果国家——或民族或社会或传统等——通过一个历史上的契约约束了自身,并尊重某些限制,那么这将为挑选提供一个非效果论的根基。我相当高兴地承认这一观点,至少为了当下的意图。而这一让步并未为非效果论者提供任何安慰,因为任何民族历史上都没有记载表明,曾经达成过相关类型的契约。

不过,这一考察导向一个显而易见的问题。或许假设的契约能服务于对以一种非效果论的方法挑选某些原则进行辩护?在《正义论》中,约翰·罗尔斯论辩说,国家应该被确定的正义原则所限制,因为这些是我们每一个人在所谓的原初状态中,会选择用以限制它的原则:在这种状态中,我们在无知之幕之下选择社会安排,即在被选择的安排之下我们对于自己干得好或坏都一无所知。而蒂姆·史盖龙(Tim Scanlon)[①]以同一种方法提出,用来限制国家的正当原则,大体上乃是在相互合作中没有人能够对其提出直觉性的合理异议的那些原则。诸如此类的方法可能给予非效果论者一种解决挑选论题的方法吗?

我以为不能。首先要注意的是,任何这样的方法都将不可避免地

---

① T·M·史盖龙:《我们相互亏欠什么》(Cambridge, Mass: Harvard University Press, 1998)。

确认某种普遍性的特征,即某些原则具有别的原则所没有的特征,并相较那些缺少这些特征的原则,推荐具有这种特征的原则。在罗尔斯的论辩中,他的正义原则被挑选出来作为国家应该当作限制加以对待的原则,所依据的这种特征就是,它们是公平的,尤其是,在这种意义上是公平的,即在无知之幕之下它们会被选择的事实,证明了它们的公平性。在史盖龙的论辩中,任何被提议的原则会被挑选出来所依据的特征乃是这一事实,即它们通过一种独特的方式是彼此地可辩护的,即作为合作的根基,没有人能够合理地反对它们。(在解释史盖龙的时候,存在一个问题,即关于这种意义上的原则的可辩护性,是实质上如此的性质,以至于没有人能够合理地反对它们作为合作的根基,还是这样纯粹虚拟的性质,即在解释这一事实的时候没有什么实体性的根基,以至于没有任何人能够合理地加以反对[①]。不过,在可能的解释中所存在的差异,对于当下的意图乃是不相干的。)

假定任何假设的契约程序将挑选和推荐某些原则,依据是这些原则拥有某种类型的普遍性质,那么通过论证假设的契约能够对挑选问题提供一个非效果论的回答,我们就能够说明这一问题。我们所设想的性质,比如说,公平性或者相互的可辩护性,大概是所挑选的原则会予以实现的一种东西,以使它们成为比其他选项更为可取的方式。假使围绕这一原则系列来组织国家和社会,那么这一想法就应当是,较之在任何其他选项之下所将赢获的东西,这样将获得更高程度的公平性和相互的可辩护性。但是,这种方式的挑选原则之根本理由,显然是效果论的。人们偏好的假设契约表明了他们在相关的原则中所寻求的关键特性是什么——罗尔斯的契约表明了一种特性,史盖龙的则表明了另一种特性——而实际上所推荐的原则,是根据最大限度地增进那种特性的承诺而挑选出来的。

在服务于公平性或者相互的可辩护性之原则的确认中,存在某种

[①] P·佩蒂特:《史盖龙的契约论的两种解释》,《哲学期刊》2000年第97期,第148—164页。

理想的理论思考倾向,即在普遍接受和服从的条件下,认同那些最好地服务于其目的的原则。但这并未减弱我所提出的观点的有效性。罗尔斯的原初状态的立约者询问,他们将会理性地偏好哪些原则在一个理想的社会中运作,而他论证说,他们会更偏好两个正义原则,他们会要求政府官员和普通公民把这两个原则当作限制对待。但是,对于他们会理性地偏好哪些原则在一个社会中运作这一问题,立约者也许恰好给出了一个不同的回答,这就是说,从理想的接受和服从来看,这里蕴含着某种缺口。与罗尔斯心心相印的契约论者想必会期望,在那种特殊世界里,他们会公平地选择将运作得最好的原则。

当然,罗尔斯会论证——而史盖龙可以以类似的方式论证——在现实的、并不完美的世界中,应当被当作限制加以对待的原则,乃是那些在一个理想社会中可使公平性最大化的原则,即便在一个现实社会中它们并未使公平性最大化。但是可以找到什么论证来支持这种想法呢?如果要紧的是公平性或相互的可辩护性,而如果在一个现实世界中,通过推行某一系列而不是任何别的原则,将拥有更多的公平性或相互的可辩护性,那么为什么不去追求那种表现更佳的原则系列呢?为什么不这样做,即便在某种理想理论所设想的非现实世界中,另一系列的原则表现更佳?在对待问题的讨论中,到此所陈述的所有论证,都否定了假设的契约论者的这一论辩的可能性,即他们具有某种解决挑选问题的持久的、非效果论的根基。

五、对契约论的这种批判的另一视角

对于那些并未被这些关于契约论的评论所说服的人们,我补充一个更大范围的和更为深入的批判路径。这对于我的意图来说并非是必不可少的,不过,它有助于让某些心存疑虑的读者认识到,我所采取的观点是可取的。

在我早前对非效果论和效果论的陈述中,我论证了,虽然每种方法都欣然接受普遍的原则——不是任何名义上的个人、地位或身份的特权——前者争辩的是,行为主体应当例示这样的原则,把它们当作限制加以对待,后者则主张应当以对待目标的方式增进它们。这意味着,从认同非效果论的行为主体的观点来看，一个确定的方案是否比另一方案更为可取——从他或她的观点看，它在道德上是否更好——将依赖于那一行为主体在那种方案中如何行为：依赖于他们的行为例示的是什么原则。观察两个抽象地描述的方案，对于哪一个方案应该被付诸实施，在获悉谁将置身于这些方案中之前，这一行为主体将不能形成一个道德的偏好：在抽象的方案变成中心方案之前，而在后者之中行为主体被确认为这个或那个人。比较而言，无疑，认同效果论的行为主体将能够对抽象的方案分出等级，而不用涉及他或她是谁；道德上更为可取的方案，将是那个在其中所偏好的原则得到最大限度地实现的方案，即使在那种方案中，他们是依据那些原则干得最差的行为主体。

那么，我们同意，非效果论不能对抽象的方案分级，而只能对中心方案分级。它不能对事情将会怎样的可能方式分级，除非从其身份和角色在每种不同的状况下的评估都是固定不变的和明了的行为主体的观点来看。针对挑选问题的契约论方法是否真正地是非效果论的这一问题，这一经验教训给予我们另一个有用的视角。

我证明它们不是非效果论的，依据是，这些方法都意味着为我们提供对抽象的方案分级的能力。我们被要求赞同契约论所阐明的像公平性或相互的可辩护性这样的理想，并且对与根据理想的不同原则系列相联系的抽象方案分级。但通过非效果论者强调一个指定的行为主体是如何以例示某种确定的理想的方式而行动，这一任务正是非效果论者不能赞同的评估类型。它肯定属于效果论方法的阵营。

注意，相形之下，依据我所采用的标准，历史的契约论将会提供讨论挑选问题的一种非效果论的路径；这里的问题是，历史上不存在非效果论者能够加以援引的契约。假使我们把自身认同为一个民族或者社会或者国家——作为一种相互之间暂时稳定的集体行为主体——假使我们以往曾经达成了某种形式的历史的契约，那么，从我们的观点看，我们就能够论证中心方案，而在这种方案之中，我们保持着对那一契约的忠诚——那一契约支持推行某种原则——而它比所有其他的方案更为可取。在论证这一点的过程中，我们将以一种显而易见的非效果论的方式来思考,放弃评估抽象方案的任何能力和追求此种评估的任何兴趣。而我们将在一种非效果论的根基上解决以下问题,即哪些原则应当被挑选出来以作为政府官员和普通公民应当当作限制加以对待的原则。

假设的契约论者却不能给出这种形式的任何论证。他们可以要求将注意力集中在作为集体行为主体的某一国家或民族,并且要求以一种非效果论的方式追问,为什么那一行为主体应该挑选某些原则并将其当作限制强加于自身。但是,如果它能够对挑选某一系列的原则而不挑选其他的原则进行论证,其依据仅仅是,在一种特定的反事实的情景之中,这些原则将会被选择,即便被那一国家或民族所选择,那么,这将不能为类似于通过历史契约强加的、在直觉上的义务提供一个义务的基础。为什么行为主体应该认为自己被一个契约以非效果论的方式所限制,而这一契约虽在特定的状况下可能会达成,但却截然不同于在其实际的历史进程中所达成的契约?

六、在伦理学中这一论题的普遍化

我已经论证了,鉴于存在对于挑选问题的一种自然的、效果论的解答,同样存在对于对待论题的此种解答,但却不存在看起来同时是合乎情理的和非效果论的回答。我想加以强调的是,这种困难并不仅仅是一个技术性的困难。它根源于非效果论的一个相当深层的特征,为了强调此种主张,我将通过考虑一种表现为一般的伦理学的而不仅仅是政治哲学的非效果论的方式来结束本章。

每一种非效果论的观点都把一组给定的原则看作业已确立的和具有权威性的,并且论证这些原则应当被当作限制而不是目的加以对待。或许凭借所讨论的原则,父母给予其子女特别的关注,朋友以一种特别的方式彼此关照,那些做出承诺的人对于其受约人给予优先的考虑,与其他人直接打交道的人在某种程度上承认那些人优先于第三方被给予优待,等等。关于这样的原则是应该被当作对于置身于相关实践中的各方的限制来加以对待,还是它们应该被当作目标加以对待,存在一个明显的论题。这是一个产生于所讨论的实践之范围内的论题,它们是为人父母的实践、友谊的实践、信守承诺的实践或者面对面礼仪的实践。但是,与那个内在的论题同时产生的还有一个外在的论题,即有关所讨论的原则和实践是否应该确实被当作已经确立的或者具权威性的给定原则的论题。这是明显不同于对待问题的挑选问题。

在公民社会的范围内,我们应该拥有一个与世隔绝的家庭领域,还是应该在更大限度上显示出积极的行动呢?我们应该制定或坚持友谊原则吗?该原则允许朋友们相互提出要求,而其要求以多种多样的方式有损于第三方的利益。我们应该使履行承诺成为神圣的,以至于人们可以被强迫去履行甚至使他们陷于困窘的承诺和契约吗?这些都是挑选问题的例子,尽管现在它们是在一个并非政治的语境中提出的。这些问题是严肃的,并且很难被声称忠诚于道德事业的任何一个人置之不顾。

因而在我看来,那些问题还是不可能以非效果论的路径加以解决。因为使得非效果论与众不同的,乃是对这种事实的坚持,即例示确定的原则而不是增进它们在道德上是正当的;或者,在更为普遍性的层面上来说,坚持道德的观点使对中心方案而不是抽象方案的评估成为可能。而且在那种意义上,非效果论不得不被效果论所取代,当它面对哪些原则应该被挑选出来并适合被当作限制来对待的问题的时候,不管是这一领域还是那一领域之中。既然在政治哲学中,挑选问题击败了非效果论,那么因而在更为普遍性的层面它也同样击败了非效果论。非效果论者可以一而再、再而三地不去求助于效果论的思考。但是,如果他们认真地、最大限度地追踪辩护问题的话,他们便不得不求助于效果论。

第六章
目标、象征、原则:诺齐克论实践合理性①

杰拉德·F·高斯

第一节 一个难题:诺齐克的实践理性理论 与他的自由至上主义之间的关系

尽管罗伯特·诺齐克对哲学的诸多领域——如价值理论、伦理学、科学哲学、知识论和形而上学等领域——作出了具有重要影响的贡献,在《无政府、国家和乌托邦》中被详尽阐述的自由至上主义政治哲学,仍然是最为著名的②。不太清楚的是,他当前对那种自由至上主义的哲学究竟作何评价,但在出自1980年代后期和1990年代早期的两个重要段落里,他部分地否认了它。在《被审视的生活》中,他写道:

---

① 这一章的各个版本曾提交给国际功利主义研究协会、国际经济与哲学协会、美国政治科学协会,以及托卡托蒂特亚大学的法学系。我要感谢斯科特·阿诺德、约书亚·柯恩、本·埃格尔斯顿、乔纳森·D·霍尔沃森、本杰明·格雷格、埃里克·麦克、道格拉斯·麦克莱恩、吉多·普林乔恩、杰夫·塞尔-麦克雷德、大卫·施密茨、霍拉肖·斯佩克特、费尔南多·特松的评论和建议。
② 罗伯特·诺齐克:《无政府、国家和乌托邦》(New York: Basic Books, 1974)。

> 在民主制度的运作中……我们需要与我们相关、并将我们结合为一体的那些价值的表现形式。我从前提出的自由至上主义立场,现在看来是严重不足的,部分地因为它未能充分地结合人道的考虑和共同的合作行为,它留下了将之更为紧密地结合在社会结构之中的空间。……我们选择通过政府共同去做某些事情,以郑重标识我们人类的团结。……(EL,286-287)

在《合理性的本质》中,他进行了一项类似的评论:

> 象征性意义……是特定的伦理决断的组成部分。……曾有人论证道,喂养某人的象征性意义进入关于终止重病之人的生命的那些方式的讨论中了,即关掉病人的人造呼吸器,但并不中断送食也不饿死他们。《无政府、国家和乌托邦》中所展示的那种政治哲学,忽视了关于我们的诸种社会联系与关切的那些共同的和官方的、严肃的象征性表述对于我们的重要性,因而……是不充分的。(NR,32)

在这两段话里,诺齐克对自由至上主义的拒斥,都基于**表现性担当和象征性意义**的重要性之上。显然,公共政策的功能之一,就是以官方的方式表现我们共同的担当,或者象征我们相互之间的关切。诺齐克由此告诉我们,最低工资法可以被理解为象征我们对穷人的关切(NR,27)。

在《无政府、国家和乌托邦》中,象征合理性并未出现。那种论证所关注的,是源自诸种目标的那些理由与源自诸种权利(或者更宽泛地说)原则的那些理由之间的对比。广为人知的是,诺齐克坚持认为,权利不能被还原为目标。他认为,我们能够具有某种理由去增进某种目标,这一点是没有问题的。他在《无政府、国家和乌托邦》中的问题是,当从事行为A的做法并不增进任何目标时,我们是否有理由去实施行为A?当权利是他称之为我们追求的目标的"边界限制"时,尊重它们是合理的吗(ASU,28)?诺齐克显然担心这是不合理的,"接受边界限制C，而不是接受使违反C达到最小化的观点，这是不是**不合理的**？"（ASU，30）在对依据把权利当作边界限制的行为之合理性的捍卫中，他诉诸基于原则而行动的那种概念："对行为的边界限制反映了康德主义的根本原则：个人是目的，而不仅仅是手段……"（ASU，31）

因此，《无政府、国家和乌托邦》中的自由至上主义理论，预设了对依据原则的合理行为的某种辩护，这种行为显然不能被还原为目标指向的行为。诺齐克后来对他的自由至上主义的种种驳斥——尽管都比较粗略——所关注的，显然是实践理性理论的不完备性，强调的是需要将象征性的和表现性的合理性结合起来。至少在诺齐克眼里，采用某种更广泛的实践理性的见解，对于放弃他的自由至上主义是很关键的。在《合理性的本质》中，诺齐克展示了对这种更为广泛的合理性概念的一种系统的解释，包括对追求目标、象征性表现方式和依据原则的行动的解释。本章所探究的正是这种关于合理性的更为广泛的见解。

第二节考察诺齐克对目标指向的合理性的解释，第三节审视他对象征合理性的新颖讨论，而第四节则分析诸种原则在合理性行为中的地位。在批判性地考察实践合理性的这三个核心因素之间的关系之后，我将在第五节回过来简要论述这种实践理性理论与诺齐克的政治哲学之间的关系。

第二节 目标指向的合理性

一、超越休谟主义者迈出的一小步？

尽管《无政府、国家和乌托邦》强调了有原则的合理性之可能性，而《合理性的本质》却很重视象征的合理性，需要强调的是，对于诺齐克而言，就像对于大部分当代哲学家而言一样，工具合理性位于实践理性的核心之处。"工具合理性位于所有合理性理论的交集之中（而且或许除此之外，就没有任何别的事物位于该交集之中了）。在这种意义上，即它是一种默认的理论，一种所有人都能够看作理所当然的理论，不管他们另外想到什么。……问题乃是，它是否是合理性的**全部**。"（NR, 133）实际上，诺齐克认为："将合理性当作一个目标指向性的过程，是很自然的。（这既适用于行为的合理性，也适用于信念的合理性。）"（NR, 64）因此，依据基本的"工具性概念，合理性便在于诸种目标、目的和欲求的有效地实现和满足。关于目标本身，一种工具性的概念没有什么可说的"（NR, 64）。"当前，我们没有关于目标与欲求之实质合理性的任何令人满意的理论，来消解休谟的这一说法，即'宁愿毁灭全世界，而不愿意伤一下我的手指头，这并不违背理性'。"（NR, 140）

关于最后这个论题，诺齐克把他的解释展示为温和修正主义的。他踏出了"超越休谟的一小步"，并争辩说，对于"在决断理论所展示的标准的冯·诺依曼-摩根斯特恩条件及其变体之中得到系统阐述的偏好是如何相结合的"那些限制——比如及物性（transitivity）——构成了合理偏好的标准。诺齐克的策略是，为了诸种合理的偏好结构，而倡导一组连贯性要求。然后他补充了一项更为大胆的主张：一种"偏好或欲求是合理的，仅当（它以合理的方式成为连贯的，而且）它是通过**一种**产生诸种合理地连贯的偏好与欲求的**过程**而得到的"（NR, 148）。这是诺齐克将内在论的辩护与可靠论的辩护结合起来全局性策略的一部分：一种信念/欲求的合理性，既是(1)它与由诸信念/欲求构成的那个系统中的其他诸因素之间的关系（内在论）的一种功能，也是(2)使它得以形成的那个过程的可靠性（可靠论）的一种功能。

在没有对一般可靠论持异议的情况下①，作为一种关于合理偏好的理论，它特别令人疑惑。为了更好地看清它的问题，可以考虑一下诺齐克的如下主张：

> 当一个人偏好选项 x，而不是另一个选项 y，然而又偏好"他没有这种偏好"，也就是说，当他又偏好"并非偏好 x，而不是 y"之时，

---

① 我考虑的是《辩护性自由主义：论知识论与政治理论》（New York: Oxford University Press, 1996, 第 26 页起）中的可靠论的诸问题。

他缺乏合理的整合。当这样一种二级偏好与某个一级偏好相冲突时,应当改变这些偏好中的哪一个,就是未决的问题了。清楚的是,它们并不能很好地合拍,而一个合乎理性的人,会偏好的是:事情不(再)是这样的。(NR,141)

我们宽泛地将"偏好"(preference)和"欲求"(desire)当作同义的;在许多地方,诺齐克都交替使用它们①。然后,我们探讨一种标准的情形,在那里,这个故事显得有道理了:一种要喝醉的欲求。我们可以设想一个人有喝醉的欲求,也有摆脱他的喝醉欲求的欲求。这里出现了一种欲求之间的冲突——一种不合理的非连贯性。假设我们也知道,在那个人的欲求系统中,喝醉的欲求是会导致许多这类非连贯性的一种欲求,而且这种欲求是由一个形成欲求的过程 IH(冲动享乐主义[impulsive hedonism])所产生的,这个过程以典型的方式,产生了这种麻烦的欲求。诺齐克的可靠论条件,看上去是在指出,通过 IH 所形成的诸种欲求不是合理的。

尽管我们常常谈到诸种欲求的排序,或者对事物的诸种偏好的排序("我偏好啤酒,而不是葡萄酒"),严格地说来,对于事物的这些相互冲突的欲求或偏好,并非在不合理的意义上是不连贯的。同时欲求喝醉和保持清醒,并没有什么不合理性。我们不能总是两者兼得,而我们许多欲求的情形就是这样。下面的情形也没有在不合理的意义上的任何非连贯之处:有时候偏好啤酒,而不是葡萄酒,有时候又偏好葡萄酒,而不是啤酒。如果我面对的是糟糕的啤酒和很不错的葡萄酒,那么偏好葡萄酒,而不是啤酒,就是完全合理的;甚至一位葡萄酒鉴定家则可能会挑选一杯便宜的啤酒加上一万美金的附加报酬,而不是一杯优质的葡萄酒。我们对于诸对象与诸体验的诸种欲求或偏好,经常发生冲突;我们不能说,一个产生了这些互相冲突的欲求的过程,在任何意义上是不合理的。这包括了一级欲求与二级欲求之间的某种冲突。喜欢

---

① 在 NR 的第 144 页中,他区分了它们,但这并不影响这里的观点。

啤酒，又欲求我不喜欢啤酒，而代之以培养对葡萄酒的某种趣味，这会给我那些格调高雅的朋友留下深刻印象，这种现象没有任何不合理之处。我不能同时满足这两者，但我也不能同时既满足我今晚外出的偏好，又满足我忍住不外出以便写作的偏好。对于今晚外出，**我感到很纠结**：我想要满足那种偏好，但我也渴望我没有那种偏好，以便能待在家里写作。有意地怀有诸种不连贯的信念，是不合理的；但在诸种价值或欲求上感到纠结，则既非不同寻常，也并非是不合理的①。

当然，如果我们理解了涉及诸种利益、目标、行为、体验等方面的偏好，就没有任何像诺齐克在上面的引文中所提到的那种连贯性要求，能够从抽象的决断论中推论出来。根据一种决断的理论观点，严格地受制于②诸种合理的连贯性限制的东西，乃是对于世界的诸种状态的偏好，或者对一个人的选择之全部结果的偏好。这实际上违背了下面这些合理选择的标准条件：(1)偏好这样的世界，在其中，我在今天三点钟能喝上很不错的葡萄酒，并放弃糟糕的啤酒；(2)偏好这样的世界，在其中，我在今天三点钟能喝上糟糕的啤酒，并放弃很好的葡萄酒。如果这些便是对我的诸种选择的完整描述，也是我对诸种结果进行排序的方式，那么我就无法说出，什么使我的诸种偏好之满足最为充分地最大化了。然而请注意，非连贯性并不产生于我的欲求系列的因素之间的任何非连贯性，我寻求的目标，或者我想要去实施的行为，被理解为我所喜欢的东西。合理的非连贯性，仅仅产生于我依据世界的诸种可能的状态，对这些满足的组合进行排序的方式。

如果是这样的话，产生一种在合理意义上连贯的或非连贯的偏好排序的**过程**，并不是允许欲求、喜好或目标进入某人的那一**系列**被喜好之物，或被追求的目标之中的过程。于是，欲求与偏好的形成，在根本

---

① 在我的《价值与辩护》(Cambridge：Cambridge University Press，1990)的第 219 页及其后，我在更为深入的层面，思考了价值之间的纠结和冲突的本质，以及对于价值能够采用哪种连贯性的条件。

② 这里"严格地受制于……"在原文中是以从句形式出现的，并且系动词是斜体，即"what *are* strictly subject to…"，但中译文无法体现出来。——译者注

上与信念的形成并不相似;一种关于信念的可靠论所关切的,显然就是一种信念进入某人的信念系统的那个过程。在利益、目标、行为或体验的方面,**任何**对 x 的欲求或对 x 的偏好,都可能进入某人的价值体系中去,而没有任何合理性所质疑的丝毫的非连贯性。产生合理意义上的连贯偏好的那个**过程**,就是个体将各种偏好的满足进行组合并排序的能力,这在至关重要的意义上,涉及他们依据满足偏好的机会成本,将某些偏好的满足与其他一些偏好的满足之间进行交换的那种方式。而这个过程正是实践合理性:将连贯性、及物性等条件,当作对有关总体结果的偏好进行排序的理由。

即便我们反对这种主张,即对一种对象、体验、行为、目标等的偏好能够依照它进入我们的系统之中的那个过程,而被判定为合理的或不合理的,这种分析还是远远超越了休谟[①]。理性远不仅仅是激情的奴隶。合理性要求行动者依据连贯性、及物性、完备性等,对有关欲求满足的不同混合事态进行排序。而这又要求建立起表明某个行动者对诸多偏好满足的系列进行连贯的排序的某种权衡比率或效用函数[②]。因而,在从一大堆相互冲突的欲求中产生出连贯的选择时,理性的角色是建设性的和调节性的。结论仍然是重要的:即使工具理性所预设的,不是关于我们如何最好地实现我们的欲求的理性思考的概念,而是关于我们应该怎样妥善地处理它们,以使连贯而又有效的选择成为可能。

二、因果的和证据的推理

诺齐克对纽康问题(the Newcomb problem)的分析,是广为人知的[③]。在这个人所熟知的问题中,一位行动者面对着两个盒子。第一个盒子是透明的,因此行动者可以看到它里面有一千美元;第二个则是

[①] 关于对冯·诺依曼和摩根斯特恩的公理的一种详尽的讨论,以及它们与工具合理性的关系,参见詹·汉普顿:《理性的权威》(Cambridge:Cambridge University Press,1998),第 7、8 章。
[②] 关于对目标排序的一种更充分的讨论,参见我的《为什么所有的福利国家(包括自由放任的国家)都是不合理的》,发表于《社会哲学与政策》,第 15 卷(1998 年夏季号),第 1—33 页。
[③] 罗伯特·诺齐克:《纽康问题和两种选择原理》,收于《行动中的合理性》,保罗·K·莫塞编(Cambridge:Cambridge University Press, 1990),第 207—234 页。

不透明的。行动者可以选择拿走一个或两个盒子里的东西。到现在为止，选择还是很容易的——把两个盒子都拿了，这样就保证他自己至少可以得到一千美元，再加上那个不透明的盒子里的东西，不管它是什么。然而，行动者也知道，一位极其可靠的预言者将钱放到了盒子里。当且仅当她①预测你只会选择那个不透明的盒子时，她才会将一百万美元放进那个盒子里；如果她预测你会同时选择两个盒子，她就会让那个不透明的盒子空着。

依据诺齐克的看法，如果人们采用了关于期待效用的一条简单的原则，那个行动者只会计算每种选择的诸种可能的结果所具有的效用（以它们的可能性来衡量），然后对这些效用进行总加。然而，既然这些结果就概率而言并不必然地独立于行动者所实施的行为，那么一个更充分的、有关证据的期待效用原则（evidentially expected utility，简称 EEU），就通过考虑诸种结果的条件概率，来计算诸行为的期待效用，假使行动者实施的是该行为的话（NR43）。现在，诺齐克提出了著名的论证：一个采用了 EEU 的行动者会推理说，假使有了有关那预言者的信息，在同时选择两个盒子的情形下得到一百万美元的概率极小，而只拿走那个不透明的盒子的做法的证据期待效用很高，这样一来，EEU 所推荐的，就会是只选择那个不透明的盒子。对于许多人来说，这似乎都是反直觉的：毕竟在选择的时候，一百万美元有可能在那个不透明的盒子里，也有可能不在，因此，那个行动者那时关于拿走一个或两个盒子的决定，不可能影响两个盒子里面的内容。那么为什么不将两个都拿走呢？

期待效用理论的某些拥护者曾提出，对它的某种充分的理解，给出了"正确的"答案——行动者应该将两个盒子都拿走②。但只要行为 A 成为某种结果的**原因**，与 A 成为某种结果的**征象**有所不同③，那么区分

---

① 指预言者。——译者注
② 比如可参见埃勒莉·埃尔斯：《理性抉择与因果性》（Cambridge: Cambridge University Press, 1982）。
③ 参见焦尔敦·赫沃德·苏贝尔：《碰运气：论理性选择》（Cambridge: Cambridge University Press, 1994），第 152 页。

两种目标指向的合理性,就是有理由的。证据性的期待效用的关注焦点是"一种行动将某人的诸种目标的实现最大化了"这一点的种种征象,而因果性的期待效用(causal expected utility,简称 CEU)的焦点则是"某人的行动将会在实现他的诸目标的过程中扮演某种因果性的角色"这一点的概率。因此,诺齐克论证道,EEU 指示行动者只拿走那个不透明的盒子,而 CEU 则指导行动者把两个都拿走,因为对将行动者的诸选择与诸后果关联起来的那些因果链条的一种检查表明,具有最高的因果性期待效用的行动,便是同时选择两个盒子。

讨论这个问题的大量文献,已经产生了各种各样的支持与反对 EEU 和 CEU 的情形。比如,就我们在他结合可靠论与内在论的合理偏好概念的尝试中所见证的,结合歧异观点的趋势来说(§2.1),诺齐克试图调和这两个方面。"我建议,我们……不仅要说我们对这两个原则——CEU 和 EEU——中的**哪一个**(完全凭其自身)而正确感到不确定,还要说,这两个原则都是合法的,而且必须分别被公正对待。"(NR,45)对于诺齐克而言,对"两个原则对我们都有些吸引力"这一点的指明,就是在纽康问题中我们的直觉对价值方面的诸种变动做出反应的方式。他坚持认为,如果那个透明盒子里总共有 1 美元,即便对 CEU 持同情态度的那些"选择两个盒子的人",也会看到 EEU 的种种长处,而如果我们将透明盒子里的总量提高到 900 000 美元,即便那些倾向于 EEU 的人,也容易将两个盒子都拿走。尽管某些评论者怀疑是否有依据价值来转换原则的某种一般趋势存在,经验方面的证据却表明,在纽康式问题中的诸种选择,实际上既取决于预言者的可靠性,也取决于关键性价值的大小①。在任何情况下,诺齐克的解决方案都是认可一种既包含了 CEU,也包含了 EEU 的元决断理论(meta-decision theory)。诺齐克所谓的行为 A 的"决断价值"(DV),就是"它在因果上

---

① 参见保罗·埃纳德:《风险之下的理性选择之基础》(Oxford: Clarendon Press, 1993),第 41 页。关于一位怀疑者,参见大卫·科里斯特森关于《罗伯特·诺齐克的〈合理性的本质〉》的评论文章,发表于《奴斯》第 29 卷(1995),第 259—274 页。

的期待效用和它在证据上的期待效用经过加权的价值,正如由那个人对于被这两种期待效用中的任何一种所引导的信心来加权一样"(NR,45)。由此,我们暂时可以说,$DV(A) = W_c \times CEU(A) + W_e \times EEU(A)$。

三、关联与涌流隐喻

EEU 和 CEU 都是关于实践合理性的目标指向性的理论:两者都将合理的行为理解为指向目标或欲求的满足。EEU 将一种合理的行为视作——假使有了一些相关的征象——某种**被指明**为在某人的目标确定下来之后的最佳选择,而 CEU 则将合理的行为等同于这样一种类型的行为:它**造成**了一些事态,在这些事态中,某人的目标是以最佳的方式被实现的。EEU 是目标指向的,但却不是工具性的(它告诉我们,当我们的目的确定之后,该选择什么,但并不主张最佳的行为是实现我们的目的的一种工具),而 CEU 则两者都是(NR,137)。这里我不会评说诺齐克将因果性决断论与证据性决断论结合起来的做法,只要人们意在将它作为纽康问题的一种解决方案,或者某种元决断理论;其他人已经讨论过它的一些困难之处①,而且有大量的文献讨论一般性问题。就我所知,在很大程度上没有被注意到的,是诺齐克阐释因果性理由与证据性理由之间差异的那种**方式**。依据诺齐克的看法,理由是结果与目标(或欲求)之间的"关联"(NR,49)。正如他所说,效用沿着理由"涌流"(flows)。那么,将证据性理由与因果性理由区分开来的,就是关联的本性;在一种情况下,效用沿着因果性关联涌流(NR,27),在另一种情况下,它沿着因果性路径涌流。

这种关于理由的概念,在《合理性的本质》中自始至终反复出现,但从未真正被阐释过;就像诺齐克说过的许多别的事情一样,它仍然是有启发性的,实际上是隐喻性的②。然而,作为一种隐喻性的观念,它却

---

① 比如,可参见科里斯特森:《诺齐克的〈合理性的本质〉》,第 260—263 页。
② 在这里,存在着与他关于伦理"推力"和"吸引力"的观念的明显对比。参见《哲学解释》,第 5 章。

处在他的目标指向性的实践理性理论的核心之处。而如果我们不辞烦劳去阐释它,我们将会揭示出诺齐克的目标指向性的理性理论的悖谬本性。

四、目标与效用回流

我们可以如何解释涌流隐喻呢?假使 EEU 和 CEU 都是对实践理性的目标指向性的解释,那么起点就是被追寻的目的,是行为的目标(或价值)。那么,目标或价值 V,就有了效用——让我们更一般地说,它被赋予了效价了:它在规范方面有了负荷。让我们用"V+"来表示这一点。现在问题是,我们如何将那个目标与行为的诸理由联系起来?作为一位原型因果理论家,霍布斯指明了出路:我们投入"调节思想的训练"中去,从一种欲求的效果回推到"产生它的手段"上去①。然后,假设我们以这种方式进行推理,并得出结论说,行动 A 造成了 V+,或者 A→V+。但请注意,在这里,"欲求的效果可以通过实施 A 来实现"这一点,只是对理由的某种发现;A→V+是关于世界的一种事实。迄今为止,行为 A 自身都没有任何效用或效价(valence);理由仅仅将它与某种被赋予效价的目标关联起来了。在这里,诺齐克假定了我们可以称作一种"效用回流"(utility backwash)的东西:"效用可能会回流……沿着诸种因果关联,被往回归因。"(NR,27)因此,A→V+产生了价的回流这一事实:规范方面的负荷沿着因果联系往回传播,产生了一种有负荷的行为 A——我们称之为A+。那么,效用回流就表明了,为什么 A 重要,它是如何得到效价或者被注入效用的。现在看起来很清楚的是,为什么我们不仅仅有**相信** A→V+的理由,而且有**从事**行为 A 的理由。经过适当的修正后②,同样的情况也适用于诸种证据性关联。我们应该注意到,根据诺齐克的解释,注入行动的效价或效用的类型,取决于效用沿着回流的那个渠

---

① 霍布斯:《利维坦》,迈克尔·奥克肖特编辑(Oxford:Blackwell,1948),第15页(第3章)。
② 原文为拉丁文:*Mutatis mutandis*。——译者注

道；如果效用是沿着证据的路径回流的，它就产生一种类型的效用（即证据性效用），而如果它是沿着因果的道路回流的，它就产生另一种类型的效用。因此，在向着行动回流的过程中，效用的本性发生了改变。

当以工具性方式行动时，行动者的行为就**呈现了一种当前的价值**。因为 A 已经由效用回流加上了负荷，当行动者实施工具的意义上合理的行为 A+ 时，她的行为就不仅仅是为了某个目标（一种将来的价值），而是**被现在的**价值所影响。但因为 A+ 被赋予了效价而去做行为 A+，这一点就其特征而言，在一种有趣的意义上，并不是必然的，人们做 A+，这本身就是有价值的。因而，所有工具性的行为都预设了，行为乃是为了当前的价值。这个要点轻易地被误解了。我们必须区分：

  认知上的工具主义：如果(i)阿尔夫有目标 V+，而且(ii)阿尔夫有很好的根据相信 A→V+，那么(iii)就得到这一信念，即 A→V+ 本身就给了阿尔夫某种理由去做 A。

  回流的工具主义：如果(i)阿尔夫有目标 V+，而且(ii)阿尔夫有很好的根据相信 A→V+，那么(iii)V+ 的价值（效用）就回流到 A，产生 A+，所以(iv)从事 A+ 就是有价值的，并且因而(v)阿尔夫有某种理由去做 A+。

回流的工具主义预设了，工具性的行为本身总是体现了价值。依据回流的工具主义，行为的某种理由总是涉及**基于当前的某种价值而行动**，而不仅仅是为了未来的某种价值而行动。因果性的信念将价值注入了 A，因而允许人们基于价值而行动，但对其自身而言，因果性的信念并不为行为提供理由。那么，吊诡的就是，工具意义上合理的行为总是为了当前的某种价值而被实施的行为。

人们可能会认为，我的分析太过严肃地对待涌流隐喻了（尽管我们会看到，它构成了《合理性的本质》的一个主题）。为什么不干脆选择认知上的工具主义呢？请注意，认知上的工具主义要求，A→V+本身为某个行动者提供了某种理由去行动这一信念。但信念本身为行动提供理由的这种主张，看来则是反休谟的①。因而，看起来就是，休谟对工具合理性的解释面临某种窘境。相反，可以坚持认为，单是诸种信念是无法为行为提供诸种动机性理由的。然而，这就导向了回流的工具主义，以及"合理的行为从来不是真正地仅仅为了它的结果"这一悖谬的主张。为了表明行为可以成为纯粹工具性的，一个休谟主义者可能会接受认知上的工具主义，也就是说，一个人只是出于他的行为实现某个目标这一理由而行动。但如果是这样的，那么信念毕竟还是提供了**促发行动的理由**，而休谟主义的解释就与一种更加受康德激发的理论汇合了。因此，尽管存在所有那些问题，回流理论之类的理论对于一种定然为休谟主义的理论而言还是必要的，依据后者，信念本身从不提供促发行动的理由。

第三节 象征性理由

一、象征性回流

我们已经看到，基于诺齐克对目标指向性理由的解释，效用能沿着证据和因果的道路回流。他也坚持认为，它能沿着**象征**的渠道回流。一般而言，诺齐克相信，如果 A **代表** X，A 就象征 X。诺齐克再次诉诸回流理论，提出如果 X 是有价值的，那么这种价值就会通过与 A 的象征关系发生回流，赋予 A 以"象征效用"（SU）(NR, 26-27)。因此，对某种行为的合理性的一种评价，必须不仅考虑因果和证据方面的关键性效用，也考虑象征方面的效用。这样，我们就得到了诺齐克最终用来表述某种行为的总体决断价值的公式：$DV(A) = Wc \times CEU(A) +$

---

① 正如斯坦利·本和我曾主张的那样。参见 S·本、G·F·高斯：《实践合理性和许诺》，发表于《美国哲学季刊》第 23 卷（1986 年 7 月），第 255—266 页。

$We \times EEU(A) + Ws \times SU(A)$。关于 A 的总体决断价值就是，A 在因果上的期待效用经过加权的价值，加上它在证据上的期待效用经过加权的价值，再加上它的象征性效用经过加权的价值。

"代表"关系是象征合理性的关键点。为了把握象征合理性，我们需要澄清的是，某种事物能够代表另一种事物的那些方式。追随查尔斯·皮尔士的符号理论，詹姆斯·H·费策(James H. Fetzer)区分了 A 可能代表 X 的三种方式①。(1)A 可能会在与 X 相似的意义上代表 X；我们将这称作"肖似关系"。正如费策所指出的："雕像、肖像和相片都是这种意义上的肖似物(icons)。……"(2)"借助成为它们所代表之物的原因或者效果，而代表它们所代表之物的任何事物，都被看作是表征(indices)。"因此，"预示雨的乌云，显示麻疹的红斑……都是这种意义上的典型的表征"。这里请注意，如果 A 导致 X，或者 A 是 X 的证据，那么依据皮尔士的理论，作为它的一个标志，A 就是它所代表的 X 的一个征象。这看起来将会把"代表"关系最大限度地一般化了；两个种类的目标指向性的理由——因果的和证据的——都是"作为标志的代表"关系的例子。(3)最后，"代表它们所代表之物的那些征象，或者由于约定的一致，或者由于那些征象与它们所代表之物之间的习惯性联合，被看作'象征'"。请注意，基于皮尔士的观点，象征只是"代表"关系的一种类型。

二、弗洛伊德的象征主义：以一种疯狂的方式言之成理

诺齐克关于象征合理性的构想聚焦于第三种类型的"代表"(给第一种类型留出了空间)；因果的和证据的合理性被归于第二种类型之下。考虑一下第三种类型的主要情形，皮尔士关于一种象征的观念——特别是在做出 A 与一种价值 V 之间的心理学联想的情形。诺齐克明确提及这种象征合理性成为弗洛伊德心理学之一部分的那种

---

① 詹姆斯·H·费策：《符号与心灵——符号系统理论导论》，收于《人工智能的发展方向》(Bosten: Kluwer Academic Publishers, 1988)，第 133—161 页。我的文本中对费策的所有引用都出自第 135 页。

方式：

> 弗洛伊德的理论必定主张，对于某个人而言，不但行为和结果仍然能够象征进一步的事件，而且它们本身就利用了这些其他事件的情绪性意义（以及效用价值）。具有某种象征性的意义，行为就被当作具有它们以象征的方式所意谓的事物之效用；一种神经官能症被附上了它所代表之物所特有的某种固执性。(NR, 26)

那么，让我们反思一下弗洛伊德的筹划的本性。弗洛伊德告诉我们，其目的是理解症状①。考虑一下一个带有强迫性睡眠仪式的十九岁女孩的例子：

> 她将房内的大时钟停止不走，并将其他一切小时钟移出室外，就连床边桌上的小手表也不例外。所有花盆和花瓶之类都慎重地放在写字台上，务必使它们不在夜间跌落破碎，以免惊扰她的清梦。……床头的长枕必须不和木床架接触。……盖上鸭绒被之前，她必抖动鸭毛，使羽毛下降；但又必定把被子压平，使鸭毛重新分配。②

在这一点上，这种举止简直就是不可理解的。以一种似乎与诺齐克的象征效用相一致的方式，弗洛伊德诉诸象征性的关联，以便理解它：

> 病人乃逐渐知道夜间将钟表移到室外是因为它们是女生殖器的象征。尽管在别处，我们为它们找到了其他一些象征性解释，其

---

① 西蒙·弗洛伊德：《精神分析引论》，詹姆斯·斯特雷奇译（Harmondsworth: Penguin Books, 1973），第296—312页（第17讲：诸症状的意义）。本章中对弗洛伊德的引用全部出自这一讲。
② 中译文采用了高觉敷先生译本（商务印书馆，1984年第一版），第208—209页。——译者注

所以有了女生殖器的角色是因为它们也有周期的动作和平均的时间。……花盆花瓶与一切容纳器相同,也都是女性象征。……

有一天,她想到了仪式的中心意义,忽然了解到自己所以不使长枕接触床背的缘故。她说,由她看来,长枕常像一个妇人,而直挺挺的床背像一个男人。因此,她好像是用一种魔术的仪式,将男人和妇人隔离;那就是说,把父亲和母亲隔开,不使其交媾。……

假使长枕代表女人,那么她抖着鸭绒被使羽毛下降,使之隆起,也确有一种意义。其意为何?意即怀孕;但是她也未尝不希望母亲免孕;因为她数年来很怕父母交媾的结果,又会生一个孩子……①

假如是这样的情形,即这些是现实的象征性关联——一些是肖似的,一些只是联想的——那么我们就以一种疯狂的方式,对它具有某种完全的理解。正如弗洛伊德注意到的,这是些"狂烈的思想"。诚然,如果"木床架=父亲",而"长枕=母亲",那么我们就能够在将床架和长枕隔开的做法中,看到一种疯狂的逻辑。但看起来很难说是这样的,即弗洛伊德的解释证明,那个女孩有很好的理由让长枕和木床架不接触,或者将鸭绒被抚平。当然,她的父母不睡在一起并生下另一个孩子,对于她是很重要的,但这一点怎样能够给她提供理由,以确保长枕和床架不接触,并确保鸭绒被被抚平呢?正如弗洛伊德提出的,错误的魔术信念,实际上有助于理解整个事件,因为那样的话,我们就能将它理解为(错误的)因果推理的一个事例了:那个女孩认为,将长枕和床架分开,实际上会有所帮助②。

如果我们撇开错误的目标指向性推理,那么该行动(将床架和长枕分开)与那一价值(即她的父母不交媾)之间联系的本质又是什么呢?

---

① 同上引,见第 209—211 页,个别字句有改动。——译者注
② 我曾考虑过,将诸种错误的因果信念归于其他一些信念之上,这种做法如何能增加他们的行动的可理解性,见《辩护性的自由主义》,第 54—59 页。

答案似乎仅仅是,她在心灵中将它们联想到了一起。然而,这似乎很难说是一种**合理的**关联。如果说任何这样的联想性联系必然构成一种合理的(象征性的)关联,那么"理性的法则就是思想的法则"这一格言①就以一种令人惊异的方式成真了。依据心理学中的联想主义传统(该传统受惠于戴维·哈特雷[David Hartley]和休谟,但可以一路追溯到亚里士多德),凭借统领观念之联想的那些法则,诸如相似、相邻、同在、相继等,意识就能够得到解释②。现在,如果我们的心灵设法建立了两种因素之间的这种联想性联系,以至于我们认为一个代表另一个,那么基于诺齐克的解释,依据事实来看,这种联系就是一种合理的关联。合理性被还原为心理学了。

固然,联想的象征性联系可以解释,**为什么我们发展了偏好**。我们的强迫症女孩有一种将长枕和床架分离开来的偏好,因为她将这种偏好与把她父母分开的她的欲求联想到一起了,而这样一来,我们可以说,看见长枕和床架分开就"让她很高兴"。但现在,我们只是拥有了一种将它们分开的赤裸裸的偏好,以及关于这种偏好是如何发展出来的心理学传说。我们不能说的是,她的目标,即不要有另一个孩子与她竞争,其本身就给了她一种理由去确保长枕和床架不接触,并将鸭绒被抚平③。而这就是为什么弗洛伊德相信,一旦一个理性的人完全看到了**它背后的那种意义**,她的强迫症就会逐渐消失④。

---

① 我曾为这一格言辩护过,见同上引,第 47 页起。
② 参见亚里士多德:《论记忆和回忆》(*De Memoria et Reminiscentia*),J·比尔,以及《论灵魂》(*De Anima*)第Ⅲ卷,J·A·史密斯译,两者都收于《亚里士多德基本著作》,理查德·麦基恩编(New York, Random House, 1941)。
③ 人们可能会认为,诺齐克必定不会赞同这一点;毕竟,他在提供一种关于符号**合理性**的理论。但即便是他,似乎也承认那些关联是不合理的。有一次,他只是要求我们不要"太急于"摈弃诸种符号性关联(NR, 29)。
④ 因此,在我看来将"A 是合理的"与"这使得做出 A 有了意义"等同起来的做法,似乎太过宽泛了。诸种事物可能以一种疯狂的方式产生意义,而且也可能存在着疯人的逻辑。参见阿兰·吉帕德:《明智的感觉与恰当的选择:一种规范判断理论》(Cambridge, Mass.: Harvard University Press, 1990)。

三、通过象征的交流与表达

关于象征性表达,我是否错过了某种重要的东西?正如诺齐克所指出的:"我们的生活之丰富性的相当大一部分,在于象征性意义及其的表达,我们的文化加于事物之上的象征性意义,或者我们自己所赋予的那些象征性意义。"(NR,30)现在,我们需要区分象征性**意义**与象征**合理性**。文化的丰富性与允许一事物代表另一事物的一个意义系统相关联,这当然是真的。问题不在于我们是否拥有象征性意义——思想本身就可以被理解成一个符号学系统①。而且下面这一点当然也是真的,即象征是我们的目标的重要构成部分:如果没有一个象征性的意义系统,我们就不能思考,也无法构想目标。然而,我们的问题并非是思想的动物是否必须拥有意义的系统,而是仅以与我们的价值的象征性联系为基点来看行为是否合理。象征性**行为**是否能够是合理的?

让我们从一个人的事例开始考察。阿尔夫对穷人有某种担当。我们可以说,在阿尔夫的心里,为穷人操心是习惯性地与确保他的长枕从不接触他的床架联系在一起的。在他的心中,后者代表前者。我一直在论证,阿尔夫对穷人的担当并没有给他一种理由,去担心如何放置他的长枕。但现在比方说,阿尔夫想要**表明**他在为穷人操心。这是与帮助他们不同的一个目标。如果阿尔夫给为穷人操心分派了某种一般价值,他能做的一件事就是帮助他们,他可能渴望去做的另一件事,就是将这种价值传达给别人,或许只是为了表明他是那样一种人,或者是想弄清他的价值是什么,又或者是想劝导其他人接受这种价值。共享的象征的使用,对于这种交流行为而言是必不可少的。如果有"A 代表 V"这样一条惯例性的规则,或者如果有一种肖似关系,使得任何看到了 A 的人,都会将它看作 V 的替身,那么传达 V 这一目标就会给你一种理由去做 A②。如果采用一种传输理论(transmission theory),我们可以说,你对

---

① 见费策:《符号与心灵》。
② 我们可能想通过断定"我倡导 V"来将你对 V 的担当的传达从你对 V 的担当的表达中区分出来,即通过你的行动表明这一点。但两者都是让他感到你重视 V 这一信念的交流方式。参见吉帕德:《明智的感觉与恰当的选择》,第 84 页。

V传达你的担当之表现性效用沿着与行为A的象征性关联回流了①。因而,通过共享的象征而进行的交流,就是目标指向性的合理行为的一种类型。共享的象征提供了向他人断定或表明事情的惯例性或肖似性的路径。在直觉上似乎有吸引力的那些情形中——我们想要象征我们对自由、上帝或人类生活的担当——象征是以其他一些事物揭示这些担当的方式。因而,它们的功能之一,就是充当实现我们交流的目的之工具。这并未使它们变得不重要,但很难看清楚,为什么"象征的合理性"应该作为一种分明的观念,被置于目标指向的合理性之侧②。

难道一个人永远不能以一种非交流的(non-communicative)方式,在实践中合理地使用象征吗?如果一个人用象征向他自身表示某种事情,那又是什么样的呢?一个试图戒烟的人,可能在每天早晨折断一支香烟,以象征中止了这个习惯。或许这个人试图向他自己表示,他的确想要戒烟:他试图使自己相信,他是一个戒烟者。万一类似这样的事情发生,我们就已经处在合理性的边缘了;这很难说是合理行为的一个显而易见的事例。如果他还不相信他是一个戒烟者,他又如何能说服自己是这样一个人呢?进一步说,一个根本没有交流意愿的人——即便对他自己,而仅仅因为他认为折断香烟与戒烟是联系在一起的,而这样做,那么我们似乎就回到那个强迫症女孩那里了。

或许这个例子太反常了。考虑一下一种更为常规的联系:由美国国旗所表现的象征。对于许多人而言,这面旗帜象征着自由、丰富的历史以及战争中的勇气;因此,似乎对于许多人来说,他们有理由以对这些价值表达尊敬的那些方式,对这面旗帜做出某种举动。这里,我们似乎拥有了象征性理由的一个可靠的例子。然而,为了集中注意力于这面旗帜的纯粹象征性的(非交流性的)特征,我们必须从这面旗帜作为

---

① 然而请参见《合理性的本质》,第28页,诺齐克在那里提出了关于表现性行为的一种可供选择的解释,依据这种解释,"发生回流的是表现性,而不是效用"。
② 关于这一点,参见科里斯特森:《诺齐克的〈合理性的本质〉》,第263页起。

一种共享象征(这象征允许我们相互交流我们对这些价值的担当)的功能中抽身而出。也要从心理学家们所谓的"功能自主性"(functional autonomy)——这面旗帜可能由于它自身的价值而变得被人珍爱的方式,尽管它因为其交流功能而被认为是有价值的——中抽身而出①。剩下的是纯粹象征性的意义:个体对这面旗帜与这些价值之间的关系的联想。在相关的情形中,她并不寻求把她的价值传达给其他人,也不在意这面旗帜本身;在她心中,这面旗帜"代表"这些价值。难道这本身没有给她一个理由,比如说,当她独自在家的时候,不要将这面旗帜当作一块抹布揩掉溅出的啤酒吗?如果是这样,那么为什么我们的十九岁女孩不应该确保床架不接触枕头呢?

  一些人坚持认为,旗帜的例子与长枕和床架的例子很不一样。后者是不为行为提供任何理由的一种古怪联想,而前者则是一种共享的惯例,它的确产生了指向行为的某种理由。因此,据说一个爱国者实际上的确具有一种象征性的理由,即便在她独处的时候(而且没有任何人知道她做什么),心怀崇敬地对待那面旗帜,而那个十九岁女孩则没有任何理由将长枕和床架隔开。形成这种观点的基础,很可能是某种意义理论,依据这种理论,意义内在地是社会性的,因而不存在像私人的意义或象征这样的东西。即便我们接受这一观点,即不存在像私人的象征意义这样的东西——这表面上看来似乎是十分错误的,正如弗洛伊德对就寝仪式的解释所表明的那样——也还是存在从"A 惯例性地意味着 V"到"依照这种象征性的关联,一个重视 V 的人拥有某种理由去做 A"的某种令人困惑的跳跃。也就是说,在共享的意义与行为的理由之间,仍然存在一条鸿沟。按照惯例,"D-O-G"代表一群犬科动物,但即便我爱狗,这种惯例性的意义本身也没有给我一种理由去行动——说出"D-O-G"这个词。我用这种惯例性的意义去交流(并表述有关狗的计划和目标)。实际上,正是一个意义系统的交流本性

---

① 参见戈顿·W·埃尔波特:《人格中的模式和成长》(New York: Rinehart and Winston, 1961),第 226 页起。

(communicative nature),解释了共享惯例的重要性,因为只有共享惯例才能为交流提供基础。但如果我们坚持认为,撇开交流的意愿,象征性的行为还是合理的,那么为什么惯例性的事物与私人性的事物之间的区别如此之大,其原因就不得而知了。撇开象征性的意义在交流中的作用不谈,为什么情况会是这样的:(a)如果仅仅对我而言"A 代表 V",我就并没有某种理由去做 A,仅仅因为我重视 V;但如果(b)在足够多的其他人的心中,"A 代表 V",那么我就的确具有某种理由去做 A,仅仅因为我重视 V?

第四节 原则与理由

一、依据原则的理由是特别的吗?

诸种原则或规则确定了行为的一般种类,并要求或禁止特定的行为归于一般性描述的范围之内①。因而,在某种如同作为类型之标志的关系中,行为 A 坚持了原则 P。由于某个 P 而做 A,就是因为 A 例示了一般性原则 P,也就是说,A 成了它的一个例子②。因此,我们有了像下面这样的图式:

原则 P 是实施行为 A 的一种理由,因为 A 例示了 P。

人们通常认为,这种例示的关系有些奇怪:A 是 P 的一个例子这一事实,如何能给予我们一种理由去做 A 呢?相反,人们通常出自直觉地

---

① H·L·A·哈特:《法律的概念》(Oxford:Clarendon Press,1961),第 121 页。
② 参见我的《为什么所有的福利国家都是不合理的》与《经济人的限度》,收于《价值、正义与经济学》,盖拉德·F·高斯、朱利安·拉蒙特与科里斯汀·唐·费沃编(Amsterdam:Rodopi,2002)。也参见弗里德里克·舒尔:《依据规则进行游戏》(Oxford:Clarendon Press,1991),第 54 页起,第 72、77、113 页;本:《一种自由理论》(Cambridge:Cambridge University Press,1988),第 24 页。

认为,追求某个目标如何给予我们一种理由去行动,乃是显而易见的——这种**增进的**关系将对我们而言紧要的东西与行为联系了起来。

在第二节中,我们对诺齐克有关目标指向的合理性解释所进行的考察,质疑了以这种方式对依据原则的理由与目标指向的理由的区分。依据对目标指向的理由之效用回流的解释,目标指向的行为总是预设了,行为乃是基于某种当时发生的价值而被做出的。这就意味着,在所有目标指向的行为的根基之处,存在下面这种形式的一种关系:

目标 G 是实施行为 A 的一种理由,因为 G 在 A 中产生了价值 V——A 体现了 V。

然而,这使得目标指向的合理性非常接近于依据原则的或规则指向的合理性。不管依据原则的行为之令人困惑的特征是什么,它都不可能是例示关系。"A 例示了 P"这种关系,如同"A 体现了 V"这种关系,属于同样的一般类型。在两种情况下,行为都体现了一种更为抽象的或更为一般的关切:相对于原则而言,行为就是原则的一个实例;而就目标指向的行为来说,通过效用回流,行为被注入了附着于目标之上的一般价值。那么,在依据原则的理由和目标指向的理由的根基之处,行为与产生实施它的理由的特征之间,都是一种类似的关系:行为**体现了**产生理由的那种相关的特性——在一种情形下是原则,在另一种情形下是价值。如果依据原则的理由要比目标指向的理由更加难以把握,那一定是出于某种未知的原因,为什么原则会以指导他们的行为的一种方式对人们显得紧要,是更难看清的。那么,论题就可以归结为为什么原则是重要的,而不是归结为它们与行为之联系的奇异性了。

二、原则的理智功能

在对为什么原则对于我们如此重要的解释中,诺齐克强调了它们的功能。他再次采用了一种目标指向的解释:原则之所以重要,很大程度上是因为它们有助于我们实现我们的目标。在承认"原则……为控制与重塑我们的欲求提供了一种方式"之时,他补充说:"当康德将它们与它们和欲求的关联剥离开来,并期待它们仅仅从对原则自身的尊重中产生行为的时候……他对它们要求的太多了。"(NR,138)诺齐克要求的比较少——在帮助我们提出我们的认知与实践的目标方面,原则承担着关键性的功能。

诺齐克首先考察了原则的理智功能——将我们的信念系统组织起来的好处,这样一来,特定的实例就归于一般原则的范围之内了。他切合实际地论证了,原则能够检验我们特定的判断——如果某个特定判断不符合一种充足的一般性原则,我们对它的信心就会减弱。"未能揭示出一种可接受的并产生某些特殊判断的一般原则,可能意味着不存在这样的可接受的原则,在这种情形下,那种特殊的判断就是错的,而且应该被放弃。"(NR,4)诺齐克再次诉诸他关于理由的一般性传输理论(§§2.3,3.1),告诉我们,"原则是**可能性**或**支持度**的传输装置,可能性或支持度从材料或实例中产生,人们通过原则,得到有关新观察或实例的判断和预测,不然的话,新观察和实例的地位就是未知的或不太确定的"(NR,5)。而且诺齐克还推断,道德原则可能在本质上是以同样的方式运作的。"讨论伦理学的作者们经常陈述道,伦理原则应当只用一般性的术语来加以表述。……这种特征可能使一种原则为指向一个新的实例的推论颁发通行证成为可能,由此也使新的规范判断能够得到先前的规范判断的支持。"(NR,5)当然有很多的东西都属于此类,就像通过对反思平衡的广泛接受所证实的那样,而反思平衡就像表述道德原则和评价个别判断的一种方式①。

让我们通过再次聚焦于有关理由的传输理论来看看,这是怎样运作的。根本性的观念是,我们做出了个别的判断$\{j_1\cdots\cdots j_n\}$,其中的每一个都有某种与它相关的信心水平;假定对$\{j_1\cdots\cdots j_n\}$的平均信心水平是 f。原则 P 是一种类似法律的陈述;因为$\{j_1\cdots\cdots j_n\}$归属于 P 的范围之内,"概率或支持度……从材料或实例出发,通过原则,到达有关新观

---

① 关于在作为伦理学中的某种辩护方法的反思平衡方面的一些保留意见,参见我的《辩护性的自由主义》,第 101—108 页。

察或实例的判断与预测,不然的话,新观察和实例的地位就是未知的或不太确定的"。现在,还不完全清楚的是,是否(1)传输的线路是没有摩擦的,使得我们拥有了对由 P 所带来的某个新判断的信心程度 f,(2)是否某种支持度在传输的过程中丢失了,这样一来,由 P 所带来的我们对于某个判断的信心水平低于 f,或者(3)是否表述某个能涵盖$\{j_1……j_n\}$的类似法律的 P 的能力,提高了信心的平均水平,使得我们对于由 P 所带来的某个判断的信心高于 f。所有这三种可能性,在某些情形下似乎都是合理的。许多人将反思平衡理解为符合(3):在一般性的原则之下,对我们的判断的系统化,**增加了**我们对这一序列的判断的信心。正如诺齐克所评说的那样:"当一个理论家能够表述适配于它的某种一般性原则或理论的时候,他就赢获了对其特殊判断(或某场争论的某一方)的信心……"(NR,4)相反,假定我们拥有某一序列的个别判断,这些判断的平均信心水平为 f,而 P 解释(说明等)它们,但是我们对于 P 本身的信心——它是正确的系统化——还是差强人意的,即我们对于它并不是确信无疑的。既然对 P 的接受是一个额外的错误源头,那么情况可能显得是,由 P 引致的一种判断将会具有小于 f 的信心,由于我们信心中的某些部分丢失了,因为我们对 P 并非确信无疑。如果前面两种关系都成立,那么就可能存在相互抵消的效果:传输到 P 的某些方面可能把我们的信心提升到 f 之上,而其他一些方面则使它降到 f 之下,最后的信心是这两种相反趋势的一个函数。最终,可能既不会有信心的增大,也不会有信心的减小,而是无摩擦的传输:P 让我们将 f 从先前的一组判断传输到某个新的判断。

不管哪个或哪些传输关系被认可,都会出现一个循环的问题。看看无摩擦力的传输这个简单的例子。假定在第一个重述$\{j_1……j_n\}$那里,对$\{j_1……j_n\}$的平均信心水平是 f,f 被无摩擦地传输到 P,因而没有被增大,而 P 现在则会将 f 传输到新的实例"或者其地位为未知的**或不太确定的实例**"①。那么,假定对 j_n 的信心低于平均水平 f,从而通过在

---

① 黑体为原文所有。

与 j_n 的关系中采用 P,我们就将我们对 j_n 的信心提高到了 f,而这反过来又将对 $\{j_1 \cdots j_n\}$ 的平均信心提高到了 f 之上。而这意味着,被传输到 P 的信心水平现在处于 f 之上。所以,P 现在能够被再运用于 j_n,而 j_n 过去的信心水平正好是 f,现在则被提升到了 f 之上,而这又使由 P 引致的判断之信心在更大程度上被提升到 f 之上,如此等等。

然而,或许可以坚持认为,如果被检验的判断是 j_n,那么那种判断就不应该被涵括到其支持度通过 P 回流到 j_n 的那一序列的判断之中。因此,我们现在拥有 $\{j_1 \cdots j_n\}$ 这一序列,其平均信心是 f,然后通过诉诸 P,我们能够将我们对 j_n 的信心提升到 f。这将会解决循环的论题,但现在请注意,通过只从那些最为确定的一个序列的判断出发,然后制定出一条原则,该原则将**那种**高水平的信心传输给所有"不太确定的"实例,我们就能够大幅度地提升对我们的所有判断的信心①。

三、实践原则:运用象征实现目标?

诺齐克对原则的实践功能的分析,是从对它们的理智功能的这种解释而来的。他告诉我们,实践原则有助于克服"种种诱惑、障碍、分心和偏离",从而使得我们可以更好地追求我们的长期目标和利益(NR,14)。当然,这是目标指向的推理理论之中的一个一般性问题,而这一问题已经引起了广泛的注意②。正如诺齐克所看到的那样,这个问题的症结是时间上的偏好(仅仅因为它是晚近的,就偏好晚近胜于久远),以及它可能引导我们放弃追求目标的那些计划,以致从长远来看损害了我们的目标的那种方式。假定在时间 t_1,我形成了一个计划:为了在今晚写出像样的哲学,我决定不在吃正餐的时候喝澳洲红酒,因为它往往会使我认为,我的糟糕的论证是相当有说服力的。如果我能够坚持到 t_3,我的目标将会达到:我将在不受澳洲红酒对哲学思考的干扰的情况下,写出点什么。但在 t_2,我的偏好可能是这样的,那时我偏好喝酒,

---

① 参见罗尔斯在《正义论》(修订版,Cambridge, Mass: Belknap Press of Harvard University Press, 1999)的第 18 页顶部关于反思平衡的评论。
② 比如,参见埃德沃德·F·迈克科莱恩:《合理性与动态的选择》(Cambridge: Cambridge University Press, 1990)。

更胜于今晚不受干扰地工作,这样一来,在 t_2 喝酒就是合理的了。但那意味着,我今晚不会不受干扰地工作,而在 t_1 和 t_3,我都偏好不受影响地工作,胜过喝酒。"任何人都认为,在 t_2 这个时间间隔里屈服于更少的回报是一个问题,是一种不合理的现象,或者一种不值得追求的短视行为。"(NR,23)①我是否有理由无视我在 t_2 对澳洲红酒的偏好呢?

诺齐克论证道,只要拥有某个原则——比如"当我要写作的时候,不要喝酒"——就能获得成功:

> 通过接受一个原则,我们使得一种行为代表许多其他的行为,因而也改变了这种特殊行为的效用或负效用。这种效用上的变更,是运用我们的力量和能力使一种行为代表或象征其他行为的结果。……接受该原则就锻造了……[一种]关联,使得对此次违背该原则的行为的惩罚,变成了总是违背它的做法的负效用。(NR,18-19)

请注意,诺齐克是以象征性的理由来解释依据原则的理由的。该原则以象征的方式,将今晚喝酒与在我随后想写作的时候喝酒的所有其他情形联系起来了。我今晚喝酒"现在代表的是整个这一类情形"(NR,17)。"通过接受这个原则,情况就仿佛是,你使得如下这一点成为真实的了:如果你做出这类情形中的这一特殊的行为,你就会将它们全都做出。现在的筹码更高了。"(NR,17)那么,这种想法就是,如果我总是在工作之前喝酒,我永远也不会在晚间写出像样的哲学,这就是喝酒要付出的代价,而它明显地是不被接受的。因此,情况必定是,在任何一个给定的晚上,在 t_2 喝酒能吸引我,这取决于我假定我会在其他晚间戒酒,而象征性关联暗中削弱的正是这个假定。这种象征性关联在这个晚上与其他晚上之间锻造了一种联系,在所有其他机缘下喝酒的负效用,流向了这个单一的情形,因此给了我今晚不喝酒的那种压

---

① 符号写法有改动。

倒性的理由。

诺齐克认为,这也解释了在人们之间的关系中,伦理原则起作用的方式。"可以指望一个有原则的人会在面对违背他的原则的种种引诱物或诱惑时,坚持这一原则。"(NR,9)那么,诸种义务论的原则可能至少部分地被解释为通过说服其他人相信下面这一点,而达到一种平稳的协调:可以指望某个人撇开欺骗的种种诱惑,而以一种依据原则的方式行动。人们可能希望诺齐克会利用这一观念表明,为什么在某种囚徒困境中进行协作可能是合理的:如果**这种**背叛行为代表了**所有**背叛行为,而且如果我能看到经常背叛的后果是可怕的,那么我可能会合理地接受一种原则,这种原则建议我与同样接受了协作原则的那些人进行协作。而因为我们是依据原则的,我们就能合理地指望对方在单独一人的情形下不背叛①。然而,有趣的是,诺齐克相反地直接诉诸"成为一个进行协作的人"这一点的象征性价值,以及基于这种象征的理由行动,如何可能认可某种囚徒困境下的一种协作战略②。从全局上来讲,诺齐克将道德理由理解为决定性的,尽管它不是完全象征性的:

> 一种伦理行为可能会对某人来说有多种象征意谓:成为一个为自身立法的理性动物;成为目的王国的一个立法成员;成为一个理性的、客观公正的、无私的人;成为体贴关心他人的人;依据本性而生活;对有价值的事物做出回应;把其他人视为上帝的造物。这些崇高事物的效用以象征的方式被行为所表现**和例示**,并被吸纳到行为的(象征性的)效用之中。因此,这些象征性意义变成了人

---

① 我们可能非常像大卫·古瑟尔的那些受到限制的最大化者。参见他的《基于同意的道德》(Oxford:Clarendon Press,1986)。
② 为了使囚徒困境(PD)的这种"解决方式"看似合理,情况必须是,支付(成为一个协作的人)的象征性效用不反映在支付矩阵中(否则的话,它当然就不是一种 PD 了)。诺齐克试图论证这就是实际的情形(NR,55)。关于诸种怀疑,参见科里斯特森:《诺齐克的〈合理性的本质〉》,第266—267页。

们合乎伦理地行动的理由的一部分。成为道德的人,在我们最有效的那些象征(关联)方式中,是我们评价最高的。(NR,29-30)①

四、原则:例示抑或象征?

在上面这段话里,诺齐克既谈到了道德关切与特定行为之间的象征关系,也谈到了两者间的例示关系。这两种关系是有所不同的。如果 A 例示了 P,它就是 P 的一个例子。该原则确认了行为的一个一般种类,而 A 是这个种类的一个成员。这样,如果 P 是一种道德关切,那么 A 本身就是那种关切的一个例子。它并非只是与此种道德关切相联系,它也不只是表达此种道德关切:它是它的一个例子。这与下面的说法十分不同:或者通过惯例性的、习惯性的联系,或者通过肖似的联系,该行为被视作这种道德关切的一个替身。一旦我们将这些情况区别开来,那么对于依据原则的行为来说,就可以提出一个强有力的论据(请诺齐克原谅),把例示关系而不是象征关系,确认为根本的。

将实践原则与从属于这些原则的行为之间的关系理解为根本上是象征性的,引起了诸多疑惑。这次是在象征性的理由方面,问题又一次源于诺齐克的传输理论。诺齐克对实践原则的解释与他对原则的理智作用的解释是类似的。正如理智原则将支持度或许可度从一组判断传输到了某个个别判断一样,实践原则将效用从一组行为传输到了某个个别行为。"总是 A"这一原则以象征的方式将行为 A_1……A_n 的组合效用传输到了这一组中的每一个行为那里;每一个行为都代表了整个这一组。现在,下面这一点必定是正确的:在依据原则进行推理的某种情形中,利害攸关的不仅仅是这个特定行为的价值;这就是一个依据原则的人将会实施一些其本身价值甚微的特定行为的原因。这样,诺齐克在下面这一点上似乎完全正确:对是否做出 X 所进行的依据原则的慎思中,利害攸关的不仅仅是 X 的价值。令人忧虑的是,他的解释把

---

① 重点号为作者所加。

太多的东西置于利害攸关的地位:**在各自的情形中,每一个情形都利害攸关**。

假定有两组行为,其非象征性的效用的总量是相同的:比如说 100 个单位。第一组由三个可能的行为组成,即 $\{A_1, A_2, A_3\}$,对于获得 100 个单位的效用来说,其中的每一个行为都有同等的贡献。如果我只实施 A_1,我获得 33.3 个单位,如果我既实施了 A_1,也实施了 A_2,我获得 66.6 个单位。第二组有 1 000 个行为,即 $\{B_1 \cdots\cdots B_{1\,000}\}$,对于获得 100 个单位来说,其中的每一个行为都有同等的贡献量(每一个行为都贡献了 1/10 个单位)。根据诺齐克对"总是 A"和"总是 B"这两个原则的象征性传输解释,整个组的效用以象征的方式被传输到该组的每一个成员那里了。由此推出,我具有同等强有力的基于原则之上的理由,去实施 A_2 和 B_2,即便 A_2 比 B_2 是更重要的有助于获得效用的机会。如果我选定原则作为实现我的目标的一种方式,而且我必须选择是做出 A_2 还是 B_2,那么下面这种说法似乎最不合乎情理:我的原则赋予我同等强有力的理由去做出 A_2 和 B_2,因而在合理性的方面我大概应该是漠不关心的。

也请注意,根据诺齐克的传输理论,情况会显得是,人们实施某种特定行为的理由的力量,取决于人们对整个那组行为的效用的估价。假定我现在不将 A_2 看作包含 3 个行为的、总体效用为 100 个单位的某个组的一个成分,而是看作包含 12 个行为的、总体效用为 400 的某个组的一个成分:我服从"总是 A"这一原则的理由,在某种意义上,似乎有 4 倍那么强——400 个单位的效用被以象征的方式传输给了 A_2。但这就意味着,人们的理由的强度将会以典型的方式,取决于人们对一个组的规模的估价,这个组由象征性地被联系起来的诸种可能行为构成。诸种原则似乎并不以这种方式运作。

以象征性的理由来解释依据原则的行为似乎是错误的,有如下五个根据。(1)我们已经看到(§3),象征性的理由实际上是成问题的;它们在与诸种交流意愿发生关联时最容易被察觉出来,但那时它们似乎是目标指向性的理由的一个类别。仅仅基于象征性关联的行为似乎是不合理的。(2)正因为象征性理由的最容易察觉的情形关涉人们的价值之交流,而且因为交流常常——或许以很典型的方式——依赖于构成了交流行为之意义的那些被共享的规则,象征性行为就以很典型的方式预设了规则和原则,而不是相反。被共享的诸种象征性关联是被规则所统领的:象征预设了规则。(3)我已经论证了(§4.1),例示关系似乎是一种原则与它所要求的一种行为之间的正确关系模式(这种关系已经被注意到了,见§4.3结尾处的诺齐克的引文),它并不是特别奇怪的一种模式,乃至需要以更熟悉的一些观念来加以阐释。正如我所论证的,由例示所预设的行为与关切之间的根本性关系,与诺齐克自己对目标指向性的理由的解释,乃是非常接近的。(4)正如诺齐克本人所提出的,象征性理由本身常常预设了例示关系。"有时一种行为,通过成为我们对那种事物的最好地被例示的实现,即我们所能做到的最好的事情,而可能以象征的方式意谓某种事物。"(NR,33)在更为普遍性的层面上,保罗·摩泽尔(Paul Moser)曾提出,在诺齐克的理由理论中,理解一种事物如何能象征另一种事物的关键,可能在于将诸多行为一并归类为同一类型的观念(NR,17)[①]。诺齐克指出,行为 A_1 代表 $\{A_1, A_2, A_3\}$ 这组中的所有其他行为,因为它属于行为的同一类型。然而,如果是这样,那么象征性理由就预设了类型标志的关系。并非依据原则的推理根源于象征性的事物,相反的情况倒是更有可能。(5)最后,回想一下,诺齐克对基于目标之上的合理性(§2.1)的考察揭示出,即便是它,也预设了某些原则,比如及物性、连贯性等。如果这样,在某种重要的意义上,一切的合理性都预设了依据原则的合理性。总而言之,相较于将依据原则的理由以某种方式看成源自基于目标的、象征性的理由,在诺齐克自己关于合理性的一般理论中,似乎有更强的迹象表明,他将依据原则的理由看作根本性的,将基于目标之上的推理看作预设了依据原则的理由,而将象征性的推理看作目标和原则的派生物。

[①] 保罗·K·莫塞:《合理性、象征主义与进化》,《国际哲学研究杂志》1994 年第 2 卷,第 288 页起。

第五节　实践合理性和政治哲学

本章以诺齐克对《无政府、国家和乌托邦》中的自由至上主义学说的两点否定开篇,这两点强调的都是象征性理由与表现性理由在政治中的重要性。试图将诺齐克带回自由至上主义阵营的人,可能禁不住要通过指出下面这一点,对这些否定加以回应:仅仅承认象征性理由的重要性,根本不能使得政治成为基于这些理由而行动的适当领域。这种象征主义对于我们很重要,但这并不意味着,它是政治上适当的一种行为。或许基于象征性理由之上的诸种行为,只有在《无政府、国家和乌托邦》的第三部分,诺齐克为其留出空间的那种自愿的"乌托邦的"联合中,才适得其所。我认为,这种很有诱惑力的自由至上主义回应,低估了象征性理由在诺齐克后期著作中的重要性。我们已经看到,诺齐克将伦理的东西与象征的东西紧密地联系在一起:象征性表达并不仅仅是赋予了生命以意义,它们对于合理的伦理行为也是根本性的。实际上,我们已经看到,原则是依据象征性理由而获得阐释的。而这意味着,在《无政府、国家和乌托邦》中,诺齐克所诉求的作为他的自由至上主义之基础的依据原则的边界限制,其本身乃是以象征性理由为基础的;在伦理领域是无法避免诉诸象征性理由的。象征性理由不能被放逐到乌托邦中去。诚然,断定《无政府、国家和乌托邦》中的依据原则的道德,是以象征的合理性为基础的,这本身并不隐含着对其他种类的政治的象征性理由的辩护,这些象征性的理由是诺齐克在《被审视的生活》和《合理性的本质》中所试图接纳的。对于认可洛克式的象征性理由,而不是(比如说)基于对他人之关切的象征性理由,当然能够提供一种论证。但是,诺齐克的合理性理论,在对于人的尊重原则与象征性关怀之间,没有设定任何根本性的理论划分。实际上可以合乎情理地质疑,一旦如此之多的道德事物的象征性基础被认识到了,政治理论可能被迫承认那些"对那些关乎我们并将我们结合到一起的价值的"象征性

"表达"。在多重意义上,这就是关于合理的伦理行为的一切。

在整个这一章中,我对赋予象征的合理性以这种基础性的角色持怀疑态度。它似乎远远要比基于目标之上的或依据原则的推理更成问题。实际上,正如我所指出的,将象征性的理由理解为源自交流的目标、调节象征之公共意义的规则,以及使得某一事物能代表同一类型的其他事物的那种例示关系,似乎是合理的。那么,让我们考虑一下关于实践理性的这种替代性的理论,以及它与《无政府、国家和乌托邦》中的那种自由至上主义之间的关系。基于这种替代性的解释,在关于合理行为的理论中,根本性的划分——正如在《无政府、国家和乌托邦》中的那样——是在基于目标之上的行为理由与依据原则的行为理由之间做出的。此外,我们已经看到,依据原则的理由并不是特别怪异的东西;如果我们接受诺齐克关于基于目标之上的理由的那种回流观点(§2.3),那么,依据原则的理由和基于目标之上的理由,就都预设了紧要的东西与行为之间的某种具体化的关系(§4.1)。再者,就基于目标之上的推理本身预设了连贯性的原则而言(§2.1),基于目标之上的推理也预设了依据原则的推理。而既然这种观点——与诺齐克后期的理论相反——并未使原则成为目标和象征的衍生物,它就理解了在一个并不分享某些共同目标的社会里对政治原则的辩护。所有这一切都表明了,在《无政府、国家和乌托邦》中被捍卫的作为边界限制的权利观,并不能合理地加以质疑。固然,关于实践合理性的这种理论决不必然地包含着在《无政府、国家和乌托邦》中被捍卫的那些洛克式的原则,但却为它提供了某种合理的基础。就象征性的理由进入这种解释而言,它们是衍生性的:它们是我们互相交流我们各自不同的目标的方式,因而,在个人自愿的行为和诺齐克在《无政府、国家和乌托邦》第三部分所探究的那些乌托邦之中,似乎完全得其所哉。

《无政府、国家和乌托邦》中的自由至上主义,存在一些问题。然而具有讽刺意味的是,诺齐克似乎是因为它的某种力量才反对它的,即它所隐含的基本的实践合理性理论。

第七章
诺齐克论知识与怀疑论

迈克尔·威廉姆斯

第一节 知识与怀疑论

有两个问题统领了最近英美两国的知识论。第一个是分析或阐释的问题:尽可能清晰和准确地表述出知识是什么,或者当我们说某人知道某事的时候意谓的是什么。第二个则是,与有利于哲学怀疑论的那些论证达成妥协,这种怀疑论的论点就是,我们什么都不知道,或者说,我们完全不知道属于某些非常广泛的类型的那些事实,比如有关外部世界的那些事实。

直到比较晚近的时候,人们才广泛地赞同,知识是**得到辩护的**真信念。我们将这称为对知识的"标准分析"。只要标准分析成立,阐释的问题就常常被当作一个预备性的问题,只需在正式进入知识论的如下这个主要任务之前加以简略讨论即可:发展出一套关于辩护的理论,并留心表明怀疑论如何错了。使分析问题成为一门显学的,最初是由埃德蒙德·盖梯尔(Edmund Gettier)得出的,对标准分析的那些明显的反例的发现①。

---

① 埃德蒙德·盖梯尔:《被确证的真信念是知识吗?》,载《分析》1963 年第 26 期,第 144—146 页。

在一个"盖梯尔例子"中描述的是这样一种情境,在那种情境下,尽管一个人有一种得到非常好的辩护的信念,我们还是不愿将他算作有所知(knowing)之人。如果这样一些反例是真的,那么标准分析就不能表述出知识的充分条件了。因此,阐释问题就变成了盖梯尔问题:面对盖梯尔类型的"难题",表述出知识的充分和必要条件。结果便是日益复杂的对知识的分析,这些分析面临一些越来越机巧的反例。整个筹划表明了在它造成的诸种复杂情形的重压下崩溃的迹象①。

这将我带到了怀疑论那里。如果怀疑论要成为一种具有一般性关切的问题,那么怀疑论的种种论证最好不要依赖于对知识的某些特定分析(即对盖梯尔问题的种种解决方案)的那些有争议的、常常显得晦涩难解的细节。准确地说,在如下意义上,怀疑论是一个严肃的问题:它的那些论据利用了有关知识的那类如最小公分母一般的观念,任何看似有理的分析都必须承认这些观念。此外,对知识的某种特定的解释,如果它明显被误用来服务于(支持或反对)怀疑论的种种旨趣,便不会产生对怀疑论的任何洞见。固然,如果对知识的某种特定的解释不可避免地导致怀疑论,这可能成为修正它的理由。但至少在开始的时候,阐释的问题能够而且应该独立于它与怀疑论的种种牵连之外来被处理。

这就是诺齐克的做法②。他通过探究它如何解释了由某些核心难题引出的那些直觉,合乎直觉地提出了他对阐释性问题的解决办法。然后,他以一种有趣而又令人惊异的方式将它与怀疑论连接起来。

---

① 关于对盖梯尔之学(Gettierology)兴衰的一种卓越且具有批判性的解释,参见罗伯特·福格林:《对知识与辩护的皮朗式怀疑论反思》(Oxford:Oxford University Press, 1994),第Ⅰ部分。福格林的书也包含了迄今为止出现过的对诺齐克最尖锐的一些批评。
② 罗伯特·诺齐克:《哲学解释》(Oxford:Oxford University Press, 1981)。诺齐克的这一章重印于斯蒂文·鲁普福编:《知识的可能性》(Totowa, N. J.:Rowman and Littlefield, 1987)。这本书收入大量有趣的批判性文章,或许是开始对诺齐克的诸种认识论观念的进一步研究的最佳文本。

第二节　追寻真理

知识的反面是无知（你无法取得关于你从未思考过的那些事物的知识）和谬误（除非你的诸种信念与意见也是真的，否则它们就不是知识）。因此我们可以说，S 知道 P，仅当：

(1) S 相信 P，且
(2) P 为真。

然而，在关注阐释性问题的那些哲学家中间，有一种近乎普遍的共识：严格意义上的所谓"知识"，不仅仅是真信念。与真正意义上的知晓（knowing）形成对照的是，纯粹碰运气而做对了的，即通过猜想，或者碰巧（这一次）通过极不合理的方法击中了正确结果。问题在于，要得到知识的充分条件，还要在(1)和(2)之外补充什么？诺齐克的建议是，知识是"追寻真理"的信念。追寻的概念可归结为两个条件，这两个条件都是由某种特定类型的难题所促发的①。

首先考虑一下盖梯尔最初对"得到辩护的真信念"式的知识解释所提出的那些反例：

假定史密斯和琼斯申请了某个特定的职位。而且假定，史密斯有很强的证据支持下面这个合取命题：

(d) 琼斯是会得到该职位的那个人，而且琼斯的兜里有十枚硬币。

史密斯用来支持(d)的证据可能是，公司总裁向他保证，琼斯最后会被选中，而且史密斯在十分钟之前数过琼斯兜里的硬币。

---

① 《哲学解释》，第 172 页起。

命题(d)就蕴含了：

(e)那个会得到该职位的人的兜里有十枚硬币。

让我们假定，史密斯看到了从(d)到(e)的这种"蕴含"关系，并基于(d)接受了(e)，因为对于(d)，他有很强的证据。在这种情况下，史密斯相信(e)为真，就明显地是可辩护的。

但进一步设想，在史密斯不知道的情况下，他本人，而不是琼斯，将会得到那个职位。而且也是在史密斯不知道的情况下，他本人兜里有十枚硬币。那么命题(e)就为真，尽管史密斯借以推出(e)的那个命题(d)为假。那么，在我们的这些例子中，接下来的所有这些都为真：(i)(e)为真，(ii)史密斯相信(e)为真，而且，(iii)史密斯相信(e)为真是可辩护的。同时，史密斯并不知道(e)为真。……①

为什么史密斯不知道(e)为真呢？诺齐克提出的原因是，尽管史密斯的信念与事实**相符**，它却并不**受**后者**影响**。即便(e)错了，史密斯仍然会相信它为真。想到这一点，诺齐克规定：

(3) 如果 P 并不属实，S 不会相信 P。

这是看似合理的：一个人罔顾其真理性而持有的那种信念，并不等于知识。他的信念不受事实的影响。

现在考虑一下在与怀疑论相关语境下被讨论得极多的例子，即一个人的脑子被移除，并在一个瓮的营养基中被保持存活。在常见的版本中，我们设想那个人的诸种经验和信念是直接受电刺激与化学刺激所操控的，以便模拟他得自某个"常规"世界中的生活的那些经验和信念。但作为代替，设想操作试验的科学家们决定让那个不幸的主体知道真相。通过直接的电刺激与化学刺激，他们让那个在瓮中的人相信，他处在瓮中，他的信念受到了电化学方式的操控。然而，诺齐克认为，

---

① 盖梯尔，前引书，第144页。

他没有获得知识,因为科学家们可以使他相信他们要他相信的任何事物,包括"他没在瓮中"这一点。

这个例子不像前一个,因为在前一个例子中,那个人的信念是由作为该信念之内容的事实造成的。据此来看,这个人遭遇了(3):如果他过去没在瓮中,他便永远不会相信他在瓮中。还有,他与事实的关联似乎太拐弯抹角和繁琐了,使得他的信念无法成为真正的对事实敏感之信念。因此,诺齐克补充了:

(4) 如果 P 曾属实,S 就会相信 P。

这个要求的力量并不是一下子就能看出来的。如果知道 P 就要求 P 实际上**为真**,那么人们认为有关"如果 P **为真**,那么就会发生的事情"的论说,是什么意思呢?(4)所要求的是,如果环境稍有改变,P **仍然属实**,那么 S 仍然会相信 P。一种信念追寻真理,因此是知识,当且仅当它与诸事实发生共变:如果它们不同,它就会不同;但如果它们(在相关的方面)保持不变,它就会坚守它们。由此,诺齐克称(3)为一个"变异"的条件,称(4)为一个"坚持"的条件。

这一追寻分析的关键特征是,(3)和(4)都是**虚拟条件句**:它们所关注的,不是当事物**是**如此这般时,情况**会**如何,而是假使(或许与事实相反)事物**是**这样那样时,情况**将会**怎么样。正如诺齐克所承认的,他并不是第一个使用这些条件句来分析知识的人:其他人也曾暗示过这样一条进路。但诺齐克以一种比他之前的任何人都更详尽和更系统的方式,发展了它[①]。

一、诺齐克的可靠论

许多哲学家认为,要从盖梯尔的反例中学到的教训就是,知识要求

[①] 关于对诺齐克的进路的暗示,见弗里德·德雷切克:《不容置疑的理由》,载《澳大利亚哲学杂志》1971年第47期,第1—22页;还有埃文·古德曼:《识别力与感性知识》,发表于《哲学杂志》1976年第78期,第771—791页。诺齐克注意到了德雷切克和古德曼的论文,见《哲学解释》,第689页,注53。

一个**特定种类**的辩护。一种被广泛接受的观念是,知识要求的是"不可否证的"辩护;这就是说,这辩护是一种证明,这种证明能免于因获得进一步的正确信息而遭受损失或"被击败"。在上面讨论的例子里,史密斯为相信"会得到那个职位的人兜里有十枚硬币"这一点而给出的辩护,并没有达到这个标准,因为它会受到他对下面这一点的了解的损害:他,而不是琼斯,成为最终成功的应聘者。

不同于这些理论家,诺齐克并未建议对传统的分析进行**精炼**:他提议**放弃**它。他的关键条款(3)和(4)界定了追寻的关系,却根本没提到辩护。它们是对传统的第三个条款的代替,而不是增补。诺齐克对知识的解释是极端非辩护性的。

我这么说并不是要将下面这个荒谬的观点归于诺齐克:知识**永远不**依赖于辩护。正如诺齐克本人指出的,有时候我们的信念追寻真理,是由于导出它们的那种推理。当发现有老鼠掉下来时,我便推断这间屋子里有老鼠。如果我没有发现证据,就不会相信有老鼠;而如果那里没有老鼠,就不会有老鼠掉下来。在这种情况下,我的信念追寻我的证据,而证据又追寻事实①。诺齐克的要点毋宁是,知识并不在一般意义上或在本质上依赖于辩护。我们可以将知识归给动物(正如认知生态学研究者们一直在做的那样),尽管我们很难将获得辩护的信念归于它们。而且即便在知识的确产生于辩护的情况下,使得辩护适合于知识的,也是它必然包含着对追寻条件(the tracking conditions)的满足。因而,真理的追寻(truth-tracking)是根本性的,而在某种意义上辩护则不是根本性的。

对知识的所有极端非辩护性的分析,都是"纯粹可靠论"的版本。可靠论的基本观点是,知识是以某种可靠的方式产生真信念的过程所导致的真信念。诺齐克的追寻性分析,主要是因为其更为抽象,才不同于与之竞争的诸种可靠论。诺齐克没有尝试详细规定使得某种真信念得以成为知识的因由,而是将信念构架中任何能产生知识的

---

① 《哲学解释》,第 248 页起。

方法都必定会引出的那种真理关联的最一般特征离析出来了。对于知识而言，本质性的不是追寻真理的任何特定的方法，而是真理的追寻本身。

对知识的诸种纯粹可靠论的解释的一个重要特征就是，在某种意义上，它们规定的条件都是"外在的"，即它们并不是一个人需要有意识满足的那些条件。因而，这些理论纯粹是**外在论的**，也是彻底非辩护性的。诺齐克的分析——又一次在其初次展现的形式中——明显属于这种类型。当诺齐克坚持认为，知识在于一种"与世界的实在的、特定的事实性关系，即追寻这种关系"(PE, 178)的时候，他让人们留意他的观点的这个方面。这种关系是实在的，因为它的成立（或不成立），与任何人是否认为它如此完全无关。当且仅当某人的信念 P 实际上追寻真理之时，他才算是知道了 P：他不必知道，是否有理由去相信甚或略有所知，他的信念是一个真理追寻者。知道条件(1)到(4)都被满足了，不是对于知道 P，而是对于知道一个人有所知（knowing that one knows）这完全不同的另一码事而言，才是相关的。

对知识的某些"内在论的"解释，因为使得知识完全依赖于主体与之有"认知上的通道"的那些因素，就蕴含了所谓的"K-K 论题"，即如果你知道 P，那么你就知道你知道。就像所有对知识的外在论解释一样，诺齐克暗示，这个论题一般而言是错误的。但这并不是草率地摒弃他的观点的理由。一个紧张的应试者可能知道所有问题的答案，同时又怀疑他是否知道任何一个问题的答案。他甚至不相信自己拥有正确的信息，更不用说知道自己拥有这种信息了。在获知一个人不知道他所拥有知识的观念中，并没有任何明显矛盾之处。

对知识的所有"非辩护性的"解释都是外在论的，与此相反的暗示则不能成立。依然有可能坚持的是，知识总是依赖于某人拥有某种好的证据，但以（完全或部分的）外在论的条件来解释关于好证据的概念，则是不可能的。或许我能通过事实上可靠的证据，在没有证据表明我最初的证据之可靠性的情况下，而知道诸种事物。这样一种对知识的解释，既是辩护性的，也意味着 K-K 论题一般是错误的。在对知识的分析方面,内在论的/外在论的区分与辩护性的/非辩护性的区分,并非以任何简单的方式规整排列着。

二、可能世界

诺齐克使知识的真理性主张,依赖于两个虚拟条件句的真理性。但我们如何决定这些条件句是否为真？诺齐克有时候诉诸"可能世界"语义学。基于这些解释,"如果P属实,那么Q属实"的真值就取决于Q在一些情境("可能世界")下的真值,在这些情境下,P为真,而且这些情境在其他方面与现实世界极为相似。下面这种情形是否为真:如果希特勒在敦刻尔克之役后侵略了英国,他就赢得了战争？在考虑这个问题的时候,我们将尽可能多的因素设定为常量:参战双方可支配的军力总量,支持一支跨海入侵的军队在后勤上的难度,如此等等;如果我们认为某些关键因素是可变的,我们就在考虑某些设想的范围(入侵以极快的速度发生,或者被推迟以便聚集起更强的军力);而且我们确定在每种情形下最可能的后果。依据我们最佳的估计,如果德国人在所有相关的情形下都会获胜,我们就说,假如希特勒发动了侵略,他就会获胜,这一点是真的。

带着这样的想法,诺齐克建议,为了确定P是否以虚拟的方式蕴含Q,我们要"考察一些世界,这些世界离现实世界最近,而且P在其中成真,并看一看,是否在所有这些世界中,Q都成真"(PE,173)。在(3),也就是诺齐克对知识的分析的关键条件下,我们想知道的是,即便当P为假的时候,S是否仍然会相信P。为了确定这一点,我们来看一些与现实情境类似(只是P在其中为假)的情境:诺齐克称可能情境的这个范围为"现实世界的非P邻区的第一个部分"(PE,176)。如果我们发现这些都是S在其中再也不相信P的情境,那么(3)就被满足了;否则就没有被满足。

我们不应太过严肃地看待关于可能世界的这番谈论,因为它根本没有对虚拟条件句为真的条件**起解释作用**。按照字面意思来看,诺齐克的建议是——正如福格林所说——"没用的,因为没有任何东西可以看作对可能世界的考察,以便看清在这些世界中什么为真"①。在与现实世界的关系中来看,可能世界并不像一些行星,这些行星与地球之间的各种不同的距离可以预先确定,某位太空旅行者可能去那里看看正在发生什么。关于在各个不同的可能世界里"的确"发生了什么的论说,恰好是谈论可能会发生什么的一种别致的方式。正如诺齐克本人说的:

> 如果关于可能世界的形式主义被用于表现诸种反事实的和虚拟的情形,那么相关的世界便不是那些与现实世界最近或最相似的可能世界了,除非衡量相近或相似的尺度是:如果 P 为真,便会通行的事物。很明显,这不能被用于解释诸种虚拟情形何时成真,但可以被用于表现它们。②

但如果对可能世界的诉求没有给出任何独立地规定诺齐克的条件句为真的条件的方式,那么给出了什么呢?追寻分析施加于有所知的宣称的诸种限制有多么严格?诺齐克说,(3)和(4)"不容易满足,然而也并非如此有力,以至于排除了作为知识之实例的任何事情"(PE,173),这促使福格林评论说,诺齐克的那些条件句"似乎恰好足够有力地完成知识论研究者们需要完成的工作"。

然而,平心而论,条件(1)到(4)并不代表他对知识的最终解释。正如在表述知晓(knowing)的准确的必要条件和充分条件方面的种种尝试那里始终可见的情形那样,对更多难题的探究需要更为复杂的设定,或者一些"本轮"(epicycles)的设定——正如诺齐克对它们的称呼。即便就所有适当的本轮设定而言,诺齐克是否为盖梯尔问题提供了一种明确的解决方案,即能够应对所有明显的反例的一种证明,或许都是可疑的。但我也并不认为,有任何别的人提出了这样的一种解决方案。

---

① 福格林,前引书。
② 《哲学解释》,第174页。也参见第680页注[8]。

正如我在一开始就评说的那样,构想一种对盖梯尔问题的调谐一致的回应之筹划,显示出在它所产生的诸种复杂化局面的重压下发生崩溃的一些迹象。事实仍然是,诺齐克对知识的解释——尤其是他关于"知识要求的是对事实敏感的信念"这一点的根本观念——在某种一般的意义上,具有某种明确的合理性。因而在我看来,对它的价值的一种好得多的检验方式,就是看它处理怀疑论问题的能力如何。

三、怀疑论

哲学怀疑论有两种主要的形式,阿格利帕(Agrippan)①式的和笛卡尔式的。

阿格利帕式的怀疑论围绕一种明显具有毁灭性的三难选择(trilemma)在打转。如果我提出一种主张,显得我知道某事物为真,那么人们就能挑战我,问我是如何知道的。不管我说什么,这种挑战都可能以更新的方式出现:我提出来支持我最初的那种主张的主张是不是我所知道的某种事物,如果是,那么我接受它的根据何在?这样直到无穷。我似乎面临三种选择。我可以一直尝试想出一些新的事物,再说出来,在这种情况下,我开始了一种恶的无限倒退;我可以在某些点上拒绝进一步回应,在这种情况下,我给出了一种没有正当理由的假设;或者我可能发现自己在不断地重述已经说过的某种事物,在这种情况下,我在进行循环推理。依据怀疑论者的看法,这些选择已经穷尽了各种选项,即使没人允许我宣称有知识,也是如此。

诺齐克对阿格利帕式的怀疑论没有太大兴趣。这不奇怪。阿格利帕式的怀疑论者认为,理所当然的是,为了知道某种事物,我必须能够说出我是如何知道的。换句话说,他的论证预设了一种辩护论的、实际上完全是内在论的对知识的理解。但依据诺齐克的观点,"知道 P"并不是"有能力说出人们如何知道 P(通过援引证据,或者以任何别的方式)"的抵押品。

诺齐克的主要目标是笛卡尔式的怀疑论。笛卡尔式的怀疑论围绕

---

① 公元 1—2 世纪皮浪主义的代表人物之一。——译者注

的是"怀疑论的假设":即我是笛卡尔那里的恶魔欺骗者的受害者,或者是瓮中之脑。但怀疑论的假设究竟是如何蕴含着怀疑论的结论的呢?

首先考察一个非怀疑论的例子。你问我,我是否知道另一个科室的某个同事的办公室电话号码。我清楚地记得那个号码,并给了你。然而你提醒我说,我们这位同事的科室所在的那栋建筑刚刚重新装修了,而且有好几个科室成员搬到了新的办公室,有了新的电话号码。我是否查对过我们的这位同事是否属于这些成员之列?我没有。那么,我是否知道他的号码?似乎不知道。号码可能没变,也可能变了。我说不上来。

我们的这位同事搬到了一间新办公室的这种可能性,是我知道他号码的说法的"击败者":如果我无法排除这种可能性,我的知识主张就"被击败"了,而且必须被收回。当然,我可能有能力将它排除掉。或许我昨天在我们这位同事的办公室里拜访过他,因此我知道他没有搬离,在这种情况下,我的知识主张就站得住脚。

现在让我们转到怀疑论的假设上去。对于日常的知识主张来说,这些假设似乎也是"击败者"。当然,如果我知道我身处埃文斯顿市,我就知道我不是半人马座阿尔法星附近的某个瓮中之脑。相反,如果我不能排除我是瓮中之脑这种可能性,我又如何能说知道自己身处埃文斯顿市呢?然而,伴随着怀疑论的击败者的问题在于,它们看起来很容易让人以为,它们是不可能排除掉的。那个关于瓮中之脑的例子的关键性特征就是,受害者正好享有如同在其常规状态下会享有的同一种知觉经验。但怀疑论者论证说,很明显,当开始形成有关外部世界的信念时,知觉经验就成了我们中的任何人所能依靠的一切了。既然这种证据没能在我们的日常信念和诸种怪异的反面的可能性之间作出区分,那些信念就不是知识。

正如我曾提到的,笛卡尔式的怀疑论依赖两个关键步骤,这两个步骤初看起来都是合理的。第一个是,每个人的知觉经验说到底都是他关于外部世界的知识的唯一来源。第二个是,由这个来源提供的证据在认识上而言是被动的。而在我看来,怀疑论的假设应该被理解成提出了被一般化了的**证据不足现象的一些问题**:我们有关外部世界的信念并不是知识,因为它们无法获得辩护;而它们无法获得辩护,又是因为我们能找到的用来证明它们的所有证据,都与"它们为错"这一点相一致。实际上,甚至很难看清,为什么这种证据能使我们的日常观点要比各种怀疑论的选项,看起来更像是真的:它似乎是中性的。

我说过,怀疑论的假设提出了**被一般化了的**证据不足现象的一些问题。这很重要。我知晓我的同事的电话号码这个例子,最多涉及知识上的一种局部的失败。我所掌握的证据,目前并未排除他换了地方这种可能性,但我知识中的这个裂缝很容易通过进一步的考察被修补。然而,在这样说的时候,我视作理所当然的是,搜集有关世界的信息的某些基本方式是可靠的。这正是怀疑论者所质疑的地方。他提出的种种怪异的可能性迫使我们对下面这一点感到怀疑:我们有什么权利将知觉经验的可靠性视作理所当然?而当讨论某种基本认知机能的可靠性之时,"进一步的考察"如何能够消除我们的疑虑这一点也并不清楚,因为尚不清楚的是,存在并不依赖于所讨论的那种机能的任何形式的考察。因此,在将知觉的一般可靠性视作理所当然的时候,难道我们不正是在做出这样一种假定吗?或许是一种不可避免的假定,但仍然是一种假定?如果是这样,那么我们乐于将其当作我们关于外部世界的"知识"的东西,就突然具有一种不那么招人喜爱的色彩。

诺齐克并未以这种方式呈现怀疑论者的论辩,或者说,至少他最初没有这么做。这也不奇怪。以我的方式来呈现,尽管通常怀疑论是被当作关于知识的问题而提出来的,它实际上是一个有关辩护的问题。只是基于如下假定,这个有关辩护的问题才变为关于知识的问题:知识在本质上依赖于辩护,而诺齐克否认这一点。那么,我们可以假设,诺齐克就笛卡尔式的怀疑论所能说的,决不会比他就阿格利帕式的怀疑论变体所能说的更多。但实际情况并不是这样。诺齐克能够阐述某个版本的笛卡尔式怀疑论,且只利用他对知识的非辩护性分析的那些资源。

怀疑论者描述了各种各样的情境,诸如被一个恶魔欺骗,一生都在做梦,作为一个瓮中之脑受制于电化学刺激,等等,而我们所相信的大部分事情在这些情境中都(以未被觉察的方式)是错误的。让我们把一种典型的怀疑论之可能性称作"SK"。SK 是如何威胁到我们有关事实的日常事情之知识的?回想一下诺齐克的变体条件:

(3) 如果 P 为假,S 就不会相信 P。

如果 P 为假,**S 却仍然会**相信 P,那这就是错误的。但这无疑正是 SK 所表明的。我相信,我在埃文斯顿市的家中。但如果我是某个瓮中之脑,被来自半人马座阿尔法星附近某处的一些外星人劫持了,我仍然会相信我在埃文斯顿市,纵然我的信念是错误的。怀疑论者得出结论说,我并不知道我在埃文斯顿市。的确,由于对日常事实性知识的任何例子而言,这个论证都行得通,他便得出结论说,我无法知道任何关于外部世界的事情。

依据诺齐克的看法,怀疑论者的论证忽略了(3)的虚拟特征。如果(3)说的是,"我不在埃文斯顿市"**逻辑地蕴含着**"我不相信我在埃文斯顿市",那么它就会被下面这种单纯逻辑上的可能性证伪:当我不在埃文斯顿市的时候,我却相信我在那里。但它所说的不是任何这种事情。相反,(3)关涉的是,当 P 为假时将会存在的情景。并非 P 在其中为假的任何一种逻辑上可能的情境,都是当 P 为假的时候**将会**成立的情境。如果我现在不在家,我便可能在我的办公室,或者在市区,或者可能在休假旅行:我不会在半人马座阿尔法星上。而如果我在我的办公室或者任何别的地方,我就不会相信我在家里。下面这样一种情境的单纯逻辑可能性并不能将(3)证伪:在那里,我继续相信 P,即便 P 为假。因此,这类单纯逻辑上的可能性绝不是知识的障碍。

怀疑论的那些可能性,比如我是某个瓮中之脑这种可能性(SK),其情况如何呢?我是否能知道它们为假?在这里,诺齐克的论证发生了一种令人惊奇的转向。我的非 SK 的信念,对事实并不敏感。假使如 SK 所设想的,这就是说,如果我是某个瓮中之脑,我仍然会相信我不是。我们无法追寻某种怀疑论假设的真理性:怀疑论的假设原本就被设计成不可追寻的。由此得出,即便我**的确**知道我在埃文斯顿市的家中,我还是不知道我不是某个瓮中之脑。

这个结果可能看起来很吊诡,而诺齐克则将它视作他的见解之中一个强有力的要点。假定某个恶魔在欺骗我们,或者我们正在做梦,或者我们是瓮中之脑:从直觉来看似乎很明显的是,我们没有能力说出,在我们身上发生了什么。正如诺齐克所说:

> 如果那些事情是发生在我们身上,那么对于我们来说,一切不会有什么变化。我们绝没有任何办法能够知道事情没发生,因为我们没有任何办法能说出来事情是否发生了;而如果事情发生了,我们正好会相信我们现在所做的——特别是,我们仍然会相信事情没有发生。出于这个原因,我们感到,而且正确地感到,我们不知道(我们如何能知道?)事情不是发生在我们身上。我们的解释的一个优势是,它产生并解释了这一事实。(PE,201)

诺齐克认为,致力于表明我们的确知道我们不是这种欺骗之受害者的诸种努力"注定要失败",而且甚至给人"糟糕的信念"的印象(PE,201)。他的解释将日常的事实性知识与怀疑论的攻击隔离了开来,但他并没有尝试在怀疑论者本身的游戏中击败他。

诺齐克是否真的有权利主张这种隔离?他的论证在关键之处依赖于他关于虚拟条件句的真值条件——涉及日常的事实性信念——的观点,而且正如我们看到的,关于如何规定这样的真值条件,他并没有太多好说的。然而,这并不一定是一种致命的弱点。知识需要的是对事实敏感的那种信念,而不是那种无限制地敏感的信念:即对什么都敏感。但是无限制的敏感性正是怀疑论者所需要的。他希望在所有逻辑上可能的那些发生错误的方式上,信念随着事实发生共变。这不是敏感性,而是超敏感性(supersensitivity)。诺齐克并不需要关于敏感性的一种精确的标准,以便宣称日常知识并不需要我们的信念是超敏感的。

四、解释对证明

诺齐克宣称,日常的事实性知识并未由于信念对于怀疑论假设之谬误的不敏感性而打折扣,这一点**假定**了现实世界不是一个"怀疑论的"世界。因而,可以非常自然地抗辩说,诺齐克没有在反对怀疑论者方面取得任何进展,因为标准的怀疑论问题在一个更高的层面上得到重申。理查德·福梅顿(Richard Fumerton)很好地说出了这一点:

> 当诺齐克……强调他的……解释允许我们连贯地下结论说,即便我们并不知道没有任何恶魔在欺骗我们,我们也知道我们看见了那张桌子的时候,我们必定会感到奇怪,在其视野中,对于知识来说是充分的虚拟条件为真,为什么他是如此有信心。[1]

福梅顿的要点并不仅仅是,有关"可能世界的考察"的论说并非解释性的,而是,除非我们已经知道现实世界并不是一个"怀疑论的"世界,我们便不知道要考察的是什么样的世界。在一个"常规的"世界里,如果我实际上在某个个别的地方(比如说巴尔的摩)的话,我不会相信我在埃文斯顿市。由此,(3)就被满足了,而且我知道我在哪儿。但在一个"怀疑论的"世界里,事情是大不一样的。假定我是某个瓮中之脑,而且我的瓮现在就被放置在埃文斯顿市。即便我的程序设置使我相信我在埃文斯顿市,这种(真的)信念并不等于知识。这是因为,即便我被送回到半人马座阿尔法星附近某处,我仍然会相信我在埃文斯顿市:相关的虚拟条件句是错的。由此,如果现实世界是一个"常规的"世界,我们就会知道许多事情;但如果它是一个怀疑论的世界,我们就会所知甚少或者一无所知。依据诺齐克自己的解释,由于我们无法知道怀疑论的假定是错的,我们就无法知道我们处在哪一类世界中。因此,尽管我

---

[1] 理查德·福梅顿:《外在论与怀疑论》,收于 R·福梅顿,《元认识论与怀疑论》(Lanham, Mass.: Rowman and Littlefield, 1995),第 159—181 页。重印于 E·苏桑与 J·吉姆主编的《认识论:文献选读》(Oxford: Blackwell, 2000),第 401—412 页。引文出自苏桑与吉姆,第 408 页。

们知道,相关的条件句可能是错的,结果却是所知甚少或者一无所知。这种元怀疑论(meta-skepticism)似乎并未对正统的怀疑论做出太大改进。

实际上,正如福梅顿所意识到的,事情并非如此简单。的确,就像对于所有外在论者那样,对于诺齐克而言,知道 P,并不要求知道某人知道 P。但元知识并非不可能。为了使我知道,我知道我在埃文斯顿市的家中,我的信念追寻着真理之信念本身,也必须追寻真理,而实际情况可能恰好也是这样。同样的情形也适用于,知道我知道我知道(knowing that I know that I know),如此等等。无论何时,只要我知道了 P,就总会有一个关于"我是否知道 P"的进一步的问题存在。然而,一个外在论者会说,这种"倒退"并不是恶性的。无论何时,只要我知道了任何事物,就会有无限多的进一步的问题等着要考察。但我对世界的某个特定的事实的了解,并不依赖于我已经事先将它们全都解决了(这也不可能)这一点。

正如巴里·斯特劳德(Barry Stroud)评说过的,很难用令外在论者满意的术语说出,这个辩护路线哪里出了问题①。他和福梅顿想说的是,对外在论知识的外在论辩护,未能处理好**作为哲学家**的我们应该感兴趣的那类知识论问题②。因此,福梅顿宣称,怀疑论提出了关于我们有关世界的信念之辩护的一些深层次的问题;而只要外在论试图处理那些问题,它就明显地以一种循环的方式在处理它们。在解释我们如何获得日常的事实性知识时,诺齐克假定,我们居住在一个常规的世界中,在这个世界中,我们的诸种认知机能——感知、记忆等——是真信念的可靠来源。任何关于我们如何知道这些机能是可靠的解释,其本身就将下面这一点视作理所当然的:我们居住在一个常规的世界中——这就是说,一个我们的诸种机能在其中是可靠的世界。

---

① 巴里·斯特劳德:《在一般性的层面理解人类知识》,收于 M·克莱与 K·雷利编,《知识与怀疑论》(Boulder, Col.: Westview, 1989)。引文出自第 47 页。
② 福梅顿,前引,第 410 页。

在评价这种反对意见时,我们必须区分两个问题,即知识是否在本质上与辩护相关联,以及是否有任何外在论的知识论仅仅凭借成为外在论的,便避开了针对怀疑论者的那个问题。比如,假定诺齐克主张,我们关于外部世界的知识依赖于某种从感性证据(事物向我们显现的样子)出发的,带来保障的推论。(实际上,正如我们会看到的,他的确主张类似于这样的某种观点。)那么他就会在有关外部实在之知识方面,成为一个辩护论者。但假定他进一步给出,有关感性证据的带来保障的能力的一种外在的解释,论证说世界就是它所是的样子,感性证据一般而言追寻真理:事情似乎就是它们所是的那样,因为在绝大多数情况下,它们就是那样存在的。当然,我会出错。但一般来说,对我而言,除非我就在我的办公室里为一篇论文而工作,否则事情不会显得是,我在我的办公室里为一篇论文而工作,如此等等。诺齐克以这种方式进行论证,他就会说出一种讨论有关外部世界的诸种信念如何获得辩护的说法,但这个说法不会让福梅顿(或斯特劳德)满意。

像福梅顿和斯特劳德这样的哲学家想要的,不仅仅是一种有关辩护的说法,而正是对有关辩护的那个**特殊问题**的一种回答。粗略而言,他们想知道的是,为什么在面对怀疑论的种种挑战时,我们可以正当地相信有关外部世界的**任何发生的事情**[①]。这个特殊的问题要求某种特殊的回答。严肃对待它的哲学家们想要**说服怀疑论者**,使之认为我们的确具有关于世界的知识。这意味着在"我们前行所据者只有感性证据"这一点上赞同怀疑论者;而且它不仅仅意味着解释,感性证据是如何保障了有关外部世界的那些信念的,还意味着要以对外部世界不做任何预设的方式来做到这一点。正如他们所理解的,**哲学的**问题要求的是一种彻底**内在论**的回答。这就是巴里·斯特劳德得出如下结论的原因:有

[①] 依据斯特劳德(前引,第32页),有关知识的一种哲学理论的目标是"一种在某些方面完全为一般性的解释。我们想理解任何知识究竟是如何可能的——我们当前接受的任何事物,是如何等同于知识的。或者换种不那么雄心勃勃的说法,我们想在完全的一般性层面上理解的是,我们是如何开始在某些专门的领域里知道任何事物的"(比如在外部世界)。

关我们对外部世界的知识的哲学问题——即便在人们以外在论的方式回答它的时候——要求对我们的知识宣称进行辩护,这是任何形式的外在论都无法真正获取的那种意义上的"辩护"。或许无法给出任何这样的辩护。但这样的话,依据斯特劳德的看法,我们似乎要面对的就是一个完全可以理解的问题,而我们又根本不知道如何回答这个问题①。

福梅顿的如下看法当然是对的:诺齐克没有解答他(福梅顿)所认为的哲学问题。然而诺齐克可以回答说,关于哲学的任务,他和福梅顿有不同的理解。诺齐克可以说,福梅顿发现对怀疑论的外在论回应是不可接受的循环论证,原因正在于,他认为在面对怀疑论的异议时,哲学应当**证明**,我们的确具有关于外部世界的知识(以及其他种类的知识)。然而在诺齐克看来,哲学的任务并不是证明,而是**解释**。哲学解释回答的是"如何可能"的问题。因此,在认识论中,一种哲学解释将会表明,知识是如何可能的。正是由于存在着声称能表明知识是不可能的论证,这个筹划才得以出现。实际上,哲学家们之所以要严肃对待"我们的确没有知识"这一思想的唯一的原因就是,存在其大意是我们**无法**具有知识的论证。

为了看清这种回应的优点,让我们首先追问一个问题:为什么我们严肃对待怀疑论的论证?很清楚,除非我们重视知识,否则怀疑论者的结论是不会让我们不安的。但我们的确重视它,因此怀疑论者的结论就是不可接受的了。但也不尽然。如果你被允许自主行动,追求你需要的任何前提,那么你就能为任何结论进行论辩了,不管那结论是多么骇人听闻。因此,如果怀疑论者的论证基于有关知识的明显无谓的假定之上,那么我们就不必严肃对待他的结论。怀疑论的论证之所以吸引我们,只是因为它们似乎很自然,或者合乎直觉。这就是说,它们似乎只依赖于有关知识的那些最平凡的观念。怀疑论者宣称在我们日常的知识概念中发现了一种悖谬:他宣称,对这一概念的反思不可避免地会导致"知识是不可能的"这一结论。总而言之,怀疑论成为一个问题,

---

① 斯特劳德,前引,第47页。

是因为它为完全不可接受的结论提供了看似自然的论证。

如果这就是怀疑论的论证值得严肃对待的原因,那么我们应该从对怀疑论的一种回应那里期望什么呢?我们并不仅仅想要看到怀疑论是错误的,因为我们中的大多数人已经相信了这一点。我们也想要看到,为什么怀疑论如此令人着迷:为什么它看似正确?我们想要的对怀疑论的回应乃是**诊断性的**(*diagnostic*),而不仅仅是**辩证的**(*dialectical*)。

对怀疑论的一种诊断,不必以怀疑者自己的方式提供一种证明,表明我们的确拥有怀疑论者所说的我们没有的那种知识。一种好的诊断可以通过揭示怀疑论的根源,即不那么有说服力的一些知识论上的假定,来削弱它的吸引力。驱散了怀疑论的"自然性"光环之后,我们就再也不会感到需要一种证明了。

我们正好可以以这种方式,将诺齐克对待怀疑论的态度看作诊断性的,因为它表明了,怀疑论者虽然**终究而言**是错的,但**部分而言**却是对的。怀疑论者在坚持认为我们无法知道他的那些怪异的可能性并非行不通的时候,是对的:它们**被建构**的时候,就是要确保围绕它们的那些信念会是对事实不敏感的。但怀疑论者假定这使得日常对于知识的那些宣称无效了,则是错的。诺齐克的解释让我们看到,怀疑论并非哲学反思的不可避免的结果,同时它也表明,怀疑论多么容易看起来像是如此的。

像福梅顿和斯特劳德这样的哲学家很可能会认为,诺齐克关于哲学解释的观念的门槛太低了。但是否如此还不是太明显。正是因为怀疑论的论证看起来是自然的,一种好的诊断才不会那么明显。提出一种将知识的可能性考虑在内的知识之概念的分析,同时又提供对怀疑论的诉求的真正具有诊断性的洞见,这项任务所关匪细。因为诺齐克对怀疑论的回应提供了一种诊断,而不是一种证明(以怀疑论者自己的那些方式),它就能够得到捍卫,以反对明显窃取论题的指责。真正的论题是,诺齐克所给出的这种诊断到底有多大的说服力。

现在,像福梅顿和斯特劳德这样的哲学家们不太会关注诺齐克对知识的解释,即便将其当作对知识是如何**可能**的一种**解释**,也是如此。如果在常规的世界中,但不是在怀疑论的世界中,知识是可能的,那么除非我们知道我们处在哪种世界中,否则我们虽然拥有对知识之可能性的一种潜在的解释,但却并非是所知为正确的一种解释。这种回应不必是定论,然而它的确表明,诺齐克的诊断是不完备的。为了取得进展,对怀疑论的一种诊断,就必须就下面这些问题说出更多的东西:为什么"我们如何知道有关外部世界的任何一些事物"这一问题,可能比它初看起来更无害,是什么使得它看起来像一个值得严肃对待的问题,以及为什么回答这个问题的明显不可能性令人不快地反映在关于世界的日常知识中。

尽管在这里我不可能对这些问题深入地进行探究,但我认为很明显的是,有一种根本性的知识论观念大体上会出现在对所有这三个问题的回答当中。这就是如下假定:归根结底,在常规的世界和怀疑论的世界中,我们的认知情境都是相同的。不管我们是有身体的人,还是瓮中之脑,只要问题最终涉及"知道我们周围的世界",我们的经验——事物通过感知的方式向我们显现的样子——都是我们前行所据的唯一事物。如果一种关于知识的外在论理解——并不必然是一种纯粹可靠论的理解,而是任何在本质上包含一种外在论成分的理解——还希望显得令人满意的话,它就必须挑战和削弱这种统一的认知情境的观念。如果这种观念不受挑战(或者更糟糕地,如果它被认可了),那么福梅顿和斯特劳德视作典型的哲学问题的那类问题,就看来好像应当得到一种回答,而这种回答是任何形式的外在论永远都不会给出的。

五、非闭合性

我说过,诺齐克对怀疑论的回应看起来并不完备。但我们迄今还没有充分探究过这一回应。事实上,我们迄今还没有讨论过它最有争议的方面。

如果我在我的办公室里,我就不是半人马座阿尔法星上的某个瓮中之脑。这是我所知道的。但正如诺齐克所说的,如果我知道我在我的办公室里,而且如果——正如刚才获得认可的——我也知道,"我在我的办公室里"逻辑地蕴含着"我不是某个瓮中之脑",那么我就知道,我不是某个瓮中之脑。我是将这一知识作为我所知道的某些事情的基本逻辑结果而达到这一知识的,而且当然,明显正确的演绎推论保证了知识的存在,如果说有任何形式的论证能保证知识的存在的话。但依据怀疑论者的看法(而且诺齐克也赞同这一点),我并不知道我不是半人马座阿尔法星上的某个瓮中之脑。这离怀疑论者的如下结论只有一步之遥了:我并不知道我在我的办公室里。怀疑论者终究还是获胜了。

诺齐克认为,怀疑论者的"一步之遥"要比它看起来的更长。在跨出这一步的时候,怀疑论者依赖的是如下原则:知识"在已知的逻辑蕴涵下是闭合的"。正如诺齐克理解的那样,闭合性本身是一种虚拟性原则,亦即:

(C)假如 S 知道 P 蕴涵 Q,而且知道 P,那么他就会知道 Q。①

从某一项知识得到它所蕴涵的某种东西,并不会将我们带到(闭合的)知识领域之外去。

不管如其所是的(C)是不是可接受的,在许多哲学家看来,像它那样的某种东西必须是正确的。毕竟,明显正确的演绎推论会保证知识的存在,如果说有任何形式的论证能保证知识的存在的话。但诺齐克认为,(C)是错误的——不是在细节上,而是在原则上如此。与表面看起来的相反,知识并非在已知的逻辑蕴涵下是闭合的。

尽管诺齐克不是第一个提出这点的人(这个荣誉要归于德雷切克),这个提法还是蕴含着诊断方面的可观的洞见②。考虑一下摩尔(G. E. Moore)关于外部世界的存在的著名证明。摩尔在光线明亮的地方举起他的双手说:"这是一只手,这是另一只手。"③他得出结论说,

---

① 《哲学解释》,第 204 页。诺齐克称该原则为"P"。我将它改称为"(C)",是为了避免将该原则与命题 P 混淆起来。
② 弗里德·德雷切克:《表识运符》,《哲学杂志》1970 年第 67 期,第 107—1023 页。诺齐克承认德雷切克先发现了这一点,见《哲学解释》,第 689 页,注 53。
③ G·E·摩尔:《外在世界存在的证明》,见摩尔《哲学论文集》(London: Allen and Unwin, 1959)。

尽管有怀疑论的种种诘责,他还是知道,有两个货真价实的外部对象实存着。这种"证明"给许多哲学家留下了差强人意的印象,尽管他们对于它哪里有问题,并非总能达成共识。德雷切克—诺齐克对闭合性的否定提出了一种回答。当摩尔和怀疑论者往相反的方向进发时,他们都将闭合性原则视作理所当然。实质上,摩尔的论证是借由这一原则,从他知道他有手这一点,走向他知道没有任何怀疑论的可能性行得通这一点。怀疑论者也借由该原则,从我们不可能知道怀疑论的诸种可能性行不通这一点,走向我们不知道我们有手这一点。看到闭合性原则一般而言是错误的,这使我们有可能理解如下这一点:为什么怀疑论者对我们没有关于外部世界的知识的证明,以及摩尔对我们有这种知识的证明,都同样无法令人满意。

尽管这种诊断性的洞见具有获得成功的迹象,但是诺齐克对闭合性的否定还是非常成问题的。摩尔证明的例子正好显示出,它是多么看似不合理。摩尔知道他有两只手,但他不知道他不是某个瓮中之脑。或者:我知道我不在半人马座阿尔法星系中的某个行星上。(我可以看到我不在那里:半人马座阿尔法星系是一个三星系统。)但我不知道,我不是作为某个瓮中之脑生活在那个系统的某个行星上。有了诺齐克对知识的解释,这种"讨厌的结合"——正如基思·德罗斯(Keith DeRose)所言——就可以被随意构想出来。有些地方出问题了[①]。

[①] 基思·德罗斯:《解答怀疑论的问题》,《哲学评论》1995 年第 104 期,第 17—52 页。重印于苏桑与吉姆编辑,前引书,第 482—502 页。德罗斯表明了如何将诺齐克的某些观念,特别是关于敏感性的重要性,吸纳到某个版本的语境论中去:由戴维·刘易斯(David Lewis)提出,又由斯图尔特·科亨(Stewart Cohen)加以发展的那种观念,即"宣称和归结出知识"的标准并不是固定的,而是随着对话的过程而变化的。我认为德罗斯的进路最有希望从诺齐克对怀疑论的诊断中解救某种事物。关于刘易斯版本的语境论,参见他的《难以解释的知识》,发表于《澳大利亚哲学杂志》1996 年第 74 期,第 549—567 页;重印于苏桑与吉姆编辑,前引书,第 503—516 页。关于科亨的进路,参见他的《如何成为一个可错论者》,发表于《哲学视角》1988 年第 2 期,第 91—123 页。我在下面这篇文章中考察了刘易斯的语境论:《语境论、外在论与认知标准》,《哲学研究》(待刊)。我提出的那些批评很容易与德罗斯的那些观念相融洽。

六、重新考察敏感性

诺齐克想使无法知道怀疑论的假定行不通这一点成为可能：它们被如此设计，以至于其错误是不可能被察觉的。同时，他想将日常知识与怀疑论的破坏隔离开来。考虑到认知上的闭合性，这种人为尝试的隔离必定失败。不管怎样，即使撇开它的令人不快的后果，否定闭合性这个步骤本身就是孤注一掷的，如果走出这一步，就是特意为了避免屈服于怀疑论者的话。诺齐克自然认为他的步骤根本不是特意的，而是自然地从对知识的虚拟条件分析中得出的。我认为他错了。他的立场的确不是由理论上的思考所激发的。

非闭合性来自对"知识要对事实敏感"这一点的要求，特别是来自——

(3) 非 P=＞非(S 相信 P)。

为了看清(3)是如何导向非闭合性的，可以考察如下这些表述：

P=我坐在我的办公室里。
Q=我不是半人马座阿尔法星上的某个瓮中之脑，受到电化学方面的引导去相信 P。

如果 P 为假，我可能会在楼下煮咖啡，或者在上课，这都是相对比较熟悉的一些事情。如果 Q 为假，我就可能会是某个瓮中之脑。这两种情境非常不同，而且在我会相信什么的方面导致了巨大的差异。由于这些差异，我的信念 P 对事实是敏感的，而我的信念 Q 对事实则是不敏感的。因此，即便我知道 P，而且知道 P 蕴涵 Q，我也不知道 Q。

这个论证是正确的。但为什么它没有表明(3)出问题了呢？事实上，诺齐克本人有独立的理由认为：在其原本简单形式下的(3)，排除了知识的一些清楚的例子，因而太强了。考虑一下下面这个例子：祖母有着她的孙子健康地活着的信念，因为当他来拜访她时，她看到他如此。

然而,如果他那时病了或者死了,为了让她不要担忧,家里人仍使她相信,他那时很健康,那么依据(3),她的信念是不敏感的:如果她的孙子没有健康地活着,她仍然相信他是那般。因此,她并不知道他健康地活着,即便她能看到他健康地活着,也是如此。这看起来似乎错了。

祖母的例子的关键特征是,那位祖母**达到相信**她孙子很健康的**方式**本身是与他的健康状况发生共变的。因此,诺齐克通过把形成信念的方式包容进来,而修正了他对知识的解释。S通过方法M(或者达到相信什么的方式)知道P,当且仅当

(1*) P为真。

(2*) S通过方法M相信P。

(3*) 如果P不为真,且S要用M得到关于P成立(与否)的一种信念,那么S就不会通过M相信P。

(4*) 如果P为真,且S要用M得到关于P成立(与否)的一种信念,那么S就会通过M相信P。

增加了一些用来描述"某种方法胜过另一种方法"意味着什么的细节之后,诺齐克可以说,S(完全地)知道P,当且仅当(a)S通过某种方法M知道P,且(b)所有其他方法都不满足(1*)到(4*),而凭借这一点,他相信M加重了P的分量(PE, 179 - 180)。因此,在那个祖母的例子中,祖母基于家里人证言之上的一种信念,并未追寻真理,因为他们承诺对她说同样的话,不管事实如何。但依赖证言的方法被她现实的方法战胜了:她亲自看一看。如果她就要**看到**她孙子死了,她就不会接受她家人的那些保证。(如果她接受,那首先就有理由怀疑她是否知道有关他的健康状况的任何事情了。)

对追寻分析的这种修正是巧妙的。然而从诺齐克对怀疑论的诊断立场来看,它危险重重。问题在于,从某种外在论的立场来看,标准的怀疑论难题正好利用了祖母的例子中激发诺齐克进行修正的那个特征:在某些情形下,当我们的信念为错时,我们可用的那些获取知识的

方法也改变了。这就会造成损害支持非闭合性的那种例子的危险。在现实世界中,我可以找到各种各样的能产生知识的信念形成方法。一种方法是日常的不受控制的感知。另一种方法涉及承认由第一种方法获得的知识的诸种逻辑推论结果。第二种方法明显是随着第一种而产生的,诺齐克对于承认这种可能性,持谨慎态度。然而,如果我是某个瓮中之脑,这两种方法我都用不上。结果便是,在一个常规世界里,我既知道许多日常事实,也知道怀疑论的诸种可能性行不通。相反,在一个"怀疑论的世界"里,我并不知道怀疑论的诸种可能性行不通,但那样的话,我也就没有任何日常感知性的知识了。闭合性走上了这两条路中的任何一条。

为了在那个祖母的例子与怀疑论的例子之间拉开距离,由此为非闭合性辩护,诺齐克需要论证的是,我们在常规的世界和怀疑论的世界中采用的是**同样的**方法。这意味着,就方法如何是更具特色的,他需要说出更多的东西。但不仅他拒绝继续探究,他承认会导致"一些严重问题"的这一论题,而且他就此所说甚少,也没有什么用处。由此:

> 一个人可能会使用某种方法(在我的意义上),而又不在方法论层面进行探究,且不具备关于他所使用的方法的知识或意识。通常,一种方法将会具有经验上的某种最终结果,从而,(a)没有任何不具有这种结果的方法,是同一种方法,而且(b)任何在经验上相同的方法,同为"从内部而来的"方法,将被算作同样的方法。将我们的信念奠基于经验之上,你和我,还有那个漂浮在水槽中的人,就是——出于这些目的——在使用同样的方法。(PE, 184 - 185)

在这里,诺齐克果断地往相反的方向进发了。一方面,我可以采用一种方法,同时并不知道我采用的是什么方法:一种方法的同一性并不取决于我是否有能力识别它。另一方面,除非诸种方法可以在经验上加以区分,否则就不可能说它们是不同的:因此一种方法的同一性终究还是取决于我有能力说出它是什么方法。这是怎么回事呢?

我认为,答案在于,诺齐克通过将只有在人们有非常强的内在论直觉时才显得有意义的那些修正,吸纳到对知识的一种外在论的分析中去,而企图方枘圆凿。诺齐克的外在论要求他主张,一个人能在采用某种方法的同时并不知道他在采用它。然而正如他清楚地知道,采用外在论的做法,将把一种外在论的进路带入同一性中,而不仅仅是带入对诸种方法的使用中。但在诺奇克眼里,这样一种进路是对怀疑论者的敷衍了事:太敷衍了。这是因为:

> 你不必得出推论,以建立你的如下知识:你没有漂浮在半人马座阿尔法星上的那个瓮中。你看到你不在半人马座阿尔法星上,而通过这种方法,外在地被规定之后,你追寻的是你不在那里这一事实——即便当你在那里的时候,情况也会显得是,在感知上和你现在的情形是一样的。那种知觉上的貌似情形与你实际的当下所见,尽管不能内在地加以区分,但作为一种清楚的方法还是可以外在地区分开来,如果对诸种方法的这样一种外在的个体化能够算数的话。甚至约翰逊博士不也会这样说:"我如何知道我不是在做梦?通过我眼前所见的东西吗?"(PE, 233)

但约翰逊的提法究竟哪里出问题了呢?或许当我清醒的时候,我知道我不是在做梦;但当我在做梦的时候,我并不处在一种能知道任何事情的状态中。这种想法并非明显是荒谬的。除非——也就是说——那种外在论本身无望取得成功,因为正是外在论的知识论的特征刚好开启了这样一些可能性。

如果说,"我们在常规世界里知道某些我们在怀疑论的世界里不知道的事情"这一提法,作为对怀疑论的一种回应,似乎并不令人满意的话,那只可能是出于福梅顿所给出的那种理由,即作为哲学家,我们必须能向怀疑论者证明我们处在什么样的世界里,直至他满意。这将意味着表明,关于我们在常规世界与怀疑论世界都接触到的那些事物如何显现的知识,是如何指向我们在某个常规世界里的存在的,而且在这样做的任何时候都不假定我们的世界是常规的。当然,如果哲学的任务就是回答福梅顿的问题,我们就需要依据经验的标准来个别规定诸种方法了。但如果任务仅仅是解释,而不是证明,那就没有明显的理由沿着这条路走下去了。诺齐克的论证在于,帮助他自己处理他并没有被赋权去解决的那些刁钻的问题。

  正如我们已经看到的,诺齐克认为,尝试去做福梅顿希望人们做的那种事情,是"注定要失败"的。诺齐克认为,很明显的是,我们无法知道我们不是瓮中之脑,因为我们无法"说出"我们不是。但这个主张依赖于关于"说出"的一种强内在论的理解:依据福梅顿的标准说出。诺齐克未能看到的是,福梅顿关于哲学任务的理解,以及他(诺齐克)自己对"诸种方法要借纯经验的标准来个别规定"这一点的坚持,都是同一个哲学包裹的部分;而正是这个哲学包裹为一种感觉提供了担保,即我们无法知道怀疑论的诸种可能性行不通。但福梅顿关于"排除掉怀疑论的诸种可能性将会是什么情形"的内在论理解,与诺齐克指向日常知识的根本上的外在论进路,是水火不容。它们无法交融,而试图将它们交融的结果,便是诸种讨厌的联结的一种无尽的循环。

  事实上,下面这一点并不清楚:参照方法进行论证甚至免除了非闭合性。某些迹象表明,结果应该是怀疑论。在其原本的形式中,诺齐克提出,日常的事实性信念必须追寻真理的那些世界,是那些实际上与现实世界很接近的世界。然而,当他把参照方法引人他对知识的分析中时,事情发生了剧烈的变化。参照方法的引入意味着,在**认知上相近的**(亦即相应地比较类似的)所有世界中,信念都必须追寻真理。鉴于他对参照方法进行个别规定的内在论标准,事情就显得仿佛是,怀疑论的诸种世界应该被包括进来。正如诺齐克评说的,尽管正是我的信念通过追寻的关系与事实相关联,"当一种方法展示出某种内在特征时,通过方法所进行的追寻,取决于在其内在的暗示方面完全相同的其他情境中会发生什么事"(PE, 281)。但是怀疑论假定的全部要点,就是要描述"在内在的暗示方面相同的"那些情境。如果内在论成功了,那么信念就从未追寻什么，而且一般而言那种知识就是不可能的了，正如怀疑论者所说的那样。

诺齐克会说，就日常的事实性信念而言，在与现实世界"相接近的"的那些世界中，诸内在的暗示是相互关联的，而且某些机制以可靠的方式将我们与外在的实在联系起来。换句话说，内在的暗示与外在的实在之间的证据性关联本身，就是以一种外在论的方式被构想的。但这只是将我们带回到了下面这个问题：为什么诸种方法应该永远单独依据其内在的方面而被识别？这种回应正好显示出诺齐克的立场有多么刻意：它被剪裁，就是为了保护非闭合性，但并没有任何更深的理论动机。

如果诺齐克对闭合性的否定，或者他所陷入的怀疑论，反映出徘徊不定的一些内在论的直觉的话，为了达到一种更彻底的外在论，他或许应该放弃它。然而，这样做的话，给诺齐克所特有的东西留下的空间就极少了。一种更彻底的外在论可能承认，在常规的世界里，我们知道一种怀疑论的可能性行不通。但既然我们关于它行不通的信念，照诺齐克的标准来衡量，仍然不会是敏感的，那么这样一个外在论的版本就会提出敏感性——诺齐克知识论的核心部分——对于知识而言究竟是否真正必要的问题了。更有意义的还有，诺齐克支持"怀疑论者部分而言是对的"这一点的论证，对于他的立场的诊断—解释的一面是本质性的。将这一点拿掉之后，怀疑论者所面对的就只有一种相当一般性的认知上的外在论了。诺齐克的立场可能有其问题，但它所提供的要多于此。

第三节　结　论

出现于诺齐克对怀疑论的讨论中的那些问题，反映了他对知识的理解中的一些深层问题。最深层的问题涉及纯粹可靠论本身。

存在许多路径，在其中（我会论证）纯粹可靠论都是错误的，而且在这里我不可能对它们都进行讨论。但请允许我提及一条或许是最为根本的路径。纯粹可靠论将"知识"当作某种纯粹事实性的概念。当诺齐克坚持认为知识涉及"与世界的一种特定的、实在的事实性关系：追寻它"(PE，178)的时候，他很明显是沿着这些路线在思考。但知识是一种评价性的或规范性的概念。当我们满足了信念方式中衡量卓越性或良好执行的那些标准时，我们就有所知了。问题不仅仅是我们有多么可靠，而是我们**应该**有多么可靠。主张知识涉及对真理的追寻，并未解决问题：就多大范围的可能情境而言呢？

"考察可能世界"以便看清我们在其中相信什么，这种别出心裁的做法，对模糊这一关键论题起了某种作用。它在暗示，我们可以从形而上学的事实中解读出认知的标准。然而，所有考察临近的诸世界——在现实世界的"非 P 邻区"中的诸世界——的做法，实际上就相当于，考察 P 在其中为假的，然而在其他方面又都与我们的现实环境**相似**的那些情境。不过，在这种或那种意义上，任何事物都与任何别的事物相似：这里所讨论的相似性必定是**重大的**或**相关的**相似性。因此，基于追寻的分析，如果在某个范围内的重大或相关的意义上相似的那些情境中，一种信念与事实发生共变，那么它就等同于知识了。但什么有助于构成相关的相似性呢？关于可能世界的谈论所具有的欺骗性吸引力的一些证据，已经由如下事实给出了：诺齐克认为，追寻的分析，尤其是条件(3)，解释了"一种待选的可能性是相关的"意味着什么(PE，175)。这一点给我留下的深刻印象就是，它正好使事情倒退了。衡量相关性的那些标准决定了追寻涉及什么。

那么，究竟是什么有助于构成相关的相似性呢？怀疑论者以及像福梅顿和斯特劳德这样一些外在论的批评者们认为，至少为了回答根本的哲学问题起见，相关的相似性是认知上的，而且诸种方法的同一性是由"内在的"标准确定下来的。这意味着，在常规的和怀疑论的世界里，我们都被同样的信念形成方法缠住了。因此，只有当我们能表明那些经验保证了，我们能相信我们的世界是常规的时候，我们才能合理地宣称关于世界的知识——实际上，只有这样的时候，我们才能真正理解这样的知识是如何可能的。正如诺齐克看到的，如果这就是理解知识的可能性所要求的，那么我们竟会理解这种可能性，就是很可疑的了。不管以哪种方式，我们面对的都是证据不足的问题，我曾证明，这个问题总是出现在笛卡尔式的怀疑论的核心处。

诺齐克对知识与怀疑论的讨论格外巧妙，而且充满着迷人的细节，我没能讨论这些细节。然而我相信，如果我们要下探怀疑论的基底，我们需要对传统知识论的那些核心观念进行一种比诺齐克给予我们的更详细得多的考察。最后，当诺齐克承认怀疑论者在宣称我们并不知道怀疑论的诸种可能性行不通时，完全是正确的时候，在他接受关于诸种方法之同一性的一种强的内在论标准的时候，他还是太过沉迷于引起我们诊断的兴趣的那些观念了。

第八章
诺齐克论自由意志

迈克尔·E·布拉特曼

罗伯特·诺齐克的《哲学解释》①含有对哲学中最深刻的一些问题的丰富而广泛的探究。书中,诺齐克考察了有关人格同一性、知识、自由意志、价值和生活的意义等根本性问题。在本章中,我将主要关注诺齐克对自由意志的讨论:要是我们具有自由意志,它是什么,以及为什么我们会需要它?诺齐克就自由意志说了很多,那些话很吸引人,富有启发性,而且值得我们进一步的思索②。他对自由意志的讨论也与他在这本书中的许多其他观点相关,特别是与有关人格同一性和价值的那些观点相关。这既呈现了一次机会,也造成了一个问题。这种机会在于,看到能将这些问题之间的某些相互关系概念化的某种方式的梗概③。问题在于,诺齐克有关人格同一性和价值的那些观点本身造成了

---

① 诺齐克:《哲学解释》(Cambridge, Mass.: Harvard University Press, 1981)。
② 特别参见《哲学解释》,第291—362页。
③ 最近有许多理论家探究了理解自由意志的诸种形式、自主(autonomy)或自决(self-determination)与人格同一性这两方面之间的关联方式。这使得诺齐克早年对这些关联的讨论特别有兴趣。关于最近对这些关联的各种不同版本的讨论,参见克里斯汀·考斯卡德:《规范性的根源》(Cambridge: Cambridge University Press, 1996);哈里·法兰克福:《论理想的必要性》,收于他的《必然性、意志力和爱》(New York: Cambridge University Press, 1999),第108—116页;格蒂昂·亚夫:《名副其实的自由:洛克论自由行动》(Princeton, N. J.: Princeton University Press, 2000); (转下页)

许多难题;然而对这些难题中每一个的考察都需要写一篇文章了。我的策略将是,在尝试利用这种机会的同时,克制自己不去写另一篇论文。

第一节 自由意志与尊严

什么是自由意志?而且为什么我们需要它?正如诺齐克注意到的,许多人对自由意志感兴趣,是因为他们相信,某种形式的自由意志,对于一个人成为道德赞扬或道德谴责的恰当目标,或者成为某些形式的刑罚的恰当目标,是必要的。然而在认识到这些问题的重要性的同时(实际上在《哲学解释》第363—397页有对惩罚的一种广泛的讨论),诺齐克主要关注的是别的东西。诺齐克相信,自由意志的缺失,将会"削弱人的尊严"(PE,291)。因此他寻求"表述一种关于人的行动的概念",这种概念将我们看作具有某种自由意志的,而这种自由意志又足以为人的尊严奠基(PE,291)。而且在这里,诺齐克致力于设法解答一个熟悉的、传统的难题。

忽略一些细微之处,我们可以这样来表述这个难题:一个事件E,在先于该事件的诸条件,以及自然的诸种因果律保证了E的发生的情况下,可以说是在因果的意义上被决定了的。粗略地说,决定论是这样一种观点:任何事件都是由在先的诸条件在因果的意义上决定下来的。假定决定论为真,且这样一来,任何选择、决断、行动都由在先的一些条件决定了,这些条件在因果意义上而言,对于它的发生已经足够了。在这种情况下,似乎当人们行动时,他们并不能自由地以其他方式行动,因而就没有任何自由意志了①。

相反地,假定决定论为错,且某种选择、决断或行动不是由在先的

J·大卫·维利曼:《同一化与同一性》,收于S·巴斯与L·欧维顿编,《行动的轮廓:哈里·法兰克福的哲学研究》(Cambridge, Mass.: MIT Press,待出);以及我的《反思、筹划和时间上扩展的行动》,《哲学评论》2000年第109期,第35—61页。

① 参见彼得·范茵威根:《自由意志与决定论之间的不相容性》,《哲学研究》1975年第27期,第185—199页。

诸条件决定的。有了所有那些在先的条件和所有那些相关的因果律，那种选择、决断或行动可能并不发生。但那样的话，情况看起来就像是，那种选择、决断或行动的发生就是一个机运的问题了，是一种随机的、不可解释的事件。这样一种随机的事件并不是人的尊严的一种根据。而任何的选择、决断或行动，或者是由在先的那些条件决定的，或者不是。在这两种情况下，都不涉及一种可以为人的尊严奠基的自由意志。因此，没有任何这种自由意志存在。

这就是传统的难题。当然，也有传统的回应路线。自由意志论者们一致认为，对某种决断的因果性决定，与它的自由不相容。然后他们试图建构一种自由的、非被决定的选择或决断的模式，这种模式表明了选择、决断或行动如何能不被决定和成为自由的，然而又不是随机发生的，像一个机运的问题那样①。请注意，一个自由意志论者不需要否认，诸种自由的选择和决断有原因；她只需要否认，这些原因——如果有这样的原因的话——并不是以决定论的方式起作用的②。

相容论者(Compatibilists)则试图这样来做出回答：通过建构一种自由选择与行动的模式，使得一种选择或行动可以既是自由的（在相关的意义上），也是在因果的意义上由在先的一些条件决定的。

诺齐克的回应很复杂，而且并不简单化地与这些范畴中的任何一个相匹配（尽管他非常喜欢成为一名自由意志论者）。诺齐克呈现了人的行动的三种不同模式。第一种作为自由意志论的一种形式被给出；另外两种被诺齐克看作我们在一个决定论的世界里能做出的最佳选择。诺齐克并不确信第一种模式成功地回答了关于随机性的种种担忧；但他也怀疑后两种（他将其视作"次好的"[second best]）(PE, 293)——即便是两者结合起来——能完全获得我们想获得自由意志时

---

① 关于最近对自由意志论构想的一些辩护，参见罗伯特·克恩：《自由意志的重要性》(New York: Oxford University Press, 1998)；提摩斯·欧考勒：《个人与动因：自由意志的形而上学》(New York: Oxford University Press, 2000)。
② 《哲学解释》，第295页。也可参见 G·E·M 安斯康姆：《因果性与决断》(Cambridge: Cambridge University Press, 1971)。

所希望得到的东西。

我首先转向诺齐克提出的人的行动的自由意志论模式。

第二节 模式一：在赋予权重方面的自身包含的决断

我们经常面临相互冲突的一些考量，这些考量支持一些相互冲突的选择。在努力决定该怎么做的过程中，我们需要衡量这些相互冲突的考量。这种衡量的一种模式是，我们参考"先前被给定了的，一些被准确地详细规定了的权重"(PE, 294)。但基于诺齐克关于人的行动的第一种模式，我们有时还要改而决定，这些考量在我们的深思熟虑中具有多大的相对权重。这样一个深思熟虑的过程"不仅仅衡量了诸种理由，它(也)为它们加权了"(PE, 294)。我们的决定为了我们的深思熟虑而赋予权重，这些权重由此解决了我们所面临的决断问题。此外，要赋予这些权重的那个决断，照常规而言，部分地涉及它自身：它正是在这一决断中，将这些权重赋予这些考量的一种决断。在这个意义上，该决断是"自身包含的"。这样一种决断也能设立起在未来的深思熟虑中用得上的一种权重格局。在某些事情中，以后的决断之于这样一种先前的决断，就像法院后来的某一次判决之于先前的某次设立起先例的判决一样："决断代表了一种依据它所建立的那些权重对未来做出一些决断而做出的某种试探性的承诺。"(PE, 297)有时候，先前的那个赋予权重的决断是对涉及这些权重的某个一般原则有利的某种决断[1]。尤

---

[1] 诺齐克在后来的一部著作中[《合理性的本质》(Princeton, N. J. : Princeton University Press, 1993),第2章],考察了决断的原则,这种决断将不同的权重赋予期待的因果效用、期待的认知效用，以及诺齐克所谓的象征效用。诺齐克提出,这里诸种可能的赋予权重的原则的一个变动范围,而且我们实质上面临一种选择。正如艾利亚·密欧格拉姆对我提出的,我们可以将对这样一种赋予权重的原则的选择,视作在《哲学解释》中阐明的那种赋予权重的决断的一个例子。

其是在反思的情形下,决断是关于要成为某种特定的人的决断,这种人的生活需要赋予这样的一些权重。在这些情形下,关于赋予某些权重的那个"自身包含的"决断,是有利于某种特定的"关于人自身的理解"的一个决断(PE, 300)。

现在,假定人们行事基于这样一种自身包含的、赋予权重的决断,以利于某种关于人自身的理解的方式;假定这样一种决断自身不是由在先的一些条件所决定的。考虑到这种如其所是的决断,情况就似乎是,它仍然不必由此就成为一种随机的决断,一种只是个机运问题的决断。该决断是这样一种决断,它正好要以一种使得该决断合理并可理解的方式,赋予诸种权重:"这样一种自身包含的决断,不会成为一种随机的赤裸裸的事实;它将被解释为那种理解和那些被选择的权重的一个例子。"(PE, 300-301)因此,诺齐克推测,这种模式的自身包含的决断,可以充当一种自由意志论的自由行动的模式:它是关于某种行动的一种模式,这种行动能够同时是非被决定的、自由的和非随机的①。而这正是自由意志论者所想要的。

这里的一个重要问题是,诺齐克的主张是在说,这样一种自身包含的、赋予权重的决断无法被在先的诸条件所决定,还是仅仅在说,它不必是被决定的? 诺齐克的确没有认真地考虑这样一种观念:这样一种自身包含的决断无法被决定(PE, 308-309)。但就我所知,他最终并没有认可这一主张。在一个决定论的世界中,他承认了一种赋予权重的、自身包含的决断的可能性——即便涉及有利于对人自身的某种理解的一种决断,也是如此②。而这似乎是对的:如果我们像

---

① 诺齐克简要地提出了这样一种赋予权重的决断与量子力学中的某种测量方式(在《当前对量子力学的正统解释》一文中被理解的那种)之间的某种类似(PE, 298)。
② "假设在某些类型的情境下,我们的确重新考虑了我们对诸种理由的加权、我们的自我理解,以及我们的生活,但我们达到的新立场却是在因果的意义上被确定的——我们总是会正好在那些环境下,正好达到那个立场。……在这种决定论情境和它的非决定论情境之间的这种差异,有多么重要?"(PE, 310)然而,在该文本中的一些地方,诺齐克似乎认为,这样一个过程必然是由在先的、由诸条件决定的。比如可参见第448页,在那里,他将他关于"为诸价值加权"的观点标为"非决定论的"。

诺齐克所做的那样,假定思想与行动一般而言可以被嵌入一张决定论的网中去,那么为什么自身包含的、赋予权重的决断就不能被嵌入这张决定论之网呢?但那样的话,我们就需要反思下面这个论题的含义了:这样一种自身包含的、赋予权重的决断是不是由在先的一些条件决定的。

暂且假定,我们一致认为,鉴于它的自身包含的结构,这样一种赋予权重的决断,纵然是非被决定的,也将会是可理解的和非随机的。现在,考虑一下在一个决定论的世界中的这种自身包含的决断。情况看起来会是这样:一种被决定的然而也是自身包含的决断,也可能是可理解的,而且正好是以一种并非被决定的、自身包含的决断被理解的方式(不管它是哪种方式)而成为可理解的。但那样的话,如果一种并非被决定的、自身包含的决断是尊严的一个源头,为什么一种被决定的、自身包含的决断不能同样成为尊严的一个源头呢?但如果我们说一种被决定的、自身包含的决断也是尊严的一个源头,那么我们就离开了自由意志论的、非相容论的框架①。

这是传统上对诸种自由意志论的某种担心的一个版本。这些理论大都一致认为,在先的因果决定的某种单纯的不在场,对于我们想要的那种自由意志而言还不够。毕竟,情况可能是,一个铀原子的分离并非被决定的;但这并不是人的尊严之源头的某种有前途的模式。自由意志论者通常以对自由意志的某种进一步的、积极的限制条件做出回应。(在诺齐克的例子中,积极的限制条件就是某种自身包含的、赋予权重的决断所扮演的那种角色。)但那样的话,人们可能会问,这种积极的限

---

① 实际上,我们那时可能向着我在《反思、筹划和时间上扩展的行动》一文中概述的那种观点的方向发展。我在那里诉诸在某种程度上将期待的某些目的当作理由的那些"自身治理的策略"。这些策略可能是某种决断的后果。因此,这些自身治理的策略分享了与诺齐克的自身包含的、赋予权重的那些决断的某些重要的相似之处。我对这些策略的理解基于我在《意向、筹划与实践理性》(Cambridge, Mass.:Harvard University Press, 1987;由 CSLI Publications 于 1999 年重新发行)中发展出的那种筹划性的意向理论。而且我对这些自身治理的策略的理解,决不包含下面这一点:它们不可能由在先的诸条件决定。

制条件是否单凭其自身,还不足以保证自由意志——即便是在一个决定论的世界中?①

现在,常见的看法主张,做出某事的道德义务和道德的可解释性需要做出其他事情的能力。这种观点通常被人称为替代的可能性原则(principle of alternate possibilities)。同样常见的还有一种看法(尽管这一看法存在争议)主张,做出其他事情的相关能力,如果得到适当的理解的话,其本身就是与因果决定论不相容的。某个同时持有这两种观点的人将会看到,作为道德义务和道德的可解释性的一个必要条件的因果决定论,是缺场的②。基于这样一种观点,对于道德义务而言,没有任何本身与因果决定相容的积极条件可以仅凭自身就是充分的。

然而重要的是看到,这不可能是诺齐克对当前挑战的主要回应。诺齐克挑明了,他的兴趣主要并不在于"因果决定论的缺席对于道德义务和道德的可解释性是必要的"这一主张;他的兴趣倒是在于"因果决定论的缺席对于作为人的尊严之基础的那种自由意志是必要的"这一主张③。这样一来,我们就必须在别处寻找诺齐克对这一挑战的回应了。

第三节　原创性价值

现在来看诺齐克对他所谓的原创性价值的诉求。以下就是诺齐克

---

① 参见盖里·沃森为他的《自由意志》(New York:Oxford University Press,1982)一书写的"导论",见第 11 页。
② 诺齐克认为被证明为正当的那种报偿性惩罚与对行动的因果决定,是不相容的(PE, 393-397)。而且他似乎一般是以一种非相容论的方式来理解以其他方式行事的能力的。因此,他很可能并不接受法兰克福在下面这篇文章中对诺齐克的讲座的指涉:《替代的可能性与道德责任》,载《我们关心什么的重要性》(New York:Cambridge University Press,1988),第 6 页注释[2]。
③ 盖里·沃森区别了对"责任"的关切和对"可归属性"的关切。沃森提出,前者是造成替代可能性方面的要求的主要压力源头(《责任的两重面相》,载《哲学主题》1996 年第 24 期,第 227—248 页,尤其参见第 237 页)。相反,诺齐克的关切倒是有可归属性的味道。

的观点：

> 某种事物的原创性价值……是它新引入世界之中的那种价值的某种功能，是一种新的工具性的或内在的价值，而且它也是在先前的工具性价值中没有被预示的或者已经被充分认可的。(PE，311)
>
> 因果决定论使之成为不可能的，就是原创性的价值。(PE，313)
>
> 对于自由意志问题而言，至关重要的乃是原创性的价值。(PE，315)

我的观点是，我们可以看到，人的尊严取决于我们具有某种特定的价值（原创性的价值）；基于反思，我们也能看到，在一个决定论的世界中我们不会具有这种价值。特别是，在其自身中，赋予权重的、自身包含的那种决断被在先的诸条件以因果的方式所决定的那种行动，不会具有原创性的价值。而这就是，在一个决定论的世界中，这种行动不会为人的特定尊严奠基的原因。

但究竟什么是原创性价值呢？在这里诺齐克以这样的方式表达了一种直觉性观念：

> 一种具有原创性价值的存在者，其诸种行动具有原创性的价值，它能使事情有所不同。(PE，312)

使事情有所不同，这是什么意思？一种自然的理解是这样的：说 x 使事情有所不同，就是指 x 成为某种结果的一种原因，使得在 x 缺席的情况下，那种结果就不会发生。但在这种意义上，即便它被在先的诸条件所决定，一种决断也能够在因果方面使事情有所不同；因为一种决断即便是被决定的，也能够成为随之产生的结果的一种原因，而且在该决断缺席的情况下，那些后果就不会发生，这一点也可能是真实的。

诺齐克的回应会是,如果该决断是由在先的诸种原因决定的,那么该决断随之产生的合理的决定论后果,也就是在先的那些原因的决定论后果。因此,那些合理的后果就"已经被充分地包容在先前的工具性价值之中了",即它们就是那些在先的、可回溯的原因的工具性价值。即便在随之产生的后果在因果方面依赖于该决断的意义上,该决断本身在因果方面使事情有所不同了,这一点也是真实的。该决断将会具有诺齐克所谓的"贡献性价值"(contributory value),而不具有原创性价值①。

但难道人的尊严不是真的依赖于如下观念吗?即我们所造成的合理后果,并不同时是更早的一些条件的决定论意义上的因果式后果。看起来,在一个非决定论的世界里,一个铀原子的随机分离,如果能形成某种有价值的事物的话,它就会具有原创性的价值。我们与这样一个非决定论系统共享的某种特征,对于解释我们特有的尊严而言,怎么会如此关键?为什么我们不应该代之以将我们特定的尊严,视作正好奠基于我们在指向随之产生的合理后果的那个因果路径上所扮演的特殊角色(但铀原子没有扮演该角色)呢?而一旦我们以这种方式来看待这件事,那么在一个决定论的世界里是否能够扮演这种角色,就将是一个尚待讨论的问题。

固然,我们会需要有关这种角色的某种说法,某种帮助我们理解其特殊的、特有的特征的说法。但这样一种说法很可能会消解下面这种想法带来的诱惑:在一个决定论的世界里,我们只会像是被过去的事情所操纵的木偶②。(实际上,我认为诺齐克就人的行动所说的许多话,

---

① 《哲学解释》,第313页。这就引发了诺齐克对原创性价值的关切是否会使他不仅仅希望那些决断不被决定,而且进一步地,还希望它们不被产生的问题。毕竟,如果某个事实上产生了后来的有效结果的决断,具有一些在先的原因,难道人们不会将"产生(尽管不是决定)后来的结果"这一工具性价值,归给那些在先的原因吗?然而,在文本的主体部分,我关注的是如下观念:我们的尊严要求的是决定论式产生过程的缺席。

② 诺齐克在第310页和313页里借用了木偶形象的隐喻。也参见苏珊·沃尔夫:《自由意志的重要性》,载《心灵》1981年第90期,第386—405页,相应的讨论在第404—405页。

都可以被视作对这样一个规划的贡献——我后面会回到这一点上来。）

我们可以将这一点视作一种挑战：为什么我们的尊严必须依赖于先于我们的选择与行动的那些条件的失败，来获取工具性价值的相关形式？为什么我们应该这么在意这一点呢？我以为，我们并不在意，对于有助于我们过上好生活而言，我们的父母和社会建制背景被认为是具有工具性价值的。实际上，拒绝把这种工具性价值归属于它们，将是一个错误，一种傲慢。这样的话，为什么一般来说我们应该在意，当我们合适地行事时，在先的决定性的原因结果也成了具有工具性的价值呢？①（当然，如果在先的原因与以适当方式行事的个人无关，就不会在道德上赞许那些在先的原因了。）的确，我们很可能会在意，某些种类的原因不起作用，比如诸种形式的强迫、洗脑等②。但是我们可能会在意这一点，却没有想到，在我们适当地行事时，获得工具性价值的在先决定性原因的存在，却使我们的尊严受到了损害。

可能还有其他一些理由，使我们希望我们的世界不是决定论的。或许我们认为，如果我们正当地主张，人们在道德上是可解释的，并受制于报偿性的惩罚，这一点就是需要的③。但正如我们已经看到的，诺齐克并没有以这种方式进行论证④。诺齐克毋宁是在寻求清楚地说明我们人类尊严的条件。而且不清楚的是，我们是否认为，或是否应该认为，我们的尊严当真的确依赖于我们具有原创性价值——在诺齐克的专业术语的意义上。因此并不清楚的是，诺齐克对原创性价值的诉求，

---

① 参见哈里·法兰克福就一个相关问题的评说，即"在负有**全责**和**独自负责**之间有某种差别"。见《意志的自由与人的概念》，收于《我们关心什么的重要性》（New York：Cambridge University Press，1988），第25页注释。
② 参见诺齐克在《哲学解释》第49、520页有关强制的评说。有关涉及这样麻烦的产生过程的形式的那些情形（那或许是某个邪恶的神经外科医生的工作），有一些困难的问题。参见下面这本书中对道德义务的一些相关问题的讨论：约翰·马丁·费舍尔、马克·拉维亚：《责任与控制》（New York：Cambridge University Press，1998），第194—201页。
③ 参见在下面这本书中对这一观念的关键性讨论：R·雅伊·华莱斯：《责任与道德情操》（Cambridge，Mass.：Harvard University Press，1994），尤其参见第4章和第7章。
④ 实际上，正如以前注意到的，他认为正当的报偿性惩罚与决定论是相容的（PE，393-397）。

是否能够扮演他希望它们在他有关自由意志的见解中扮演的那种角色。

这可能是合乎理性的人们最终不会赞同的那些根本性的事情之一①。但不管我们在这个论题上如何决断，我们也会面对针对诺齐克的自由意志论构想的一种更进一步的挑战。这种更进一步的挑战重复了针对自由意志论的诸种理论的第二种通常的反对意见。一种非被决定的、自身包含的、赋予权重的决断，是否真的在根本上不会是随机的和不可解释的？毕竟，以替代性的方式赋予权重的一种替代性的自身包含的决断，如果发生了的话，也会以这种反身性的方式，使它自身成为可理解的。而我们认为，与过去的事情和自然的因果律完全相容的是，这种替代性的决断反而出现了。因此，难道现实决断的出现终究不还是随机的和不可解释的吗？

诺齐克自己在这一点上表现出了某种不确定性（PE, 301; PE, 305），尽管他认为，这是接受有关自由意志的自由意志论模式的最佳机会。然而，在这个问题上要达到一种深思熟虑的见解，首先转向诺齐克关于我们的行动的总体性见解之中的其他一些因素，将会是有助益的。

第四节 模式二与模式三：追寻最佳状态和均衡状态

诺齐克将他的第一种模式看作在决定论缺席情况下的一种有关自由意志的自由意志论模式。但他也想要一个在决定论的世界中我们能够做到的最佳行动模式；因为他担心决定论很可能是真实的（PE, 317）。他相信，在一个决定论的世界里，我们不会拥有我们想要的一切：我们不会具有原创性的价值，而且这样的话，他宣称，我们也就不会

---

① 参见《哲学解释》，第21页。

具有伴随着那种价值的特定尊严了。但我们仍然可能会具有某种重要的和独特的价值。

诺齐克勾勒了在一个决定论的世界里可能的两种独特的行动。首先,正如他所说,粗略而言,在如下这种意义上,我们的行动可能会追寻最佳状态或正当状态:如果人们有意地做 A,那么 A 就是正当的或最佳的,而如果 A 不是正当的或最佳的,人们就不会有意地这么做了①。但这说的并不是,什么使一种行动成为正当的或最佳的。它所说的只是,在这样的行动中,在这样的义务论的或价值论的特征与人们有意做出的事情之间,存在着这种系统的相互依赖。

在一个决定论的世界里,人们的决断和行动可能会追寻最佳状态。此外,在任何一个方向上,追寻最佳状态与在自身包含的、赋予权重的决断之基础上行动之间,似乎没有任何必然的关联。后者涉及某种特定的选择过程,这个过程可能会导致错误的选择;前者则是选择与最佳状态/正当状态之间的虚拟性依赖关系的一个条件(PE,327;PE,352),情况似乎是,这种依赖关系可能产生于并不涉及自身包含的、赋予权重的决断的某个过程。然而,在某些情形下,可能存在着这两种条件之间的某种吻合;比如说,人们可能会达到并成功实行有利于追寻最佳状态之策略的一种自身包含的决断(PE,300)。

诺齐克的第三种模式关注的是,如果我们知道我们行动的原因,我们会如何看待这些行动。许多时候,我们不知道我们行动的原因,但如果我们在行动的时候知道了这些原因,我们就会想要以不同的方式行动。比如说,假使我知道,我指责你是根源于某种长久以来的怨恨,而不是——像我认为的那样——我当前对你的工作的评价,那我就不会做出这一举动了。但有时候,即便人们完全知道行动的原因,还是不会比实际情形所是的那般更少地希望做出它,而在这种意义上,一种行动可以处在"均衡状态"下,"一种处于均衡状态下的行动,经受住了关于

---

① 《哲学解释》,第 317—320 页。在这里,关于好几种相互冲突的选项都被允许的那些情形,有一些难题;但我们可以暂时将这些问题撇到一边。

它自身之原因的知识"①。

诺齐克的第二种和第三种模式,是在一个决定论的世界中可能的行动模式。诺齐克最终并未将这些模式作为自由意志的模式提供出来。正如我对他的理解那样,在自由意志与因果决定论的关系上,他最终仍然是一个非相容论者②。但他的确暗示了,我们能将这两种模式结合起来,并且得到在一个决定论的世界中我们可以得到的最佳行动的模式:"我们将会希望我们在因果上被决定了的行动处于(并非冻结的)均衡状态中,并追寻最佳状态。"③

这两个条件可能会分裂开来。或许我的思考方式确实支持追寻最佳状态的行动,但如果我知道它的原因何在的话,我会想要改变它。但诺齐克可以直接认可这种可能性,并坚持认为,在一个决定论的世界里,我们最想要的是,这些条件并没有分裂,而是共同得到实现的行动。

第五节 一种三枝的相容论模式?

为什么不将所有这三种模式,结合到一个决定论的世界中成为可能的、相容论的行动模式中去呢?为什么不在一个决定论的世界中考虑行动——这种行动涉及有利于自我理解的自身包含的、赋予权重的决断,因而它追寻最佳状态,并且处在均衡状态下?追寻最佳状态的要

---

① 《哲学解释》,第 349 页。诺齐克在《合理性的本质》一书里对象征性意义的讨论,回到了这种关于均衡状态的观念上,见第 31 页。
② 诺齐克写道:"……我们的感觉是,关于'追寻最佳状态或正当性'的观念,并没有抵达自由意志问题的核心……尽管追寻最佳状态或正当性的活动所处的那种情境,并没有解决自由意志的诸种问题,它却正好可能成为值得追求的和有价值的那种行动模式,我们能希望获得的最好的行动模式。"(PE, 332)也可参见第 328—329 页。
③ 《哲学解释》,第 352 页。诺齐克对"冻结"这一观念的解释如下:"如果没有任何可能的关于某种行动之原因的知识,能使一个人并不更少地(想)做出它,或者更少想要(去想要)它,那么这一行动就是冻结的。"(第 716 页,注 62)

求将会限制可得到的自我理解。而且我们已经注意到,第二个和第三个分枝①可能会分裂开,但不一定会如此。在一个决定论的世界里的行动可能会展示出所有这三种特征的观念,依赖于自身包含的、赋予权重的决断在一个决定论的世界里的可能性。但我们已经看到了,诺齐克最终似乎认可了这种可能性。

这个观念不一定是说,对于自由意志、自我决定或者诸如此类的事情而言,所有这三个分枝都是必要的。我们可能要承认,可能有自身被决定但又邪恶的行动者,他们并不追寻最佳状态。这个观念毋宁是说,这三个分枝合起来看的话,给了我们有关人的尊严之充分根据的一种相容论的说法的梗概。一个行动者,其动机是进入均衡状态,他的行动基于自身包含的、赋予权重的决断②,而且由此追寻最佳状态的人,是一种非常特殊的行动者。许多目的明确的行动者——或许包括我们所熟悉的那些非人类的动物——并未例示这个三分枝的模式。

因此我们可以追问:这样一个三枝的行动模式,在一个决定论的世界里,是否会在诺齐克式的原创性价值缺席的情况下,为人的尊严赢得充分的根据?③ 某种肯定的、相容论的回答的一个好处是,那样我们就能免于挑战自由意志论的筹划的随机性的种种担忧④。尽管诺齐克

---

① 指第二种和第三种模式。——译者注
② 以及诸种策略,参见第189页注③。
③ 格蒂昂·亚夫讨论了将我们对诸种行动形式的关切大致沿着头两个分枝的路线汇集起来的一种方式,见他的《自由意志与最好的行动状态》,发表于《哲学视角:行动和自由》2000年第14期,第203—209页。亚夫称(大致而言)对第一个分枝的关切为对"自我表现"的关切,而称对第二个分枝的关切为对"自我超越"的关切。
④ 回想一下,诺齐克自己并不确信他对有关随机性的种种担忧的自由意志论式回应会成功。顺便提一下,我并不是想说,一种相容论的理论家只能从诺齐克那里借来这些模式,而没有进一步的加工提高了。特别是,会有一些关于"为什么这些自身包含的决断完全算作行动者自己的,而与其他心理要素——比如人们在反思时并不认可的复仇欲——相反?"的问题存在;这些要素在代表行动者讲话方面并没有什么权威。对我们理解这些问题贡献最大的哲学家是哈里·法兰福。尤其见他的《我们关心什么的重要性》一书。我在我的《反思、筹划与时间上扩展的行动》一文中讨论了一些相关的问题。

并未在一个决定论的世界中考虑这样一种三枝的行动模式,然而有一点很清楚,即他会给出否定的回答;因为这样的行动将仍然不会具有诺齐克的专业术语意义上的原创性价值。因此,这一点既将我们回推到了这种原创性价值之意义的论题上,也回推到诺齐克在其第一种模式中,对有关随机性的种种担忧做出的回应是否成功的论题上了。

要在这些问题上取得进展,首先转而考察诺齐克有关人格同一性和价值的见解,将是有帮助的。

第六节 诺齐克论人格同一性和价值

我们从约翰·洛克的一个极富吸引力的问题开始:同一个人在时间中持存,这意味着什么?在洛克那个关于王子与鞋匠的著名例子里,一个人后来有了鞋匠的身体,但却似乎记得王子先前的经历①。我们也可以假定,那个人后来有了王子的身体,却又似乎记得鞋匠先前的经历。后来的这两个人中,哪一个是王子,哪一个是鞋匠?要回答这个问题,我们似乎需要说出,对于一个人历经时间的同一性而言,什么更重要:是身体的连续性,还是(正如洛克在他的所谓有关人格同一性的记忆理论中得出的结论那样)在(至少是明显的)记忆中涉及的那种心理的连续性?

诺齐克将会以下面这种想法着手处理这个例子:后来有了王子身体的那个人和后来有了鞋匠身体的那个人,每一个都是先前那个鞋匠的一个"延续者"(PE, 35)。他们每一个都与先前那个鞋匠具有某些性质上的相似性:对于后来有鞋匠身体的那个人,相似性是身体方面的;对于后来有王子身体的那个人,相似性是心理方面的。而在每一种情形下,后来那个人的某些属性都在因果意义上与先前那个鞋匠的那些属性相关联。

诺齐克的想法(他称作"最密切延续者理论")是,如果先前的那个鞋

---

① 《人类理智论》,第Ⅱ卷,第ⅩⅩⅦ章,第15节。

匠持存到了后来那个时间①，后来那个与先前的鞋匠相等同的人，就是先前那个人的**最密切**延续者。但谁是最密切延续者？为了回答这个问题，我们需要一种衡量密切性的方式，这种方式会将相关的权重指派给这些身体和心理上的连续性。我们可以将洛克的记忆理论看作将所有权重指派给了某种心理上的连续性。因此，洛克下结论说，王子以鞋匠的身体持存了。但依据诺齐克，其他一些衡量标准在理论上也是可能的：

> 心理的连续性在词汇方面的确最先出现；在心理连续性方面最轻微的损失与身体连续性方面最大的获取之间，不存在任何轻重的权衡；身体上的连续性（在某种程度上）却是历经时间的同一性的某种必要的组成部分……心理上的连续性或相似性的相关次级组成部分是什么（比如说，筹划、抱负、癖好、冰淇淋味道方面的偏好、道德原则）。(PE, 69)

诺齐克并不试图提供有关人格同一性之"密切性"的某种单一而客观的说法。相反，他宣称不存在任何这样的单一说法：

> 人们及其自身的特殊之处就是，构成他们历经时间的同一性的东西，部分地是被他们自己关于其自身的理解所决定的，这种理解可能或者的确会因人而异。(PE, 69)

诺齐克后来这样表达这一观念：

> 依据最密切的延续者理论，自我对于自身的理解，将会成为对诸种维度的一种排序或者加权。这就隐含地提供了一种密切性的尺度。……(PE, 105)

---

① 这个条件适合于为下面这样的情形留出空间：最密切延续者还不够密切，以至于能使先前的那个人存活。

有关人格同一性的最密切延续者理论所需要的密切性之衡量标准,部分地是由这个人自己在她的"自我理解"中提供的①。

我们不能随心所欲地接受任何这样的自我理解,并由此以极端的方式将各种自我一一区分开来。我无法成功地将我自己"综合"为既包括了摩西·门德尔松又包括了迈克尔·乔丹的人②。"自身综合"有一些客观的局限,但也存在某些选择的自由,某个空间留给了个人决断:

> 对于个人来说,并不是只有一种关于密切性的正确尺度。每个人自己对诸种维度的选择和加权,都进入了对他自己现实的同一性的规定,而不仅仅是进入了他对它的看法之中。(PE,106)

请允许我在这里停下来,强调一下这种关于个人的观点的一个结构性特征。个人在时间中持存;他们现实的持存条件涉及密切性的某种衡量标准;这种衡量标准有一些客观的局限;但它的诸种细节,在某种程度上也是由个人来决断的事情,即如何对"进入了他自己现实的同一性之规定的那些维度"进行加权的决断。在这个意义上,人格的同一

---

① 诺齐克是通过反思我们在识别我们自己的时候似乎具有的那些特定知识,而达成这一观念的。当我想到或说出"我个子高"时,我可能会把我的身高搞错,但我似乎不可能在对"我"的指涉方面搞错:"我"所指的当然是我。但为什么是我——正如鞋匠所说的——"免于通过误认而犯的错误"呢?(引自 PE,90)诺齐克的回答是,我能免于这样的错误,是因为在我的思想中用了"我"这个用语,而后者以某种方式将它的所指区分出来。"我知道,当我说出'我'的时候,指涉是向着我自身的,因为我自身被综合为那个行动所指涉的事物,被综合为最紧密和最大的有机统一体,这个统一体包含了那个行动,并且因为包含这一行动,而被它所指涉。"(PE,90)诺齐克称此为"有关作为以反思的方式被综合的自身的理论"(PE,91)。诺齐克进而将这一有关"我"在当前时候的所指的观点,扩展到自身或人在时间过程中的持存。这使得他得到这样的观念:"'我'的自身综合包含了一种将它自身投射到未来中去的自身构想。"(PE,105)关于达到这种自身知识的一种不同的进路,参见约翰·佩里在他的下面这篇文章中对他所谓的"被系于自身的知识"的讨论:《宾我与主我》,收于马塞洛·施塔姆编,《心灵的综合》(Stuttgart:Klett-Cotta,1998),第 83—103 页。
② 诺齐克大胆地提出,这些限制可能最终是社会性的(PE,107-108)。

性成了一种**合成**的现象。

现在转向诺齐克对价值的探究路径,转向他探究"当一种行动追寻最佳状态时,它所追寻的是什么"这一问题的路径。在这里,诺齐克的观点以三阶段的形式呈现出来。诺齐克并不是从是否存在着"客观价值"的问题出发,而是从客观价值如何"实际上是可能的"这一问题出发:"这种筹划在于概述一种客观伦理学可能会是什么样的,(仅)在于理解何以会有这样的东西。"(PE,400)在这里,诺齐克达成了这样的观点:如果存在具有内在价值的事物,它们的价值度就是由诺齐克所谓的"有机统一的程度"所决定的(PE,418)。关于有机统一的程度的观念,是从美学中"对各异的和明显无关联的……材料进行统一的优点"之关切中引出来的(PE,415)。

> 将材料被统一的程度固定下来后,有机统一的程度就直接随着被统一的材料的多样性程度的变化而变化了。将材料的多样性程度固定下来后,有机统一的程度就直接随着被统一程度的变化而变化了。……(PE,416)

诺齐克猜想,一种被一般化了的关于有机统一体的观念,抓住了"内在价值的根本性维度"(PE,418),"某事物依其有机统一的程度而具有内在价值"[1]。

然后,诺齐克注意到,这种有关内在价值的观点考虑到了"价值的一种不可根除的多样性"(PE,446)。许多事物都有内在价值,而且没有任何理由认为,它们全都可以在单一的生命中被实现。实际上,诺齐

---

[1]《哲学解释》,第 446 页。请注意,这是关于**内在**价值的一种断言,因此,我认为它不是直接作为对原创性价值的一种解释而被提出来的。在后来的一部著作中,诺齐克注意到,诸原则在某个人的生活中可以以某些方式起作用,使得"通过它们,此人的行动与生活可能具有更大的一致性、更多的有机统一性。这一点在其自身之内就可以获得评价"(NR,13)。我会希望就诸种意向、筹划和策略在我们生活中扮演的角色,做出同样的某种断言。参见我的《意向、筹划与实践理性》一书。

克相信,"这些多样的价值无法被(牢固地)统一起来,存在着不可根除的一些冲突、张力、妥协的需要等"(PE, 447)。因此,一个试图对价值做出回应的行动者,将需要在多样的价值之间做出选择,将需要"构想他自己实现价值的一整套方案"(PE, 447)。

对于诺齐克而言,这一点具有两个重要的含义。首先,它阻塞了"价值的客观性可能显得会对个体性造成的那种威胁"(PE, 448)。我们不必担心,一个具有客观价值的世界,向所有行动者只表明某种单一的生活方式。相反,"在诸种客观的价值排序方式的空隙地带,在被选择并被实行的特殊的统一模式化中,个体性被表现出来"(PE, 448)。

其次,价值的多样性意味着,人们必须在其深思熟虑中,就哪些价值要加以衡量,以及如何衡量它们,做出决断:

> 每个人都必须(在诸种客观限度之内)得出他自己的加权方式。权重的赋予并不是我们偶然为之的某种事情,它因价值领域的多元论本性,而成为必需。(PE, 448)

这样,人们在其深思熟虑中所采用的那些权重,就具有某种合成的结构。一方面,对于"客观限度"而言,它们将必须被解释;另一方面,它们将部分地由行动者自己的决断来塑造①。

到此为止,诺齐克的讨论一直"悬置了有关价值之实存的本体论问题"(PE, 562)。在《哲学解释》一书接近结尾的地方,诺齐克回到了这个本体论问题。他在那里暗示,一旦我们看清了价值会是什么样的,以及它会如何与我们的行动相协调(如果有价值存在的话),我们正好就能选择像有价值存在那般去生活。而如果我们做出了这样一种选择,那就有价值存在了。或者诺齐克就是如此断言的。他是如此表述该观点的:

---

① 正如我对诺齐克的理解那样(尽管我对这一点还不太确信),他并不宣称,在"客观界限"范围内赋予权重的时候,人们就使得如下这一点成为现实:客观而言,依据这些权重而行动是最佳选择。

我们知道那会是什么价值；我们只需将它带入生活之中，对它进行评价，寻找与追求它，依据它来塑造我们的生活。我们只是去选择价值。要将价值带进我们的宇宙，所需要的就是我们反身性的选择，即有价值。……(PE, 563)

"选择'有价值'"意味着什么呢？就是以诺齐克的理论所描述的那种方式去评价事物："对价值的选择，就是在评价事物的过程中做出的。"(PE, 558)在任何有价值的世界中，有机统一体的意义造成了一些客观的限制，在这些限度之内赋予权重的那个深思熟虑的过程，就足以"将价值带到我们的宇宙中"。

我并不确定，仅凭"评价事物"能多好地解释诺齐克这里有关"将价值带到我们的世界中"的论说。然而，考虑到当前要达到的目的，我们可以将我们的注意力限定在下面这个问题上：有关评价和人格同一性的这些合成的探究路径，如何能够支持诺齐克在对随机性之忧虑的回应中对他的自由意志论模式的辩护。

第七节 重新考察赋予权重的决断

回想一下，这一关切就是，如果一种自身包含的、赋予权重的决断不是被决定的，那么即便有了那种决断，它终究也还会是任意的或随机的。毕竟，"可以做出各种不同的、相互冲突的自身包含的决断"。因此，我们可能感到奇怪："难道做出一种自身包含的决断，而不是另一种，这一点不是任意的吗？"(PE, 301)

我们已经看到，诺齐克的回应是，一种自身包含的、赋予权重的决断提供了对其自身的某种解释：因为考虑到它自身赋予的那些权重，它就是可理解的了(PE, 304)。现在要注意的一个要点是，诺齐克对人格同一性以及评价的混合性解释，使他能够深化这一回应。

首先，在最根本的情形下，自身包含的、赋予权重的决断，是有利于某种"自我理解"的一种决断。诺齐克的见解是,这样一种自我理解通过在某种程度上给予衡量延续者之密切性的那种标准以权重,部分地有助于组建一个人的实际身份(PE,306)。考虑到人格同一性的这种合成本性,这样的权重的赋予,通过一种自身包含的决断,就成了那个人在时间中持存这一现象中所涉及的事物的某种本质性因素。

其次,这种自身包含的、赋予权重的决断,是评价多元论所需要的一种回应,这种回应就是要尊重"客观限度"。而这些权重的赋予本身也具有客观价值,因为一种"基于这些加权活动之上的生活,将会由它们统一起来,因此就比那种没有展示出任何加权活动或完全忽视了价值的生活更有价值"(PE,449)。

因此,该理论就是说,一种有利于某种自我理解的、自身包含的、赋予权重的决断,在某种程度上,既有助于决定行动者是谁,也以一种对"客观界限"做出回应、其本身也成为必需的和有价值的方式,有助于决定行动者在做什么。当然,依然真实的是,如果该决断不是被决定的,那么它就与过去的事情,以及下面这类因果律相一致:一个(在某种程度上)不同的行动者,一些不同的加权方式,反而出现了。但由该理论提供的、在(部分地自身构成的)行动者及其(部分地自身构成的)诸种加权活动与被实施的行动之间的种种紧密关联,或许可以为一位自由意志论者想要的不被决定的决断提供一种可理解性和非任意性的强形式。

正如诺齐克注意到的(PE,306),这里可能有一个问题。在有利于某种自我理解的某种根本性决断的情形下——比如,在萨特的那个著名的例子中,决定与"自由法国"一起战斗,而不是与自己的母亲待在一起①——情况似乎是,基于该理论,决断与行动者是谁的问题关联得极为紧密,以至于下面这一点不会是真实的:**正是那个行动者**可能做出其他决断。我不太确定在这里要说什么;或许我们只能将这一点看作该

---

① 《存在主义是一种人道主义》,载 W·考夫曼编,《存在主义:从陀思妥耶夫斯基到萨特》,重新修订的扩展版(New York:Meridian/Penguin,1975),第 345—369 页,例子在第 354—356 页。

理论的一种洞见吧①。

另一个要点是,赋予权重的决断与人格同一性之间的关联,有一个进一步的维度,诺齐克并未强调这个维度,但注意到这个维度可能是有益的。回想一下诺齐克的如下观念:某些赋予权重的决断为后来的决断设立了一个框架,就像法庭上那些被设立为先例的判决一样。那么,这种赋予权重的决断的功能之一,可能就是创造出被联系起来的一些历经时间的连续性。而这些连续性则是一些心理上的连续性,它们基于许多版本的最密切延续者理论,会部分地对个人在时间中的持存起构建作用。为了在创造诸种连续性的过程中扮演这种角色,一种赋予权重的决断本身并不一定要成为有关延续者之密切性的衡量标准的一个决断。作为替代,这种赋予权重的决断的功能之一,可能正好是创造通常成为这样一种衡量标准的某种关切对象的那些连续性②。作为结果的行动,就将是决断的产物,而决断的功能就是,引导出基于最相关的一些衡量标准之上的、部分地对个人的持存起构建作用的那些连续性。

我们现在已经得出,对于自由意志论的模式来说,对有关随机性的诸种担忧的一种十足的诺齐克式回应。一种自身包含的、赋予权重的决断,提供了对它自身,以及它的那些继起的行动的一种解释,这些行动依据它自身所赋予的权重成为可理解的。此外,可理解性的这个源头,以一些为人注意到了的方式,既部分地构建了行动者的一些根本性特征,也是对价值多元论的一种必需的、有价值的回应。因此,尽管没

---

① 诺齐克在第 306—307 页对这个可能的问题的讨论,似乎并未提供某种直接的回应。
② 这些决断塑造个人同一性之条件的两种可能方式之间的区分,与诺齐克后来在《合理性的本质》中对诸原则进行讨论时做出的一种区分相类似。他在那里说:"诸原则可能成为一个人能界定她的**同一性**的某种方式。……此外,在一个广大时期内被遵循的诸原则,可能成为一个人能整合她一段时间内的生活,并赋予它更多一致性的一种方式。"(NR, 13 - 14)我在这里想强调的,正是这第二种角色,即进行整合的角色。要扮演这种角色,一种赋予权重的决断本身就需要成为有关密切性之"衡量标准"的一种决断。在我的《反思、筹划与时间上扩展的行动》一文中,我得出了如下这个相关的要点:(我所谓的)那些自身治理的策略,部分地通过创造一些心理上的连续性,以及对某个人历经时间的同一性部分地起构建作用的那些关联,组织了我们的生活。而且诸种自身治理的策略可以在它们自身并不是"自我理解"的情况下扮演这种角色。

有在先的起决定作用的诸种条件,行动还是具有重要的可理解性。

这一回应是否充分?我不确定。在这里,再一次地,我们可能来到了合乎理性的人们不会达成一致的那些根本性问题之一。然而,在这里我想要强调的是,刚才所说的有关这样的决断如何使行动成为可理解的、非随机的,等等,没有一处依赖于这一条件,即决断不由在先的条件所决定。如果这种关于决断与行动之可理解性的说法对于这样的自身包含的决断的情形是有效的,当它们不被决定的时候,那么对于决断被决定的情形,它也是有效的。

这样就回到了这种通常的忧虑,即自由意志论是不牢靠的:为了避免将自由意志单纯地看作因果决定的缺席,就需要自由意志的某种积极的条件;但那样的话,我们就能追问,为什么单有那个积极的条件,对于我们所寻求的那种行动而言是不充分的。在当前的情形下,我们可以追问,为什么对于人的尊严来说,下面这一点是不够的:我们有能力基于一种自身包含的、赋予权重的决断(它是有利于某种自我理解的一种决断)而行动。当我们看到决断的一些特征(这些特征对于提供有关随机性的忧虑之最好回答而言,是必需的)同样可以被某种相容论的理论所用时,这种忧虑就变得更加紧迫了。

我们可以深化这个要点。我们刚刚注意到,在诺齐克的第一种模式内,由诸种自身包含的决断所提供的解释性的、赋予可理解性的角色,是可能在一个决定论的世界里由这样的一些决断扮演的一种角色。我们可以在这个要点之外补充一种前面提出的观念,即这种模式可以被编织到诺齐克的另外两种模式中去:追寻最佳状态的模式,以及依据关于原因的知识的均衡状态模式。然后,我们可以将这种三枝模式,作为关于人的尊严之根据的某种相容论模式的开端提供出来①。

加里·沃特森(Gary Watson)在其对有关自由意志的文献的深思熟

---

① 正如诺齐克评说的(第448页),我们需要以一种与他的价值多元论相融合的方式,解释对最佳状态的追寻。我认为,这意味着追寻最佳状态就是遵循"客观界限"。而这种三枝模式也会继续面临上面注意到的有关权威的问题(第196页注④)。

悉的研究中说："对自由的一种充分的自由意志论解释的结构，必须使得自决的条件本身需要非决定论。"①诺齐克关于诸种自身包含的、赋予权重的决断的模式，就是他给出的对自决的某种自由意志论解释。然而，就我所见而言，这种自决的模式"本身需要非决定论"这一点，并不是正确的。

我相信，诺齐克的回应会是，沃森的要求是误导性的；因为有独立的理由要求，一个有尊严的行动者的最根本的决断不是被决定的。毕竟，只有那样，行动者才具有原创性价值。这就将我们推回到了下面这个根本性问题：我们是否真的认为，或者应该认为，我们人类的特定尊严成了对这种特定价值的关切的人质。一个追寻最佳状态、其动机处于均衡状态下、其行动基于一些自身包含的、赋予权重的决断与（正如我会说的）策略之上的行动者，是一种与众不同的行动者。如果我们有时是这样的行动者，这是否会是人的尊严的一个充足理由？抑或我们的尊严实际上更进一步地取决于我们的世界是不是决定论的？诺齐克对最后这个问题的回答将会是肯定的。即便在反思之后，我们在这个问题上并未被诺齐克说服，然而我们也因为他有关诸种行动的形式的富有教益的讨论——即便一个相容论者也会重视这些讨论——而受惠于他②。

---

① 《自由行动与自由意志》，见第165页。
② 感谢约翰·费舍尔、艾利亚·密欧格拉姆、大卫·施密茨、曼纽尔·瓦加斯和格蒂昂·亚夫的有益评论。

第九章
如何获得成功[1]

艾利亚·密欧格拉姆

在今天占主导地位的哲学实践中,哲学思考的产物被理解为一种**理论**:关于哲学问题的一系列陈述,在理想的情形下,这一系列陈述被精心地表达并为论证所支撑。哲学的这种理论样式以其杰出传统而自豪,即可一路追溯到柏拉图,伯纳德·威廉姆斯最近就把柏拉图看作哲学的发明者。然而,存在另一可供选择的传统,这一传统起始于苏格拉底,所以这一传统就更为杰出了,而在这一传统中,哲学思考的目的并不在于炮制一种理论,而在于形成一种哲学的**人格**。除了苏格拉底之外,这一传统还包括尼采、克尔凯郭尔、蒙田,而且或许还包括晚期的维特根斯坦;米歇尔·福柯和亚历山大·尼汉玛斯(Alexander Nehamas)是我有所怀疑的被提名者;斯坦利·凯维尔(Stanley Cavell)是一位众所周知的当代代表人物,而我这里将要讨论的罗伯特·诺齐克的《被审

---

[1] 对于兰涅·安德森、乔恩·本德、萨拉·巴斯、艾丽斯·克莱普曼、艾丽斯·克拉利、拉哈娜·卡姆特卡、亚历山大·尼汉玛斯、罗伯特·诺齐克、阿琳·萨克森豪斯、大卫·施密茨、艾米·施密特、雷切尔·舒·坎迪斯·沃格勒关于本文早前手稿的评论,对于玛格丽特·巴汀、米茨·李、玛丽亚·梅利特、克拉拉·斯塔尔、乌拉韦塞尔、尼克·怀特颇有助益的交谈,我深表感谢。依据在华盛顿大学、博灵格林州立大学、威斯康星—密尔沃基大学和西北大学的听众的反应,本文得以改进。本文的撰写得到了人文学科国家资助和行为科学高级研究中心的研究会员的支持;财政资助则是通过该中心而由安德里·W·迈伦基金会提供。

视的生活》，也是这种类型的一次演练①。

学院派哲学并不十分理解诺齐克的这本书。依据当代的专业标准，它非常缺乏论证，而当某种熟悉的哲学阐述确实出现了，比如说，它却出现在了附录之中，而人们通常建议读者可以跳过附录②。一位二十世纪的著名人物被介绍为"英国哲学家J·L·奥斯丁"——这是他的目标读者并不包括哲学家的一个强烈信号，因为对于哲学家来说这样的介绍是不必要的③。该书所探讨的诸多论题——各章标题包括"性"、"日常生活的神圣性"、"父母与子女"和"启蒙"——都处于学科边缘或者超出学科范围之外。对于学术的得体合宜来说，诺齐克的行文太过个性化，而且他承认它可能显得夸张和矫揉造作。果然不出所料，绝大多数哲学家认定这本书不是为他们写的，而它似乎已经被人遗忘，正像休谟在谈及他的《人性论》时所说的那样，从印刷机上下来就夭折了。

不过，当代的专业标准假定，这乃是一种理论的阐述，而不是一种哲学的自我的展现。这就是说，对于《被审视的生活》的反应，本来就是

---

① 罗伯特·诺齐克：《被审视的生活》(New York：Simon and Schuster/Touchstone, 1989)；我在引用该书的时候，只给出该书的缩写 EL 和页码。我也将给出诺齐克另外两本书的缩写形式：PE 是《哲学解释》(Cambridge, Mass.：Harvard University Press, 1981)的缩写，而 SP 是《苏格拉底的困惑》(Cambridge, Mass.：Harvard University Press, 1997)的缩写。另参见伯纳德·威廉姆斯：《柏拉图：哲学的发明》(New York：Routledge, 1999)。解读尼采的这种方式，参见亚历山大·尼汉玛斯的《尼采：作为文学的生活》(Cambridge, Mass.：Harvard University Press, 1985)。关于苏格拉底、蒙田和福柯，参见尼汉玛斯的《生活的艺术：从柏拉图到福柯的苏格拉底式反思》(Berkeley：University of California Press, 1998)，以下引用本书时用 AL 的缩写形式。对于尼汉玛斯的解读，参见兰涅·安德森和乔舒亚·兰迪的《作为自我塑造的哲学：亚历山大·尼汉玛斯的生活艺术》(未发表手稿)；他们把一种见解归因于尼汉玛斯，而这种见解他们也是赞同的，即柏拉图也属于这一传统。关于凯维尔，参见斯坦利·凯维尔的《哲学的说教：自传式的演练》(Cambridge, Mass.：Harvard University Press, 1994)。当然，我的意思并不是说，每一个哲学家都整齐划一地属于这一传统或那一传统。某些哲学家在这样或那样的程度上在两种传统之下工作，而有的哲学则完全地走向了另外的方向。

② EL 的第 96 页；也可参见第 144、157、158、184、185 页和第 164 页注释的相似评述。

③ EL 的第 192 页；参照 EL 中的"哲学家称之为'内在价值'的一种价值"，第 91 页，以及第 80、92 和第 96 页的类似姿态。

未能把它置于其所属类型的一个后果,而本章的第一节将着力于辨析和确定此一类型的成员,并对这种类型的著作提出一些初步的看法。然后我将论证,作为这种类型的一部著作,它值得被仔细关注,因为它表明了如何解决一个问题,而这一问题使得某些最为著名的哲学家的生活陷入惊人的失败。我将描述一种方式,在这种方式之中,塑造一种哲学人格的尝试可能产生事与愿违的不良后果,然后再展示诺齐克的解决方案;我将通过对一种替代方案的非常简要的思考而结束本章。

第一节

在《被审视的生活》的某一处,诺齐克请求他的读者不要对它进行概述或者标语化(EL,284 f)。我将不得不做出一些概述的工作,但是我将试着尊重他的意愿,仅仅在为了解释它在做什么的必要限度内,复述这本书说了什么。

如果绝大多数读者未能认识到《被审视的生活》应归属于人格的传统,那或许是因为预期决定了感知;而诺齐克自己预先就完整地提出了他的议程表。他宣称他的目的是"展现一幅**肖像画**,而不是一种理论"(EL,12),一幅肖像就像某种绘画,把他的过去和当下的人格之片段组合成某种东西,而不仅仅是在某处和任何特殊的时刻所发生的事情的一个快照:

> 在更长的数小时之内,一幅肖像画承载着……它的表现对象的一系列特征、情感和思想,通过不同的观察角度完全地呈现出来。把对一个人的不同认识组合起来,撷取他的这一神情,那一块绷紧的肌肉,眼光的一闪或一条变深的皱纹,画家便能把外观的这些从未同时展现的不同部分交错编织,去创作一个更为丰富和更为深刻的肖像画。①

---

① EL,第13页;在EL的第12页,这种肖像明确地被宣称为一种自我肖像。

177 诺齐克的意思是,这一过程的结果是尤其**真实的**——暂时,就某些文学作品中的人物是尤其真实的来说。(但是仅仅是暂时,因为诺齐克随后通过对实在的本质的讨论对这一概念做出了评注,而这一讨论延伸了几个章节①。)

因为哲学思考的这种样式如今相对地并不引人注目,在着手探究我的主要问题之前,我必须对涉及它的运作的几个论题进行阐发;让我现在就转向这些论题。第一,一个人必须小心,当接近这种类型的时候,不要简单地以为,建构一种哲学人格的那个人和他所建构的哲学人格是完全同样的,而且事实上坎德瑟·弗格勒(Candace Vogler)已经把《被审视的生活》刻画为"如同一篇本科生的习作……以哲学人格的方式写作,而这种哲学人格或许与那个人自己几乎没有任何关系"②。不过,谨慎在近期已经变成了一种无所不在和根深蒂固的倾向,以先验地强化某些这样的区分,即坚决主张个人与人格**必须**是有区别的。我认为这是一个错误,让我来解释为什么。

在这里,支持认同的是哲学的自我肖像致力于承担的种种益处。变得更为真实,包含着在字面上和实际上构成着自身。也就是说,通过在一个人的生活中发现"一个使生活的各个部分被理解的方式得以变更的新的总体模式"(EL, 15),这个人就获得了构成他的生活的点滴和片断,以自我起初被聚集的方式延续和扩展着自我。"思考生活就是……认真琢磨它,而更为彻底地理解这一点带来了……进一步成长

---

① EL,第129—131页;第12—18章。诺齐克对后一讨论的评论是,它"包含了奇怪的和有时令人困惑的理论思考的片段,与当代哲学格格不入。略去它将使我免受当今哲学共同体的很多指责——写到它已经使我感到不安"(EL, 184)。从同行们的角度来看,诺齐克对这一话题的处理的确导致了恼人的麻烦;不过,首先,这或许有助于不把它视为通常意义上的形而上学,而是视为一种目的或理想的说明(EL, 210)。
② 《性与交谈》,载《批评的探究》第24期(1998年冬季号),第328—365页,第41条注释;此后引用本文缩写为 ST。有一篇短文,对于同一姓名的实际作者与明显隐含的作者进行了区分,参见《虚构之物》(SP, 313—316)。这里,并非以原则性的方法,实际的作者与隐含的作者以及作为"当时在第165公立学校的……这个罗伯特·诺齐克"的叙述者被区分了开来。

的感觉。"①现在,如果你所提供的并不是你**自己的**生活,你就不能获得这些累积的益处,而这正是认为作者恰好把自己置于危险境地的一个理由②。

先验地坚持把个人与人格区分开来,有两个主要的动机。第一个就是怕犯意向性谬误的广泛的过敏反应,这种过敏反应变成了对把他们著作的解释与作者联系起来的几乎任何方式的抵制。(我称之为**意向性谬误的恐惧**。)第二个就是担心把作者确认为他的自我再现的对象将会出现再现的准确性的论题,但是正如我们所看到的,出现在我们面前的终究是这一个或者那一个文本(而从来就不是作者本人),我们最好提出一个关于再现的导向性陈述以避免这个问题③。(我称这种姿态为**法国证实论**。)拿诺齐克的宣告来说,这种表面价值意义上的一个自我肖像——反驳者会这么说——将会错误地认为作者的意向是相关的,而无论如何,这一宣告仅仅是文本的另一个片段,而不是作者的真实声音。

---

① EL 的第 12 页;并参见第 39 页及下一页上,诺齐克对一件创造性的作品成为其创造者的替代物的方式的讨论。关于"构成",参见 EL 的第 128 页;在 EL 的第 144—150 页,诺齐克给出了关于自我是如何被构成的一个解释。他评论道,"当我们依据我们自己琢磨出来的想法而指导我们的生活之时,那就是我们过着**我们的**生活,而不是别人的生活"(EL, 15);这一支持性的解释能够被强化以指向我们的生活,而不是几乎任何人的生活。

② 诺齐克的筹划,并不是唯一一个需要人格与个人之间保持同一的筹划。我们所思考的这一传统具有提供典范或者榜样的抱负;它们的本意就是成为一个人的生活的典范。如果从事这样一个筹划的结果不可避免地产生一种生活的**表现**,而不是一种实际的生活,那么提供这样的典范之尽力吹捧的意图就丧失了。关于在这一传统的更为早期的阶段之相关的抱负的概述,参见皮利·哈道特的《作为一种生活方式的哲学》,米歇尔·蔡斯译(Malden, Mass.: Blackwell, 1995)。另外,这些思考也不利于插入尼汉玛斯的"假定的作者"与"作家"之间的区分。关于这一区分,参见尼汉玛斯:《作家、文本、作品、作者》,载 J·凯斯卡迪编辑的《文学与哲学的困惑》(Baltimore, Md.: Johns Hopkins, 1987),第 267—291 页;《假定的作者:作为一种规导性之理想的批判一元论》,《批评的探究》第 8 期(1981 年秋季号),第 133—149 页。

③ 我发现非常有趣的是,这种异议又一次地出现在一个在世作者的例子中,我们大致上能够把这位作者与其文本相比较。不过这里并不是展开讨论这种异议所提出的更为广泛的问题的时候。

但是这两种动机都把太多的东西看作理所当然的。意向性谬误的恐惧假定,我们已经知道了媒介,而通过媒介我们正在思考的人工制品已经完成:(文学的)文本,对于文本而言,它的作者的思想和行为是外在的。然而,一个独立的文本并不是唯一恰当的选择;想一下行为艺术,特别是写作和它产生的文本作为表演的一部分的行为艺术①。在一个作为生活的人格中,作者的意向是被展现出来的对象的构成部分(而且不是外在的)②。就法国证实论来说,它把一个相关的观念看作理所当然的,即如果一幅肖像真的就是它的作者的自我肖像,那么两者之间的关系就是两个独立地存在的对象之间的(有待实现的)对应。(这就是说,法国证实论——足够令人惊异的,把真理的反映论模型视为理所当然的③。)但是对再现的这种理解在这里是不适当的;当人格得以完成的媒介乃是生活的时候,关于它自身的书面的解释,就像它的思想、意向等一样,乃是生活的部分。它是生活之中尤其更为明显的一段经历,而不是大体上准确的一个**摹本**④。

同样,因为我对"人格"的用法意味着,媒介可能是什么乃是中立的,因此,人格和个人是否是同一个也是中立的。我不认为有什么理由支持两者必须是截然不同的,也不认为有什么理由支持两者必须总是同一的。在诺齐克的情形中,我以为最好的解读确实是把两者视为同

---

① 相形之下,一个人可能把照片错当成了有待评鉴的艺术作品的方式,而事实上它们仅仅是空间装置的要素。(比如,这种被当作更远处的活动的背景装置,参见加布里埃勒·尤万在《大大的世界小小的家》中所描述的**五个城市的规划**,《维也纳日报》,149,August4/5,2000。)

② 在本书第215页注①中,我将简要地讨论诺齐克把什么选作他自己的媒介之一种迹象。

③ 《被审视的生活》并不赞同这种典范;参见 EL 第187页起。

④ 相关的表现概念非常接近于欧洲王室成员的意识形态中所表现出的一种观念,而在后者之中,君主及其家庭成员的肖像画有时并不被理解为王室成员在场的表示和延伸。关于一个这样的表现是如何发挥作用的细心而又详尽的解释,参见艾米·舒米特的《绘画的力量:表现与〈宫娥图〉》,《美学和艺术批评杂志》第54卷(3),1996年夏季号,第255—268页。斯帕尔丁·格里非常著名的独白是关于这一主题的一个有趣的变体:有人会说,并非表现是生活的一部分,而是生活作为背景和舞台道具,已经包含在表现之中。(对于兰涅·安德森指明这一例证,我深表感谢。)

一的,因为正如我们已经注意到的,如果诺齐克实际上并未再现他自己,那么筹划的目标将不会实现。

第二,诺齐克把绘画和文学的肖像当作模型或相似物,或许暗示这种演练根本上是审美的,而且它的意图在于创作一件艺术作品。尤其在今天这很可能是一种默认的解读,在很大程度上,正是对这种哲学类型的讨论重新点燃了人们对这一话题的兴趣。他有影响力地论证了尼采的哲学人格是刻意的;他更为晚近的著作《生活的艺术》对另外的几个人物进行了相似的论述。但是认为这一点对于这种传统的所有个案都是真实的,将会再一次把一个关于哲学人格建构之事业的可供选择的导向性陈述,错当成它的基础性法则之一,而且这将会是接近于《被审视的生活》的一个没有什么助益的路径。一个人或许会尝试把自己的生活理解为艺术作品,而它却不一定是哲学的,奥斯卡·王尔德就是一个著名的例子①。而反过来,一个人可能建构的哲学人格,既不意味着而且也不能看似合理地被理解为一件艺术作品,而我们手边现有的这一自画像就是一个例子。尽管诺齐克意识到建构出来的人物能够具有"艺术的冲击力"和"艺术上的吸引力"(EL, 255),变得更为真实根本上并不是一个审美过程,因为像美这样的审美特质,在他看来,仅仅是一个人的现实存在能够被提升的诸多维度之一②。哲学人格可以成为一件艺术作品,但它却并非必须成

---

① 关于两种非常不同的自传处理方式,参见理查德·艾尔曼的《奥斯卡·王尔德》(New York: Vintage, 1998)和尼尔·巴特里特的《那个人是谁? 给奥斯卡·王尔德先生的一件礼物》(Baltmore, Md.: Serpent's Tail, 1989)。主张王尔德的筹划是非哲学的,需要有所保留。王尔德的筹划之中确实存在着哲学味道的观点:比如,他提出的成为一件成功的艺术作品的标准,而这种标准援引可感知的第二性质。不过,这一筹划的绝大部分依然是典型化的塑造;尽管王尔德或许是我们所拥有的、尼汉玛斯归因于尼采的实践伦理见解的最好的实例,但他本人所接受的训练既不是哲学的,也对哲学问题没有兴趣。

② EL 的第 137 页;并参照第 130、132 页。关于预先防止这种反应,即各种各样的性质的总体组合必须是审美性的事情的方式,留意诺齐克关于这种组合是什么的明确论述:一个 $4\times4\times3$ 的矩阵(EL, 193-197)。当他确认可这种矩阵能够承担审美功能的时候(EL, 184),那就可以苛刻地把这种筹划的基本意图看作审美的。

为艺术作品。

第三,诺齐克告诉我们,他的人格将由"理论的片断——问题、区分、解释构成……一系列相关的片段构成了一个肖像……"(EL, 12)这一点对于此种类型是典型的,而它却使我们面对下面这个问题:在这一传统中,如果哲学思考的意图是形成一种人格而不是一个理论,那么为什么人格的形成是如此奇特地卷入了哲学的理论思考?(即使他们自己没有提出什么理论,他们的努力却确定地**指向**理论,就苏格拉底来说,通过要求其他人给出理论,而更为经常的则是,通过他们自己应对其前辈的理论工作而指向理论。)

尼汉玛斯似乎认为,未能与理论的传统建立密切的关系,将会带来不被看作**哲学的**人格的结果。这里存在一个问题,即这样说将意味着打算解释清楚,怎样建构一种人格才能具体地是哲学的事业;这是我现在不想尝试解决的一个论题①。不过,在尼汉玛斯对这一要点的理解中,它仅仅是一个分类学的问题;那些并未对哲学理论做出回应的人是不被**划分**为哲学家的。对尼汉玛斯的解释感到不满的第二个理由是,它赋予理论的传统以优先性,而这种优先性使得对抗的人格传统被理解为衍生和寄生于理论的传统,而我很怀疑,这是那些在人格的传统中劳作的人们自己如此理解它的方式②。

通过为生活的各种各样的蓝图提供论证,哲学理论能够被用于为人格的设计提供担保。然而为什么理论思考应该呈现为生活的部分,而不是审慎地留在幕后?或者,如柏拉图所认为的,理论可以使美德成为可教的和大概更不易于被腐蚀的③。但是,关于理论与实践之关系的这些解释都不仅肯定了理论传统的优先性,而且使说服的方向发生了倒转:正如诺齐克所认识到的,人格的——

---

① AL 的第 3、6 页。尼汉玛斯本人并未探讨这一论题,因为他不认为这是一个问题:"哲学的本质……"他告诉我们:"不管怎样,是不存在的。"(AL, 4)
② 如果哈道特的《作为一种生活方式的哲学》是可信赖的,那么在希腊化时期,两种类型之间的关系的优先性很大程度上是刚好相反的。
③ 关于这一论点,参见威廉姆斯:《柏拉图》,第 18 页及下一页。

第九章 如何获得成功

生活在使我们信服他们所说的东西中扮演着决定性的角色。我们并不是从某些其他先前阐述的命题之总体获得他们的学说或者他们是正确的结论。如果我们依据他们的威信接受他们的见解……威信只能来自他们在生活中的表现和作为……[①]

由人格到理论的说服方向是这一传统的首要(而且我倾向于将之理解为定义性的)特征;我随后将更进一步地使用它。同时,记住我们正在思考的这种类型不能与伦理学理论在生活中的应用相混淆,或者不能与从一个人的论证得出实践的结论相混淆。(想一下,一个功利主义的哲学家客观地把他的道德理论应用于他自己的行为。)把说服的方向用作一个区分的标志有助于预先防止这种混淆。

更准确地说,卷入理论这一点一定意味着,理论思考的**行为**是良好的生活的一个构成部分:未被审视的生活实在是不值得过的(或者至少,无论未被审视的生活具有什么样的优点,被审视的生活都有很多话要对它说)。而且我们不应该期待通过为它提供论证来信服这一点,就像通过生活的展示那样。

在此种筹划的范围内,认可哲学理论的重要性,是因为它使生活变得丰富。理论思考的行为如何提升生活,可能大体上随着生活方式而相应地变化,而且第四,也是最后一个我想提出的初步论点,当我们批判地评估与哲学人格相伴随或者建构哲学人格的理论之时,这种可变

[①] EL 的第 254 页;并参照 EL 的第 16 页。诺齐克讨论了他称之为"精神的教师"是怎样的,而他提供的榜样的清单,即贯穿这本书的始终所出现的变体,包括佛陀、苏格拉底、耶稣和甘地,但却不包括尼采、维特根斯坦等人。我认为,对于诺齐克的清单不包括我所提及的其他哲学家这一事实的正确解释是,他把生存理解为一种典范的生活,而把仅仅是文学上的人格的建构看作非常不同的筹划。在完成的一篇题为《苏格拉底的困惑》的论文中,诺齐克说:"苏格拉底以他的人格在教育他人。佛陀和耶稣也是这样做。当这样做的时候,苏格拉底在哲学家之中是独一无二的。"(SP, 154)。在别处,他提供了对于以一个人的人生示教是怎样的一个粗略的格赖斯式的解释(Gricean account),但却并未延伸这一解释以包容文学上的建构(PE, 574-578)。这里我们拥有了一个进一步的理由,把《被审视的生活》的作者确认为它所呈现的角色。

性必须加以考虑。考虑一下逻辑的一致性,理论的标准美德之一。如果某一人格承诺一致性和逻辑的严格性(如苏格拉底),那么在其理论见解之中的不一致性可能被视为对其理论的一个反对理由。但是,拿一个极端的例子来说,如果理论仅仅像流行的配饰一样发挥作用,比如像对于奥斯卡·王尔德这样的人物,他的商标是不合体统和反常,那么抱怨其自相矛盾就是不得要领的①。我们不应该允许理论的要素出现在一个人格中,来引发我们审查理论的标准方法,然后把对理论的评价与对人格的评价混合在一起。我们处理哲学人格的理论维度的方法,通常比这种做法更为自觉,而且要更复杂。因而,如果《被审视的生活》缺乏某些理论的特性,如严密的论证,我们就应该悬置判断,直到我们能够断定理论行为是如何构成被汇聚起来的性格的时候。

第二节

个人风格的哲学具有其不容否认的吸引力。苏格拉底坚持追问的问题:一个人应该怎样生活?对于这个问题,一种生活比一个理论看起来是好得多的回答:正如克尔凯郭尔所强调指出的,哲学理论的宫殿不管多么壮丽堂皇都不会打动我们,如果连哲学家自己都不会居住在里面的话。此外,我们中的绝大多数人会倾向于认为,对于苏格拉底的问题,存在不止一个正确答案②;哲学思考通过建构一种良好的生活而前行,很容易承认可能存在其他种类的同样良好的生活,然而涉及相同领域的哲学理论通常却是相互排斥的。再说,如果一个人确实关注自己,

---

① 把一个人本身展现为不一致的,在这一传统中并非不同寻常,"愚蠢的一致性是缺乏心智的小淘气鬼"(《论自我依靠》,载《R·W·爱默生选集》,斯蒂芬·惠彻编辑[Boston: Houghton Mifflin, 1960],第153页);"这是一个犹豫不决……的纪录,并且当这发生于某人身上之时,就是前后矛盾的观念。……因而,总的说来,我可能确实不时地前后矛盾"(《蒙田论说文全集》,唐纳德·弗莱姆译[Stanford: Stanford University Press, 1958],第三卷,第二章,第611页)。
② 正如诺齐克所认为的:EL的第15、24、28页。

第九章　如何获得成功

当创构(自己作为)一件艺术作品的时候,他将用最具挑战性的可能媒介来进行工作,并且将创造出或许具有极高的审美价值的一个对象。一个哲学人格可能具有治疗的功用,最常听到的(但也是最为高深精妙的)一种说法是对作为理论的哲学之烦人心神的一种治疗①。我们认为,这就是诺齐克用以辩护他自画像的益处。最后,哲学家是教师,那么比一生更为适当而且具有哲学上的典范性的教学方式是什么呢?②

现在,假定此种类型最为著名的实践者是如此才智超群,我们将可能会期待其中的精彩篇章是我们自己渴望过的生活,期待着发现我们想要成为那样的人们,或者我们想要使其成为朋友的人们,或者邀请来我们家里的人们,或者尤其是我们想要他来教我们的教师。但是事实上此种类型却留下了让人惊奇的惨淡记录。此处我不想试图来检讨这个记录;在属于我自己的空间里,我可能难以避免漫画式地对待那些丰富而又复杂的哲学人物,而粗略和过火的论述将不能令人信服。因而,现在让我转而把一个相当笼统而又未经证实的主张提交给你来思考:人格传统的最为引人注意的哲学家,几乎一律是很难相处的,即他们不是你想要使其成为朋友的人们,也不想邀请他们到你家做客,而且他们尤其不是你想要成为的人。我将仅限于说,他们之中的许多人肯定是——用一个日常的而又生动的词来说——**讨厌鬼**。

---

① 参见维特根斯坦:《哲学研究》,第三版,G·E·M·安斯康姆翻译和编辑(Oxford: Blackwell, 1958),第133节、第254节及下一节、第309节。也存在一个人可能合理地认为比这一种治疗远为紧迫的治疗小病的尝试;参见玛莎·纳斯鲍姆对希腊化时期的哲学的讨论,见《欲望的治疗》(Princeton, N. J.: Princeton University Press, 1994)(她激烈抨击了尼汉玛斯所提出的评论,不过,纳斯鲍姆无论如何将会反对与我们正在讨论的传统联系起来:《人格的崇拜》,《新共和》,1999年1月号,第32—37页)。

② 这里是尼汉玛斯的观点:"由这[些]个哲学家所展现的自我……能够作为一种典范发挥作用,而其他人依据他们自己的见解和偏好,能够仿效或回避……追随、漠视或者否定它们,当他们形成他们自己的自我之时。"(AL, 3)这种观念的另一种版本,即个人比漠然展现的理论产生了更好的教导作用,参见索伦·克尔凯郭尔:《作为一位作者对其作品的看法》,瓦尔特·劳瑞译,本杰明·尼尔森编(New York: Harper and Row, 1962),第40、44页及以下。

请允许我为这一描述加上一个次要的——同样粗略和同样未经证实的——主张。显而易见,这种传统的一个非常重要的特征是,人格意味着教学的策略。但是,除了偶然的和有时极为奇异的例外,这种阵容之中的学徒比哲学家表现得更为糟糕。学生们经常被发现恰好是过着令人羡慕之生活的独立思想者的反面。有时候信徒身份似乎使他们道德败坏(不管怎么说,那是被提出来反对苏格拉底的控告,而且人们可以提出与尼采倾向于在本科生课堂上进行梳理的方式相联系的一个相关指控);有时候信徒身份似乎使他们在哲学上变得无能(想想维特根斯坦对许多与之紧密联系并构成了可称之为维特根斯坦哲学信徒的人们所发生的影响);而有时候他们好像变成了追星族之类的人。此种类型的实践者经常对这种影响提供一个弃权声明,即他们并不需要模仿者、信徒等;这些弃权声明又被追随者所重复,好像他们脱卸下了人格对于其模仿者的责任,而弃权声明的姿态几乎已经变成了一种本能反应。而关于这个问题,我同意诺齐克的看法:

> 如果一种理想一再地成为惯例,并以某种特定的方式在世界中发挥作用,而**这**又是它进入世界的方式。那么简单地对于在其旗帜之下一再发生的事情拒绝承担责任,就是不能被允许的。(EL, 279)

一种教学策略必须依据它的运作方式来进行评判,而不是依据它**说**应该怎样运作来进行评判。因而追星族的主题不能被简单地摆脱掉。

为了使论证进行下去,请承认我对此种哲学类型留下的记录所说的话是正确的,并且忽略掉我关于这些哲学人物听起来不够尊重的主张所表现出的缺乏策略,这些人物依据共识——我对这一共识没有异议——是置身于伟大的哲学家之中的。不过,你可能会提出异议,我对这一记录能有什么合法的使用?这显然意味着这是某种人身攻击式的论证的出发点,而正如我们都知道的,人身攻击式的论证是一种谬误。因而,如果这就是我们要做的,那么我们就可以立刻中止这一系列的做法。

让我们提醒自己,为什么人身攻击式的论证是不合法的。当哲学活动的产物是理论的时候,人身攻击式的论证是错误的,因为这些论证所举证的事实是不相干的,与所争论的哲学理论或主张的真或假无关。然而,当哲学思考的产物不是理论或主张,而是人本身的时候,那么人身攻击式的论证就正是批评的一种适当的形式;正如我们已经看到的,它是指向理论的批评,而理论在最好的情况下只是间接相关的。

这种做法的逻辑所要求的是什么,它的实践为其作证。苏格拉底试图暴露他的对话者的缺点,即他们妄称知道的东西却恰恰是他们所不了解的①。尼采对道德的反驳是,道德是恶意的、苦涩的、懦弱的、怨恨的,并隐秘地使他们变得极不愉快②。凯维尔对怀疑论的批驳是,怀疑论者是那些需要相信世界或者他人并非真实地存在于那里的人们,差不多就像奥赛罗需要相信苔丝狄蒙娜对他是不忠诚的一样③。克尔凯郭尔对体系化的哲学的批驳——而他用体系化的哲学所意指的就是黑格尔派的哲学,在他的时代最为著名的理论学派——是这种哲学研究中的哲学家会表现出某种古怪的心不在焉。(克尔凯郭尔提到当地的书商是如此地心不在焉,以致当他在一个晚上死去的时候,他简直就没察觉到;黑格尔派的哲学没有什么好处,因为做这种哲学的人们就像**那个样子**④。)如果我们依据它自己的措辞来看待我们正在思考的这种

---

① 关于苏格拉底的技巧,在文献之中存在一种普遍的困惑,而诺齐克曾经在别处尝试讨论这一困惑:什么东西可以保证,运用这种问答法可以说服你同意真理(SP, 145 - 155)? 然而,如果我是对的,那么苏格拉底对于拥有这样一种保证并没有特别的兴趣,因为他的关切并不是他的对话者是否能够坚持这样的客观真理,即一个布兰顿哲学的信奉者目前称之为他们的推断承诺的东西。而且如果这是他的基本兴趣所在,那么问答法就完全是一种适当的方法。
② 尼采坚决主张他的探究转入了对价值的评估,因而你也许会期望他告诉你,**怨恨**到底何以如此恶劣。(这不是他应该看作理所当然的某种事情。)而他摆在桌面上的回答还是另一片断的个人批评,即它是由**病态**所导致的。这一回答遭到了尼采最为著名的追随者之一米歇尔·福柯的批评,他在《癫狂与文明》(New York: Vintage, 1988)中,勾画了精神病的一种系谱学,而其看法则是一种心理状态可能成为医学上的问题。
③ 《理性的主张》(New York: Oxford University Press, 1999)。
④ 索伦·克尔凯郭尔:《哲学片断:非科学的最后附言》,大卫·史文森和瓦尔特·劳瑞编译(Princeton, N. J.: Princeton University Press/American-Scandinavian Foundation, 1994),第 149 页。

传统,我们将不得不抑制我们对人身攻击式的论证所做出的本能反应式的批驳,而代之以致力于发展和利用它们。

现在,相对于我所指出的有关人身攻击式的论证,还有更多的事情要做——这一论证的结论是,这种做哲学的方式肯定非常成问题——而不仅仅是确认这一传统中的哲学家常常变成了如讨厌鬼般的人物。我们首先必须使自己相信,我们正在思考的这一群体,具有比不太讨人喜欢这一点更多的共同之处。(尤其是,如果某种共同性质只不过是**令人不快的**,这是遵循传统的人用以表达对传统遭受挑战感到不安所使用的术语,我们便会循环论证,以反对打算挑战传统的这种类型的那些实践者。)我们需要表明,这种共同特征是由人格建构的事业所引起的,而且就此来说,它不是巧合。最后,我们需要对所思考的人格与创构它的个人是否同一这件事比较敏感。如果这种人格就是哲学家本人,而指出这种人格一点都不值得赞赏,那就可能意味着这种人格恰好正是那个一点都不令人赞赏之人的一个样品;而当这种人格是一个独立的建构物之时,它则具有其建构者所缺乏的感染力。

我一会儿就会阐述这些论题;但我将不再随着人身攻击式的论证一起前行。可以预见,理由就是我所提醒你注意的结果是不可避免的,即《被审视的生活》具有它的问题(其中的某些问题,我们将会着手讨论),然而我想要指出的,却并非通常的问题。

第三节

现在我想勾勒出在哲学人格发展的进程中自然地显现出的模式。我并不想断言,这种模式与此种类型的任何一个实例都是准确匹配的;这些哲学家中的每一个都有他自己的议事日程,而且并非罕见的是,其癖好引领着议事日程。取而代之的是,我希望这种样板将赋予我们,处理和解释我们在一个又一个的实例中所看到的东西的一种方式。有时它将有助于我们留意到与这种模式相一致的地方;有时它将有助于我

第九章　如何获得成功

们看出为了回避一致性所采取的步骤。

当进入人格构想的事务之中时,很自然地就会雄心勃勃。如果终究这种人格将看起来像其他的每一个人,或者如果它显得轻而易举或凌乱草率,为什么要花费气力去做这件事呢?尤其是当一个人把自己与其人格紧密联系起来的时候,他想要做得最好。(你只拥有这一生,最大限度地享有它吧!)因而,一个人所致力于建构的人格,通常情况下将由他所拥有的文献资料或者其生活的大部分甚或全部构成;大致上就蓝图是不同寻常的来说,这件事做起来将是困难的;我们可以期待一种完美主义者的方式,把细节与蓝图协调排列在一起。任何东西都必须各得其所,因为一个人承诺要做的事情是保持一致。

就这种事业是雄心勃勃的而言,它也是繁重费力的。为了在动机上使其在一生的(大部分)行程之中坚持这样一种努力成为可能,人格必须是**不可抗拒的**。对于建构它的哲学家,它首先是不可抗拒的。然而也存在使它对于其他人成为不可抗拒的理由,我想在回到哲学家个人必须如何看待他自己之前,简要地考察一下这些理由。

当一个人投身于其中的这种事业,像一种雄心勃勃的人格一样是精心构设和与众不同的时候,如果没有外在的修正来源,它将是非常难于展开的,而这正是信徒的有用之处。为了这些意图,一个信徒就是充分表现和持续关注这种人格的人,他把投入其中的模式内在化,并因而留意于(甚至召唤其关注)风格上完整性的过失,但是他对所设计的人格并不持**批判的态度**。也就是说,这个信徒促使自己与作为蓝图的人格保持一致,而不是促使自己去改变这个蓝图[①]。

[①] 在这一类型中工作的那些人,在他们能够如何有效地发展和运用这种资源的方面颇有差异。一个问题是,追随者可能缺乏修正他们的典范的莽撞,而且这种等级制度式的关系并不易于产生对典范的留意修正。这里我们将会看到一种挑选效应在运作:一个实践者能够对来自他的信徒的反馈意见回应得越多,产生效力的人格将更为牢固、更为精细和更为难忘。甚至当实际的修正并没有被提供和运用之时,在听众面前表演的感觉或许也是极有价值的,而当这种样态的哲学的许多实践者在其一生中壮大追随者的队伍之时,对于某些人来说,完全想象的作为未来信徒的听众似乎就足够了。(关于想象的听众之策略的早前变体形式,参见哈道特:《作为一种生活方式的哲学》,第 135 页。)

由于一个信徒扮演着这种角色,人格对于他很可能是不可抗拒的。而且无论如何,或许一个人想要使其哲学思考的成果成为不可抗拒的,大致就像一种哲学理论可能成为的那样。但是,回想一下在这种类型中发挥着作用,我称之为劝说的方向的东西:从人格走向观点,而不是围绕着其他的路径。所以,在理论家寻求不可抗拒的论证的地方,建构人格的哲学家转而求助于使他自己变得**迷人有趣**。(我随后将回到是否存在使人格变得不可抗拒的其他路径的问题上来。)颇为诱人的是,把作者的这种策略描述为,使一个人自己与其学生或听众之关系色情化的一种尝试;由于我并不拥有关于色情的一种现成的理论,我将只是间或继续讨论这种观点。正如它可能成为的那样,这些种类的人格接下来经常所获得的东西,以及他们的典型情感色彩,能够被理解为,为了使这种筹划正常进展的某种得到发展的外在良心。

为了使他投身于其中的事业得以延续,哲学家的人格**对于他本人**必须是不可抗拒的。然而,就辩护来说,在一个人自己与其他人之间存在某种对等的优先权。事情并不是这样,仿佛哲学家个人拒绝把支持他确实是怎样一个人的论证给予他的听众;他们所不拥有的东西,他也不拥有。因而,如果这样的一个哲学家通过使它迷人有趣而使他的人格对于其他人成为不可抗拒的,那么他将以同样的方式使其人格对于他本人成为不可抗拒的:通过对于他本人是迷人有趣的或者成为迷人有趣的。如果我们把这样的人格与他们的听众之间的关系视为色情化的,我们就能够相似地把人格与他们自己之间的关系看作自恋的。

这一说明以某种方式解释了在这一传统中人格对于他们的信徒之令人担忧的影响。因为论证并不能被聚集起来以使人格本身扎根牢固,它经常以某种地基清理的职能发挥着作用。(想一下苏格拉底的问答法,或者尼采的系谱学,或者维特根斯坦的类似于系谱学的辩证转变。)学生盗用了明显可见的好斗的技艺,却并不能盗用与之缠结在一起的积极的人格特征。(比如,他的学生不明白,为什么苏格拉底是勇敢的、有节制的等:他并不拥有关于成为有德行的可信论证,甚或关于什么是有德行的一个令人满意的解释。)因为说服的特有方向使辩护在一个人的人格中降到了谷底,不但是对于其他人,而且也是对于一个人自己,对于一个人的信徒来说,不存在什么可见的东西将会转变为对于人格之辩护,而他们可能为了自己而选取人格。

如果我刚才呈现的大致描述是一个令人满意的首要近似物,那么就存在一种模式,而被建构的人格倾向于被假定为一系列十分自然的策略上和战略上的选择之结果。它预示的恶,当然并不是这一传统所独有的;从事理论说服的哲学家,更不用提及流行音乐家了,可能被发现也沉溺于这些恶。但是我们业已看到,在此种类型中这些恶具有与众不同的重要性。如果一个理论哲学家的学生结果成为他们老师的缺乏想象力的摹本,或者如果这个教师似乎过于看重自己或错误地高估了自己的影响,就哲学的劳作而言,那是不得要领的。然而,当人格不仅是达致哲学成果的手段,而毋宁是哲学成果本身的时候,对于其劳作的估价来说,它则是完全相关的。

第四节

沿着这一路径,有几种选择将陷于困境,也明显地存在预防性行为的一个菜单。一个人可能会拒绝承担创构一种不可抗拒的人格之筹划,而我将表明,这正是诺齐克摆脱我们业已审查的问题的方式。我将把我们注意的焦点逐步转回到《被审视的生活》,从其作者先前的书中提出的一些看法开始:

> 哲学技艺的术语是强制性的:论证是**有力的**和最好的,当它们**击倒对方**的时候,论证**强迫**你达到一个结论,如果你相信前提,你就**不得不**或者**必须**相信结论,某些论证并未携带多少**重拳**,等等。一个哲学论证是使某人相信某事的一种尝试,不管他是否愿意相信。一个成功的哲学论证,一个强有力的论证,**强迫**某人走向一

个信念。……一个"完美的"哲学论证将不会留下任何的选择余地。

为什么哲学家专注于强迫其他人相信什么？那是针对某人的行为举止的良好方式吗？我认为，我们不能以手段挫败目的的那种方式来使人们变得更好。正如依赖并不是通过以依赖的方式来对待一个人而得以消除的……通过违背他的意志被强迫相信某事的方式，一个人并未得到最大程度的改善。……(PE, 4 f)

有关这一假定，他称之为"强制性的"东西正是我称之为"不可抗拒的"东西，诺齐克已经进入了他的哲学人格的建构，但却不愿意在理论上强迫他的哲学听众①。现在回想一下，理论哲学是诺齐克的肖像得以创构的颜料。虽然颜料不是不可抗拒的，但绘画本身并不需要这样，像叙述的连贯性之类的东西（这应该与逻辑的连贯性区分开来）暗示了两者应该具有密切的联系。为了搞明白何以如此，我想接着讨论坎德瑟·弗格勒的《性与交谈》，它依然是迄今所发表的与《被审视的生活》具有密切哲学关联的几篇作品之一②。

弗格勒的论文发展了以下两方面之间的使人困惑的类比，一方面是，色情关系能够逐渐中止的方式，另一方面则是，哲学的理论类型的专业常规。弗格勒说，如果你在当地书店的心理自助图书区快速地翻阅婚姻指南之类的书籍，你将会发现一个反复出现的情景。一对夫妇在婚姻咨询办公室，丈夫说妻子不愿意过性生活，妻子说丈夫不愿意交谈，顾问说他们双方应该更好地相互了解。弗格勒指出，这并不是很有

---

① 我们在这里或许感到相当地不自在；依据通常的思考方式，用论证来展现某人就是给予他们一个机会，在理性而不是修辞的基础上做出决定。也就是说，诺齐克看起来的强制也能够被看作尊重一个人作为对话者的理性自主权的一种方式。（对于艾丽斯·克拉利提出的这种担忧，我深表感谢。）我将大致在本章的结尾再次提及这个论题，但是同时会说明，人格建构的转向并不是理论和论证的幻想破灭的罕见后果——如同在维特根斯坦的情形中，而他与理论交战的方式就是尝试抹去它。
② 同上；参见第210页注②。

帮助的建议,因为,非常明显,如果你更切近地观察,那对去咨询的夫妇毋宁说是太了解对方了。她说,他们具有"对他们的配偶如此深切的了解,以至于他们能够通过最简单的姿态而使对方沉默或者使他们极度愤怒"。这种了解及对其的坚持,是婚姻不幸的根源之一:"'我就是这样','你就是那样','你从不','我总是','你总是','我从不',诸如此类……问题是一个人被对其自我(及其历史和兴趣)的一种人为固化的感觉过于牢固地控制住了,而且过于纠缠于对其配偶的自我的看法(同样的固化,同样的可回溯)。"(ST, 329 f, 365)弗格勒的建议是,"这种个案研究中的配偶"真正需要的东西恰恰相反:在其行为中,他们并不对他们的自我界定负责,那个男人刻板地寻求性生活,而那个女人寻求着交谈。

弗格勒进一步指出,在哲学的理论类型之中,交谈可以采取这些形式中的任何一种:

> 想想理智的谈话类别之间的差异:参与谈话的人展示主张;利用他们论证策略的储备为自己辩护;尝试这样地行为,好像他们已经考虑了任何人就某一主题所必须说的话;而且不出所料,即使事情进展得非常出色,对于他们从一开始就持有的见解,已经没有什么可说的了。

在弗格勒看来,这很像我们在心理自助类书籍中所发现的不愉快的和陷入僵局的婚姻,并且注意接下来的事情:对构成其自身的意见过于投入的一个哲学自我,通过过于死板地束缚于所拥有的意见,已经变得人为地固化了。

> 相较于理智谈话的类型,在这种情形中,你提出问题,而你们谁也不知道该如何回答,或者讨论直觉到的、并不知道如何去发展和捍卫的观点;在这种情形中,你可能对他人说出的话感到惊奇,而有时你甚至跟不上他人的思路。(ST, 341)

这就像是哲学,它看起来像是有趣的色情关系,它不需要婚姻顾问提供急救,因为参加者只是如此固执地坚持他们自己的想法。

建构哲学人格的事情也可以同时采取这两种形式,而且我将指出,我们看到,当诺齐克尝试创构可树立为这一传统之典范的一种人格的时候,大致上相当于弗格勒所赞赏的理智谈话,而这种理智谈话可以被一种见解的顽固捍卫者树立为一种公共讲演的形式。他创构并非人为固化的人格的策略是,我们刚刚快速扫描过的相互比较的情形可能意指的东西:避免与我们所面对的表现形式之构成要素的理论因素捆绑在一起。弗格勒把诺齐克描述为"她眼中的祸首"(ST, 331),很大程度上是因为在他对性行为的说明中顽固自我的形象的行为方式。但是,尽管当主题是性的时候,诺齐克可能拥有弗格勒视为错误的所有见解,而当主题是交谈的时候,他应该被看作她眼中的圣徒之一①。

---

① 我前面曾提出,哲学人格与其读者之间的典型化关系通常像是色情化的;我们可以追问,是否有与此相似的某种东西在《被审视的生活》中继续存在。确定一种关系是否是色情化的,似乎要求拥有关于色情化的一种理论,但是正如我已经提及的那样,这是一个我并不拥有容易得到的理论的主题。不过,存在符合这种要求一种的方式。诺齐克的人格是,借用沃格勒的一个术语,非规范的(heteronormative),而在非规范性的意识形态中,爱欲(eros)被视为等同于异性恋。《被审视的生活》用了两章的篇幅讨论这个主题;诺齐克乐意向他的读者宣告,他关于性和爱情所想到的东西是如此之多,解释了《被审视的生活》所引致的许多读者的不快。因而,我们应当能够利用诺齐克对它的论述,根据他自己的标准,以得出他的人格表现是否算作一种色情化的努力的一种见解。

在讨论的过程中,诺齐克匆匆概览了爱情的典型化特征的一个稍长的清单,而全面地审查它们将会是事与愿违的。不过,这些特征之一受到了最大程度的强调:浪漫爱情的一个决定性的特征是,在诺齐克看来,渴望形成一个"我们"——一种联合而成的个人,他的兴趣、做出决定的能力和行动的方式与其人类的组成部分的那些人是截然不同的。但是与读者形成一个"我们",相当清楚并不是这种筹划的一部分;不存在什么去做看起来像是融入传记或者自我的任何事情的邀请;而且尽管考虑着他的筹划中的典范,他表达了一个提醒读者的要点,即"准确地说,作者的声音从来不是我们自己的;作者的生活从来不是我们自己的生活"(EL, 15)。诺齐克的确利用了作者的"我们"(或者"我们的",在上面的原话之中),比如说,讨论我们将会关注什么。但是他采取行动以预先防止对这一代词的联合而成的个人式的解读:"当我以这种方式使用'我们'一词的时候,我邀请你来审查你是同意还是不同意。如果你同意,那么我就正在详尽地阐述和探究我们的共同见解,而如果……你不同意……那么我就暂时独自旅行。"(EL, 100)

第五节

让我们通过区分自我的**表达**与自我的**投入**(commitment),把弗格勒的固化概念从隐喻的层面提升到文字的层面。表达一个自我仅仅是展现它,比如说通过描述而展现它;对于描述来说,投入使**掌握**成为可能。现在,在事情的正常进程中,论证和意见是附载着投入的:相信命题 p 就等于已经预设了一组投入,更为熟悉的是,就等于接受了命题 p 的结果,而且等于以适当的方式通达命题 p[①]。哲学家认为拥有一个信念的同时必须对它进行捍卫,或许因为信念使你在它的命题对象方面进入了一种非常特殊类型的赌博:如果你相信命题 p,那么如果 p 是真的,你就是对的,而如果 p 是虚假的,你就是**错误的**[②]。总而言之,这在正常情况下意味着,大部分由信念和论证构成的形象采取了一种防御的姿态(尽管对"最好的辩护就是善意的冒犯"这条格言的普泛忠诚,有时可能使这一点难以被看明白)。它的论证应该得到辩护,在更为普遍的层面,它获得信念的方式之可靠性应该得到辩护,而且信念本身应该得到辩护。主要由信念和论证所构成的人格不仅仅要被明确表达,而且很大程度上要全身心地投入。

不过,诺齐克建构他的人格所用的材料确实是理论的(即它们在理论思考的活动中有了第一个家),它们的绝大部分是"问题、区分、[和]解释"(EL, 12)。几乎不存在任何论证,而且几乎不存在一个人可能期待的那么多的信念。在其他哲学家致力于坚持他们的主张的真理性的地方,诺齐克只不过是乐于**心存**一个想法或者另一个想法,而以下是他替

[①] 关于第一种形式的投入,参见罗伯特·布兰顿的《使之明晰》(Cambridge, Mass.: Harvard University Press, 1994)。关于第二种形式的投入,参见我的《实用归纳法》(Cambridge, Mass.: Harvard University Press, 1997),第二章。
[②] 关于被展现为一种信念的分析的这一最后要点,参见阿瑟·柯林斯的《精神事物的本性》(Notre Dame, Ind.: University of Notre Dame Press, 1987)。

代更为正常的弗雷格式的断言标记的典型表述的一个抽样:"我的猜测——并不比其他任何人的猜测更好……"(EL, 23)"我倾向于某一群体的思考……""有时我想知道,如果……"(EL, 24)"我想说……"(EL, 132)"或许……或者或许……"(EL, 36)"这并未使这一概念完全正确,但我不知道使之正确有多么重要"(EL, 46)"尽管这使我突然想到像这样的,但不太清楚为什么它是这样的。"(EL, 92)

诺齐克不仅减弱了他的思想的断言力,也限制了它们的范围:

> 当我非常年轻的时候,我曾经认为,对于几乎任何一个话题拥有一种意见是很重要的:安乐死,最低工资立法,哪支球队会赢得下一届美国棒球联赛,莎柯和/或瓦塞蒂是否有罪——随你列举好了……现在我发现,说我对某事没有什么意见,而且我也不需要有一个意见,是非常容易的。(EL, 17)

因而,并不出人意料的是,《被审视的生活》并未以作者的信念的形式给予我们——像我们中的绝大多数人习惯于期待的那样。我的意思并不是,作者是不诚实的,或者言不由衷的,或者讳莫如深的,我也不是说,这本书里找不到任何(或者甚至仅仅少量的)的断言。毋宁说,其他人与一个人自身之间又一次出现了一种对等性:如果一个人并未将自己的意见和论证适当地结合起来,以便向其他人捍卫它们,那么他也并未违背自己的意志被强迫去持续地相信这些意见。心中怀有一个主要由观念构成的人格能够在最低限度保持对于它的投入,而这正是诺齐克致力于表达人格的方式,不用对投入它的形式假定过多。

我归因于诺齐克的这种策略决定了,对于我一开始就说起的学术写作规范的背离。采取学术的行文风格带来了一大系列复杂的承诺:不是收回一个人所提出的主张,而是如果它们受到了质疑,那么就运用一个人在其训练中所接受的步骤和方法,为其提供论据;保证其主张都是相互一致的;而不是仅仅试着看观念是否适当,相反,取而代之的是为其论题搜集证据;等等。以学术的风格写作也必然包含着逗留于其中的一种承诺:因为,首先,学术的行文风格是受到克制的,而且因为,如果它不是详尽阐述的,那么一个人由此所遵从的内在的纪律式约束将成为无关紧要的东西,这意味着一个人在其作品的出版过程中保持着高度紧张的状态。摒弃这种风格回避了所有这一切,而且特别是,使对一个人满不在乎地不确定的主张进行反复琢磨成为可能。

我称之为此种类型的典型说服方向的东西,依然在发挥着作用——它具有深思熟虑的特点,比如,它应该使诺齐克的观念得到一个解释的机会——但是,以不确定的态度推进见解,意味着诺齐克并不坚持,读者本人最终赞同这些观念。对于它的读者而言,《被审视的生活》的意图根本上并不是**说服性的**。使某事变得更为真实,可能是使一个人本身变得更为真实的一种方式,差不多就像以参与某一重要的历史事件的方式,可能带来使一个人变得更为重要这样的结果①。因而,诱导其他人去做《被审视的生活》显示的诺齐克所做的事情,即通过使他们变得更为真实,还将会使诺齐克本人变得更为真实(而且我把这看作《被审视的生活》一书的出版所假定的一种解释)②。不过,尽管使他人认真琢磨他们的生活可能意味着,大致上使他们思考诺齐克所致力于探究的一系列论题,但它却并不意味着使他们对这些论题有同样的思考。相反,一个人将会期待,实际上完成的与众不同的人们的自我肖像,结果看起来也是**与众不同的**。显而易见,这种工作的教学法的要点,不是把诺齐克的信念传授给他的读者(或者在更为普遍性的层面,传达任何种类的信息),而是激励读者进入(起初是)某种形式的理论活动。这种激励机制(和这里再一次提及的说服的典型方向)是通过展示从事这种理论活动中的人切实地体会到极大**乐趣**而达到的。

我前面曾主张,一个人必须搁置对一种哲学人格之中的理论因素的批评,直到他搞清楚它们在其中是如何发挥作用为止。如我一开始就谈

---

① EL 的第 173 页起;并参照 EL 的第 155 页。
② 注意,要紧的还是,对于他的读者的**实际的**影响。假如《被审视的生活》赢得了一群追随者,而其成员比他们先前所是的**更不真实**(或许因为他们只是鹦鹉学舌地说他们所想的东西,而说的却是它的信条),那么诺齐克也不会放弃他的结论,作为附带的损失。

及的,缺乏严密论证的结果是,它成为有用的技巧,而不是一种不利条件,对于专业哲学家来说难以接受的写作风格也同样如此。不必为一个人的见解提供论证,或者在更普遍的层面上,不必以学术惯例所要求的方式训导一个人书面上的自我展示,是一个人自身及其自传式的筹划更为放松的态度的延续,大致上也就像一种人格特征是另一种人格特征的延续一样①。

性格的连续性可能或多或少是紧凑的,正像一种人格也许由于这一或那一理由,依据其见解而放弃连贯性一样,它也同样可能在各种不同的程度上放弃叙述或性格的连贯性。在人格的传统中,更为惯常的立场是最大限度的投入,如同进入尼采的"永恒轮回"的原则一样:如此完全地投入你的生活的每一个细节,以至于你会乐意重温它,而没有多次的无限的改变。不过,值得指出的是,诺齐克并不是采取这种对立姿态的第一个人;最为显著的是,蒙田同样也限制了他对于自己所展现的人格的投入,而这也许正是,在《被审视的生活》的前面,诺齐克把蒙田的《论说集》置于"所陈述的东西是一个成年人所能够相信的极少的几本书"之中的原因之所在(EL,15)。

我前面曾经提出,人格必须是不可抗拒的,因为其承担着过多的任务;《被审视的生活》的主角,通过使其事业成为可控的,而回避了这一问题②。首先,诺齐克使自己疏离了至善论者,而至善论者——

> 给人留下这种印象,即他们愿意放弃他们的生命以避免对于他们最为高远的理想之**最为轻微的**偏离。我⋯⋯愿意选择放弃我的生命以避免沉陷于某种**最为低等的**层次——我当然希望我将

---

① 那并不意味着必要或充分条件方面的一种尝试。这一传统为以下两种性格提供了例子,其中一种宣称自己并无哲学观点,但当达到哲学观点时却过分投入(比如说,晚期的维特根斯坦),另一种利用论证并宣告信念的性格(诸如蒙田),但终究没有投入多少。
② 可能存在避免被击败的路径的其他方式。在一般情况下,通过自我沉迷而承担起的动机的负担,可能被集中注意力于某些外在关注点所取替。克尔凯郭尔对这一点的描述相当生动:当他写作的时候,他感到上帝正从背后注视着他(《视点》,第67页及下一页)。

会——或许也能够避免对于理想的某些相当大程度的偏离,但是,我想,我将不会仅仅为了避免对于最为高远的理想之最为轻微的偏离,而做这种事。(EL, 255 f)

其次,纵然展现给我们的某种人格与建构它的哲学家之间没有明显的差异,它也只是一本书的筹划,而不是整个一生或文学上的产出,而以下就是何以如此的原因。

可以通过两种方式来理解诺齐克所做的事情。第一种方式是,当一个人出于自己完全投入于其中的信念来建构某种人格的时候,改变一个人对于某事的心态,确实就是改变一个人的心态。但是诺齐克的较少易变的人格能够告别其原来的想法,转而拥有新的和有所差异的想法,而没有脱离其性格。人格对于它的作者所提出的要求比通常的要更不严格,而正是由于这个原因,作者不必感到他所建构的人格是不可抗拒的。看待其严格性之缺乏的第二种方式是,如同创构一种很容易把它抛在脑后的性格。很容易被抛在脑后的一种性格是不会强迫你的,而由于他人能够以正好相同的方式把它抛在脑后——通过在其进程中怀有不同的想法——它对于他人也将并非是不可抗拒的。我们所思考的在其构成中的松散性,并不仅仅是摆脱必须是不可抗拒的一种方式,它也是并非**成为**不可抗拒的一种方式。

第六节

因为诺齐克乐意持有的主张是如此之少,所以他不必被着迷的读者所监控,他不需要保持一种持续存在的心理应急状态。也就是说,他能做到并非不可抗拒,而这使他有可能回避我们所看到的困扰这一传统的问题。《被审视的生活》并不需要(或者并没有)迷恋者,而且它不需要被自恋的动机所驱使。从处于组织他们自己的哲学人格并使之发挥作用的进程中的那些人的角度来看,诺齐克的选择值得仔细关注。

不过,诺齐克的解决办法是有代价的,即那是并非不可抗拒的。而我自己并不想承担这种形式的哲学筹划(我更喜欢理论,非常感谢),我喜欢我的哲学,不管它是哪种形式,不可抗拒的也可以,或者如果你喜欢的话,"强制性的"也行。因而,我想通过思考是否存在一种方式,拥有一种不可抗拒的人格,但却不具有我们确认为这一问题的那一系列令人不快的特征,而完成这一探讨。由于我对于哲学家们企图把他们与其读者之间的关系色情化,也几乎没有耐心,因而我最愿意看到的被阐发的问题乃是,我们是否能够拥有一种性格,它是不可抗拒的,但却不会令人着迷。

哲学从其开端就通过区分逻辑的与仅仅是心理的说服,来反对修辞学,并来定位自身。这种明显的差异的一个方面是,失败的责任在于何处:假使我是一位修辞学家,而我的华而不实的语言未能说服我的听众,那么失败是属于我的;但是如果我是一个哲学家,我呈现了一个好的论证,而我未能说服我的听众,那么失败是属于他们的。转向着迷是一个错误,因为它大致接受了**心理上的**不可抗拒,而这里只有**逻辑上的**不可抗拒。放弃两种说服形式之间的区别,也就放弃了哲学本有的崇高的根基。所以,人格的传统所需要面对的论题就是,是否存在某种方式,通过这种方式一种人格能够是不可抗拒的,就像一个好的论证能够是不可抗拒的那种方式。

我以为,沿着这些路径已经曾有一些偶然的试验。比如说,克尔凯郭尔出于讥讽的目的而给《非科学的最终附言》安排了一个假名的作者;当你阅读的时候,你会嘲笑他是多么傻,但你应该猛然意识到**你就像他那个样子**;这种意识可能伴随着一种尴尬不安;而尴尬不安可能驱使你进入克尔凯郭尔所说的下一个"阶段"。这里的要点是,当达到这种意识的时候,如果你未能经验到这种尴尬不安,你就(可能)犯了一个**错误**:失败就将是属于你的。它类似于这种方式,当你未能从一个完备而又有效的论证得出结论的时候,失败就是属于你的。我不太确定,我关于克尔凯郭尔在人格方面的尝试的想法,是否仅仅在心理上是不可抗拒的;因而现在,让我转向我们面对的这一更为直接的实例。

《被审视的生活》中提及的,一种人格能够是不可抗拒的,而又不必是令人着迷的一种方式是:一种哲学的生活或许在"证明某种存在方式确实是可能的"方面获得了成功(EL,255)。比如,通过他的行为和风度,一个斯多葛主义者可能使它成为完全令人信服的——但不是通过论证——那个人能够说服自己只关心处于他的控制之下的那些事情,而这样度过的生活是值得推荐的。现在,如果我是对的,《被审视的生活》就能够被视作这种形式的一个证明:创构一种哲学人格,而不管对于它的作者还是它的读者,它都不是通过使人着迷而发挥作用,乃是可能的。而如果这是正确的,那么也许它呈现给我们的这一罗伯特·诺齐克,终究是一种不可抗拒的性格。

第十章
生活的意义①

大卫·施密茨

第一节 申 辩

我记得,当我还是一个孩子的时候,就想知道当 2000 年来到的时候,我将在哪里,我会成为一个**什么样的人**。我希望我能活到那个时候。我希望我的健康尚可。

我并没有猜到,我将拥有一份白领的工作,也没有猜到我将生活在美国。如果你曾经告诉我,在新的千禧年到来时我在做一次关于生活的

---

① 本文最先于 1999 年 12 月在波士顿大学的哲学与宗教学学院、后在位于北卡罗来纳州开普敦城的不列颠哥伦比亚特区的亚利桑那大学提交讨论。本文的一个讨论稿以《如果我将死去》为题,发表在波士顿大学的《哲学与宗教学研究》第 22 卷,勒罗伊·S·朗那编(South Bend, Ind.: University of Notre Dame Press, 2001)。感谢亚利桑那大学、博灵格林州立大学的社会哲学与政策研究中心、不列颠哥伦比亚大学的应用伦理学研究中心对我的研究的支持。对于丹尼尔·阿莫尼、朱莉亚·安纳斯、道里特·巴-昂、凯丽-安·比昂迪、帕尔梅拉·J·布雷特、大卫·查尔姆斯、丹·达尔斯特伦、彼得·丹尼尔森、瓦尔特·格兰诺、克里斯滕·赫斯勒、汤姆·希尔、基恩·莱勒、克里斯·马洛尼、威伊·诺曼、李·朗那、保罗·罗素、杰夫·塞夫-麦科德、霍利·史密斯、凯尔·斯万、特蕾莎·余关于这一论题的慷慨而又深思熟虑的反思,我也表示感谢。而我对伊丽莎白·薇露特的感谢,与其说是为了这篇文章,不如说是为了使我能够写作这篇文章的生活。

意义的公开演讲，我可能会哈哈大笑。但是，这就是生活，如其所是地逐渐展开，意味着它所意味的东西。在这里我满怀感激之情，只是有些惊讶。

我四十四岁。不算太老，但却已经够老了，我的朋友和家庭开始出现比婚礼更多次数的葬礼，老得足够去热爱如其所是的生活，老得足够明白生活的意义，尽管明白它不如我期望得那么好。

我是一个分析哲学家。分析哲学家被训练去发现论证中的不足。遗憾的是，这种训练并没有使我们对生活意义的问题的探究做好准备。罗伯特·诺齐克半开玩笑地指出，一个完美的论证将使读者除了同意结论，别无选择(PE, 4)。可是，当我们思考生活的意义之时，我们并不是尝试赢得一场辩论。在努力探寻这个问题的解答之中所获得的成功，更少地像是清楚地阐发和捍卫一个观点，而更多地像是成长①。或许这正是学者之所以在生活的意义的主题上不怎么动笔的原因，尽管它按理乃是哲学的核心主题②。与分析哲学家谈论生活的意义，会好似走进拳击场去寻找一个舞伴，恐怕是这样的。

闯入一个我们不能满足我们的通常标准的领域，或许不存在什么理由。似乎更为恰当的是，尊重哲学的标准的一种方式，乃是当其不适用时不要企图应用它们，从而拒绝让标准变成一件紧身衣——理智严格性的夸张描述。所以，在这里我并不寻求某种论证的封闭性，即我们通常在分析哲学中视为成功之特征的东西。本章仅仅是走向反思的一个邀请。通过反思过一种生活是怎么样的，我试着更加贴近生活意义的某些真实的(即便表达得不够清楚)含义。

---

① 用罗伯特·诺齐克的话来说，就是"给予我们需要解答的问题或者需要阐释的悖论，相当繁复的尖锐的问题，一种在其自身中运动或者修正的复杂的理智结构，我们便能够鲜明地构造一种理论。……然而，对生活的思考更像是反复体会它，而更为完整地理解这一点，并非让人感觉像是跑过了终点线而又设法抓住接力棒，而感觉像是进一步地成长"。参见诺齐克：《被审视的生活：哲学沉思》(New York: Simon and Schuster, 1989)，第12页。
② 关于这是一个多么令人望而生畏的论题，一个较为模糊的标示就是，在1999年9月的只读光盘的**哲学家索引**中，在"生活的意义"这一题目之下，从1940年以来，仅仅列出了102条记录。而与此相比，在"正义"的题目之下，这一索引却列出了3339部著作。

第二节　哲人对于意义的限度所知为何

在《哲学解释》中,诺齐克说,生活的意义对于我们是如此的重要,而又使我们感到如此的脆弱,以至于——

> 我们用有关探寻生活的意义或者目的的玩笑掩饰我们的脆弱:一个人为了去喜马拉雅山寻求一位在偏僻的岩洞中沉思的印度哲人的圣言而奔走数日。旅途虽劳累,但他却热切地期待着他已接近实现的愿望,他问哲人:"生活的意义是什么?"在一个长长的停顿之后,哲人睁开他的眼睛说:"生活是一眼源泉。""你说生活是一眼源泉,这是什么意思?"提问者大声叫喊道,"我刚刚奔走了几千英里来倾听你的圣言,而你要告诉我的就是那一句话吗?真是太荒谬了"。于是哲人从岩洞里抬起头来看着他,并说道:"你的意思是,它不是一眼源泉吗?"在这个故事的另一个版本中,他回答说:"那么,它不是一眼源泉。"(PE,571)

哲人没有感到任何驱使寻求者前往那个岩洞的焦虑。这样的话,是谁错失了什么:哲人还是寻求者?这个故事暗示了两种态度之间的比较。我称之为存在主义的态度和禅宗的态度,用意仅在于表示这些名称在传统中所唤起的东西。存在主义的态度是,生活的意义或者其中意义的缺失,是非常重要的。我们寻求意义。如果我们没有获得它,那么我们就在斯多葛主义与绝望之间进行选择。禅宗的态度是,意义并不是要去寻求某种东西。意义向我们或不向我们呈现自身。如果它呈现出来了,我们接受它。如果没有,我们也接受。在某种程度上,我们选择我们需要多少意义。或许通过认识到不需要意义,哲人达到了平静。或许那正是我们要向哲人看似毫无意义的"生活是一眼源泉"的评论中学习的东西。

第十章 生活的意义

存在主义的洞见是,在某种程度上,意义乃是我们赋予生活的,而不是我们拼命去寻找的。禅宗的洞见是,在某种程度上,为意义感到烦恼本身,可能使生活比它可能的那样更少地具有意义。禅宗的态度之优点部分地在于,让人学会不必忙忙碌碌,让人知晓在简单的精神状态之中,存在着乐趣、意义和平静,而不需要改变或者被改变①。让每一个瞬间意味着它所意味的。

诺齐克用另一个故事对这一部分进行了总结。

> 一个人去印度,向住在岩洞中的哲人请教生活的意义。哲人用三句话告诉了他,这个人对他表示感谢,然后离开了。这个故事还有几个版本:在第一个版本中,这个人从此有意义地生活着;在第二个版本中,他把这三句话公开了,以至于每一个人由此都知道了生活的意义;在第三个版本中,他把这三句话写进了摇滚乐之中,他发了财,并且使每一个人都能够哼唱生活的意义;在第四个版本中,当他从拜会哲人的地方乘飞机离去时,他乘坐的飞机坠毁了;在第五种版本中,听我讲述这个故事的一个人急切地问我,哲人说的是哪几句话;而在第六种版本中,我告诉了他。(PE, 573-574)

这是一个笑话吗?我们该如何想象接下来要发生的事情?作为虚构角色的诺齐克要说什么?作为作者的诺齐克从来没有告诉我们,除非我们阅读这本书的最后七十页,即当诺齐克尽力想象我们可能从哲人的三句话之中提取出什么东西的时候。这个故事引领我们去期待某种形式的笑话,但是它将不会是一个笑话,如果一个受过分析哲学训练的哲人要说的是②:

"你的模棱两可是一种形式的自我陷溺。弄清楚你的真正问题;那

---

① 关于沉思的实践,我所了解的东西,有很多是从玛维·贝尔泽那里学到的。我感谢他让我分享他的经验和洞见。
② 我感谢威伊·诺曼和道里特·巴昂引导我写下这一段谈话。

么你将拥有解答的起点。'生活'一词的模棱两可是一个问题。如果你追问所有'生活'的意义,那么你的问题就像追问所有词语的(单个的)意义。不存在这样的东西。正是特定的语词和特定的生活具有或者能够具有的意义。

"如果你寻求某种特定的生活(比如说,你的生活)的意义,那么我不会告诉你,生活是一眼源泉。取而代之的是,我将邀请你来反思,过你的生活像是什么样子,并且反思由此继续过这样的生活将会是什么样子的。你或许会得出结论,意义来自与你的家庭共度时光,而不是花时间在办公室工作①。(在他们临终的床榻上,人们经常怀着这样的愿望,他们要是在办公室里花的时间少一些就好了;他们从来不希望他们在办公室里花更多的时间。)或者,你可能得出结论,当你返回你的平淡乏味的生活,你将发现意义,因为你在那里创造了它——不但由于你所选择的,而且由于你怎样对待所选择的东西——而没有什么生活方式确保,你将成功地从事这样的创造。

"如同'生活'的模棱两可,'意义'的模棱两可也是一个问题。追问生活的意义,经常等同于追问生活的价值。但并不总是这样。类比地看,如果我们说的是一幅抽象派绘画,那么它的意义与它的价值可能是不同的(尽管可能是有联系的)主题。或者,当你问及生活的意义的时候,你的问题可能更少地关于什么使生活令人愉快,而更多地关于什么使生活意味深长,即生活的目的是什么。你甚至可能感到一种需要,由某些外在的服务机构把这样的目的赋予你。如果是这样的话,那你也许应该重新考虑一下,一个工厂化的农场之中的一头牛的生活便具有那种目的。一种外在地被给予的目的,对于你看似想要的那种意义而言,既不是必要的,也不是充分的②。你真正想要的,不但是你能够当

---

① 诺齐克(PE,572)想知道,这是否就是我们所认为的寻求者期望听到的东西。
② 如果艾丽斯·默多克是对的,"在生活之中实际上存在着许多模式和目的,但是却不存在什么普遍的和哲学家与神学家以往常常寻求的那种如同得到外在地保证的模式或目的。我们是我们看来所是的样子,即服从于必然和偶然的终有一死的无常造物"。参见《善之主宰地位》(New York: Routledge & Kegan Paul, 1970),第79页。

作你自己的而欣然接受的一种目的,而且严格说来是独立于你欣然接受它的事实的一种公认的真实目的。

"仅仅知晓你的生活服务于某种外在的目的,你不会感到心满意足,因而你有关生活目的之问题的解答就变成了:你想要什么样的目的?如果你想要你的生活具有某种特定的目的,那么思考一下,你是否能够以服务于那种目的的一种方式生活。如果你能够,而且如果你那样做了,那么你的生活的有意的目的,将是你的生活实际上服务的目的(或者至少是诸多目的之一)。当然,有意的目的与实际上所服务的目的是有所不同的东西。生活之所以有趣部分的原因便是使两者保持一致的持续存在的挑战。

"最后,如果你真的还是想要知道生活的意义,想要寻求怎样度过你的余生的建议,以使它尽可能地富于意义,那么答案就是,确认你最为基础性的价值,并用你的一生追随(尊重、增进等)那些价值来生活。没有解开如何去做那一切的这一简单之谜的钥匙。不存在什么诀窍。不存在什么保证。它乃是辛勤劳作。"

人们对哲人的期待乃是洞察事理,而不是神的启示。哲人知道如何明智地生活。而这与知道明智地生活的诀窍不是一回事。当我们追问生活的意义之时,我们所寻求的满足不可能以短歌的形式传递给我们。

我已经到了中年危机的年龄,一个许多人开始感到被一种生活方式所困的年龄,即其生活方式危及浪费他们的余生的年龄。尽管我没有危机的感觉,我还是需要做出某种调整,因为青春期的奋斗已经结束,它被另外的事情所替代。当我十五岁的时候,我之所以奋斗是想明白我能够用我的生命活力干什么,让我在三十年之后感到自豪。今天,由于这样或那样的缘故,奋斗已经不再关涉未来。有时,世界好像已经静止了,仿佛时光在缓慢地流动,而现在关键的问题已经不再是证明我自己并在世界中赢得我的地位,而是理解我已经赢得的位置,敬重它所具有的意义,并且仅仅是活着。

我已经不再与追寻者有共鸣,而且如果我说我现在与哲人有了共鸣,那会是滑稽可笑的。然而,这里我却同意就这个话题进行演讲。因而,我需要思考某些事情,虽然知道如果我非常努力地企图找到答案,那我会像是一个真正的哲人。我愿意更少地像一个哲人,而更多地像是非常努力以至于看起来像哲人的一个人。

第三节 限 度

有限的意义是存在的。某些生活比另一些生活意味着更多的东西,但是最富于意义的生活被限定在它们的意义之中。想一下生活的意义可能被限定的几种方式。首先,意义不必是持久的。一种生活可能具有某种意义,它确实重要,但却并非永远都是重要的。或者我们可以说,一段特殊的人生经历——如高中的微积分课程获得最优等级——确实具有意义,但是这种意义却并非是持久的[1]。我们可以更为准确地说:"在那个时候它意义重大。"为什么这样说还不够呢?**什么时候这样说是不够的?**

其次,意义是变化的。即使意义持续一生,它也不是连续不断的。尽管人生可能是短暂的,但对于它的意义的逐渐变化而言,它持续得已足够长久。寻求不变的意义,我怀疑,就是寻求某种东西,而它充其量是纯粹形式的,就最坏的情况来说则是一个海市蜃楼。

第三,意义不需要是深层的。如同某些人对该词的使用一样,一种意义是深层的,当它没有留下任何未曾回答的问题,没有留下任何未曾满足的渴望的时候。(我们被诱导去嘲笑类似于"深层的"这样的观念。有时,自鸣得意是一种伪装,是应付陌生的概念和情感领域的一种方

---

[1] 在我写下这段话的几个月之后,我突然明白了那段插曲对我来说究竟意味着什么。我并不想让大家将此解读为自传性质的,但又想此例中最好不要有虚构的成分。我正是这样结识我的妻子的。当时,每个人都认为伊丽莎白会获得最高分,因而对于我青春期的心灵而言,获得最高分乃是我吸引她的注意的最好机会。这个想法挺傻的,但它让我鼓足勇气约她出来。

式。我的本意并不是嘲讽。)如果那就是人们所渴望的东西,当他们渴望深层的意义的时候,那么他们应该干什么呢?通过克服它们,而不是尽力去满足它们,某些渴望将被最好地予以驾驭,而这或许是一个例证。我不知道。

或者,如果深层的意义是可能的,那么或许生命本身就不是能够拥有的某种东西。生命是宇宙中的偶然事件。在这一点上它并不指向一个目的。它仅仅在这里,而这是它所拥有的一切。一种深层的值得过的生活只是一系列通常值得过的——有时是深层地值得过的——一段人生经历。生活中存在意义,我们或许会说,不过生活本身仅仅是一个时间的限量。它的意义在于怎样度过它。我们或许渴望我们的人生更长一些,但是意义在于我们如何度过它,而不是我们的一生有多长。

第四,也就是最后一点,生活是短暂的。如果它持续地更长一些,它将更有意义吗?完全可能。相反,如果生活确实缺乏意义,使它变得更长将没有什么好处。诺齐克问道:"如果生活得以永久地持续,那么就不存在关于生活意义的问题了吗?"(PE,579)依然会存在一个问题,正如理查德·泰勒(Richard Taylor)在其对西西弗斯神话的重述中所表明的那样[1]。西西弗斯被神明判罚永远活着,但却天天推着同一块巨石到达同一个山顶,又看着它再次滚落到山脚。这种生活是典型的没有意义的生活,而永生并不会更有意义。

当然,与西西弗斯不同,我们是终有一死的。在我们死后,通过儿女的传承,我们获得了一种形式的不朽,不过泰勒说,这只不过使事情变得更糟。生活依然"与西西弗斯的爬到山顶的生活相似,而这样的每一天就是他行程中的一步;区别乃是,西西弗斯本人会回来再次把巨石推向山顶,而我们则将此留给我们的儿女"[2]。生儿育女像其他任何事情一样是没有意义的,如果我们完成的一切乃是把同样枯燥乏味的奋

---

[1] 理查德·泰勒:《生活的意义》,载 E·D·克里莫克编辑的《生活的意义》,第二版(New York: Oxford University Press, 1999),第 167—175 页。
[2] 泰勒,第 172 页。

斗——西西弗斯的巨石——世代传递下去的话。

最终,我们所具有的任何影响都是短暂的。"我们的成就通常就像肥皂泡一样好景不长,即使它们常常是美好的;而且那些的确持久的东西,像被风沙吹蚀的金字塔一样,不久就变成了纯粹的文物,而在它们的四周,后来的人们继续无休无止地搬动着巨石。"①我们是否的确具有一种持久的影响?如果有的话,那是什么呢?正如伍迪·艾伦所说的俏皮话,他想要的不是具有持久的影响这种意义上的不朽,而毋宁是不死意义上的不朽。

所以,死亡和死亡的前景能够限定生活所意味的东西的多少。然而,限定生活的意义距离使它变得完全地无意义,尚有很长的一段路要走。正如库特·拜尔(Kurt Baier)所注意到的,"假如生活终究是值得过的,那么它就能够是这样的,即便它是短暂的。……而我们不得不离开这个美好的世界,或许令人伤感,但仅当并且因为它是美好的,这才是令人伤感的。它并不由于走向终结而更不美好"②。此外,假如正在逼近的死亡以使生活变得更少意义的方式而能够影响我们,那么它也能够以使生活变得更有意义的方式而影响我们,至少在一个按日计算的基础上,因为,假如我们正在走向死亡,那么时间将变得珍贵③。那些知道自己得了不治之症的人们,常常似乎活得更有意义。尽管正在走向死亡,不知怎地他们却更有生气。他们珍惜每一个早晨,并且强烈地意识到每一天的流逝。他们把绝望看作一种自我放纵的浪费,而他们没有可以去浪费的时间。

我不知道,为什么我们不都是这样。我推想,当医生真实地告知病人他们对病情的预断的时候,某些事情发生了变化。我们每天的

---

① 泰勒,第 172 页。
② 库特·拜尔:《生活的意义》,载斯蒂芬·桑德斯、大卫·切尼主编《生活的意义》(Englewood Cliffs, N. J.: Prentice Hall, 1980),第 47—63 页,这里的引文出自第 61 页。
③ 诺齐克(PE, 579)触及了这一主题,并把这一观念归功于维克特·弗兰科。尽管诺齐克小心地反对过分强调这一观点,但却在更为普遍的层面上反对过分努力以"消解死亡的事实"(PE, 580)。

日程安排,是真正重要的事情与仅仅紧迫的事情之间的一场持续的战争之结果,而后者通常获胜。甚至基本的自我保护在日常的模糊记忆中常常都丧失了。在我的兄弟被诊断为肺癌之前,他还心存幻想,世界会给予公平的警示:确诊的那一天是这样的,医生在 X 光检查中发现一个小肿块,而吉姆在这一天将不得不戒烟,否则那个肿块将发展为致命的癌症。吉姆的确在那一天戒烟了,然而那个肿块却并不是一个警示。

评论者把泰勒的文章视为关于生活意义的一个绝望的和不可更改的哲学忠告,但在接近文章结尾的地方,泰勒提出了一个令人愉快的对比,而这似乎未曾引起人们的注意。泰勒说,人们的生活的确类似于西西弗斯的生活,然而,"他们日复一日弓背弯腰所做的事,实现了他们一个又一个短暂的计划,这些事恰好就是他们的意志强烈投入的事,恰好就是他们的兴趣所在,而且当时不存在提出问题的需要。现在也不再需要提出问题——时光本身乃是充实的,而生活就是这样"①。

或许这里存在着一种接近于我们可达到的对生活意义之本质的具体说明的想法。在不止一种意义上,甚至短暂的生活也是有意义的,然而在与我们最密切相关的意义上谈论生活的意义,就是让人们的意志充分地投入活动之中,正是这些活动构成了他们的生活②。

泰勒注意到,"在一条乡间的道路上,人们有时会发现一座房屋毁坏的和曾经广阔的建筑物,都成了一片废墟,散落在杂草之中。好奇的眼光能够利用想象力,从遗留下来的东西重建一种曾经温暖的、有活力

---

① 泰勒,第 174 页。
② 我们参与生活的一种方式是,将其容纳在一个更为宏大的设计之中。但是,存在主义的态度和禅宗的态度都预先设定,生活的意义不可能只是源自它如何被容纳在一个更为宏大的计划之中。存在主义的态度是,这种计划必须是我们自己设想出来的,而且必须是我们在其中扮演着主动的角色的一种计划。禅宗的态度则是不需要什么计划。禅宗的态度蕴含着这种想法,即不存在什么宏大的、具有或者需要具有某种特殊的意义的深层自我。在《苏格拉底的困惑》一书最后的那篇论文中,诺齐克想弄明白,凭借赋予他的造物之生活以意义的重大创世计划(因为没有什么更为重大的目的?),上帝的存在是否能够赢得意义。

的生活,充满了意义……废墟中的每一个小的碎片,都将让人联想起那并非很久以前发生过的完全真实的事件、小孩的声音、曾制订的计划和刚开始从事的事业"①。

那些家庭到哪儿去了?他们日复一日辛勤营造的生活,回想起来,看起来就仅仅像肥皂泡一样。但是,如同泰勒接下来所说的,将不存在这样的"拯救,对于每一年来回穿越全球的鸟儿来说,即拥有一个为它们建造的家,置身于具有充足的食物和保护的笼子中,以致它们不必再次迁徙。那将是对它们的惩罚,因为那是别人为它们所安排的,而不是它们希望赢得的东西。飞越这些辽远的距离,从不终止,正是以它们的方式所做的事情……"②人类生活的特性同样如此,即去做以我们的方式来做的事情,知晓我们拥有迁徙的鸟儿并不具有的选择。人类的特殊荣耀恰好就是我们拥有选择。而这种特殊的悲哀就在于知晓,不管我们的选择多么正确,都存在一种对它的限制,不管我们选择的正确性多么重要,还是存在一种对它的限制。

第四节 意义的沉思

清单有其不适当之处。清单是无趣的。它们不能使我们停顿下来,进行思考。它们不能阐明潜在的结构。因此,本节将不无疑虑地列举一些常常与过一种富有意义的生活相关的事情。在我看来,所有富有意义的生活不必具有某种共享的特征。考虑到这一术语的模棱两可,也许不存在作为意义的特有本质这样的东西。不同的生活表现出不同的特征,而且我所讨论的特征不必是相互兼容的。即使在某种意义上相互对立的特征,也可能一起赋予某种生活以意义,因为生活不是某种逻辑上的崭新之物。举一个简单的例子来说,某些东西对我的意

---

① 泰勒,第172页。
② 泰勒,第174页。

第十章 生活的意义

义,一定程度上是由于我为它们所支付的价钱。其他东西的意义,一定程度上是由于它们是礼物。

不过,我将谈及的第一种特征,看来的确与本质有关,即以这样或那样的方式过有意义的生活,会产生某种影响。最为关键的是,绝望的忠告通常是基于这样一种观察,即我们的生活不具有在宇宙中的重要性。而这正是一种根本性错误的开端。问题不是我们是否能够确认,你的生活对于某种东西(如宇宙)不具有明显的重大影响。问题乃是,是否存在你的生活对于它的确具有明显的重大影响的某种别的东西(如你的家庭)。绝望的忠告通常基于发现某些活动场所的决心,而在这些活动场所之中,什么也没有发生,再由此归纳出这一结论,即在任何地方都没有发生什么事情。这一根本性的错误,在关于人生意义之文献的更为悲观的贡献中,看来是十分普遍的。

你的生活能够具有但却并未具有的难以数计的重大影响是存在的,而且关于这一点也没有什么耐人寻味之处。也大可不必明确规定,你需要具有哪种特殊的重大影响,以便过一种富有意义的生活,当其他种类的重大影响本身值得拥有的时候。如果你诚实地渴望发现意义,就不要在意在那些没有影响之处。留意那些有影响的地方吧。当生活具有一种意义的时候,它将像生活本身一样的重大,但不可能比生活本身更为重大。它将不会是广大无边的事情①。

诺齐克说:"在某种意义上,一种有特殊意义的生活是永恒的;它对于世界产生了一种永恒的与众不同之处——它留下印迹。"(PE,582)我想知道为什么。为什么我们留下的印迹必须是永恒的?你会留意到哲学家,至少是具有创造性的哲学家对于留下印迹的那种渴望。那种渴望很可能是一件好事。它使人们富有创造性,而在创造中,他们留下

---

① 诚然,我们能够想象:从这里射向太空的光有一天将被遥远星系中的文明之超级望远镜所捕获,并且(通过我们现在并不知晓的某种物理学)将适应于在非常精细的层面重构地球上的生活图景,这样一来,在本章随后的讨论中,追问最恰当问题的那个人,在一个或更多这样的星系之中,有一天将被尊崇为神。而这将赋予那个人的生活以广大无边的重大意义,但是这样的广大无边的意义在这里是没有什么结果的。

印迹。但是在我看来,这种渴望是永不满足的。即使再多的关注也是不够的。我们都知道那种人——我们中的许多人**就是**那种人——由于我们的名望不能与诺齐克的名望相匹敌而变得沮丧。而获得那种声望的极少数人,接下来又面对伯兰特·罗素而感到沮丧。因而,正如留下印迹的渴望无疑具有好的一面一样,它也具有不好的一面。尽管那种渴望为我们留下有价值的印迹之努力提供动力,但它也致使我们忽视我们实际上留下的(并非永恒的)印迹之价值。

以下是意义可能具有的某些其他特征。请仍然把这些看作相互独立的思考。正如我曾经写到的那样,我不得不做出选择,而简单地表达这一想法看来是更为重要的,即不要让它被为了使不同的思想整齐划一地联结起来的首要目标所扭曲。

一、意义是象征性的。泰勒回想起他在新西兰看到发光虫的经历。有一些岩洞"的岩壁和顶部被柔和的光线所覆盖。当一个人在这些岩洞的宁静中好奇地凝视之时,好像造物主在那里小规模地复制了天堂本身,直到一个人几乎忘记了岩壁是封闭的。然而,当一个人更靠近地打量之时,他便明白了这一景象。每一个光点原来都是一只丑陋的蠕虫,它们用发光的尾部来吸引周围的黑暗之中的昆虫"①。这种蠕虫是食肉的,甚至是同类相食的。对于泰勒来说,它成为无意义的典范。

当我读到这一段落时,突然有了兴致,因为巧的是,我和我的妻子曾经去过新西兰的发光虫洞穴。我记得我们的经历是这样的。我们早晨四点钟起床,以便日出之前能够赶到那里。我们及时赶到了那里,而且那里只有我们两个人。峭壁像马蹄形一样围绕着我们,岩壁几乎触及头顶,就像置身岩洞之中。我们知道我们正在看着的是什么,但是它们依然很美——许许多多发光的蓝色斑点围绕着我们,鲜活生动!当然,我们并没有在这一最简单的现象之中发现什么意义。那并不是意义发挥作用的方式。意义乃是这种现象对于一个观光者所象征的东

---

① 泰勒,第170页。

西。伊丽莎白和我在那里一起庆祝我们的生活,而这种目的给予这件事情以意义。我们能够在新西兰,我们能够在黎明之前早早就起床一起去观看某种景致,某种与我们之前曾经看到过的景致颇为不同的别的景致,而且我们能够在一起置身于这一洞穴之中,就只有我们俩,平静地沉浸在爱之中,分享着这一发光的蓝色生命的无声奇景,我们一起看到这一奇观的这种想法再一次地给我们留下了深刻的印象——这就是意义。没有人需要发光虫内在地具有意义(不比一张纸上的墨迹更为需要内在的意义,以便它对于读者是具有意义的)。没有人需要发光虫的生活对于发光虫是具有意义的,甚至发光虫本身也不需要这样。那从来就不是关键所在。关键的是,对于它们、对于它们的栖息地和对于我们与它们一起分享它的短暂机会,我们可以赋予其意义。

或许你必须到过那里,或者至少曾经有过相似的经历才能理解这一点。那也是意义。意义不是某一可以度量的量。存在有关它的视角、语境和象征。(意义怎么能够是另外的东西呢?)泰勒和我能够站在同一个地方,观看同一种现象,而这一经历对我可能是富有意义的,对他则没有意义。这就是它发挥作用的方式。假使是我一个人,而不是与伊丽莎白一起去那里,我可能会看到同样的东西,但它对于我所意味的会是如此之少。这一经历所意味的东西,一定程度上是由于我与她一起享有这一经历。那一天是充实的,一定程度上是由于它是一种充实生活之象征性的缩影,但是没有她,不管是那一天还是生活都不会是充实的。

二、作为选择的意义。 生活的意义依据我们怎样生活而定。正如生活选择了这一方向而不是那一方向,它的意义也是这样。生活具有充分的意义吗? 对于什么而言是充分的? 事实上,没有什么能决定一种生活所具有的意义是否充分。我们来做决定。努力奋斗以使生活有意味,就像生活最终能够意味的那么多,这种努力是否值得呢? 我们来做决定。在那里所获得的东西是否值得? 我们来做决定。我们责无旁贷地决定如何来度量我们生活的意义。

人是什么? 与其他事物相比,人是选择是否把他们的经历视为有意义的存在者。在引申的意义上——我的确将它视为一种引申意义——个人可以选择是否把他们的**生活**视为有意义的。不太激动人心的推论是，人们也有能力把他们的生活和他人的生活视为无意义的。我们可以选择是否运用这种能力。可是，如果我们确实运用它，我们能够想象人们会告诉我们，我们犯了一个错误。如果生活是无意义的，那么为了它的无意义而不安也是无意义的。我们还是可以享受生活。

一个不可救药的悲观主义者可能会说，这样的说法错过了关键之处，因为享受那种无意义的生活是不可能的。但是，一个乐观主义的禅宗信徒能够恰当地做出回应：那并不十分准确。更为接近真理的是：我们无法享受我们**坚持视为**无意义的生活。使生活富有意义的部分方法是，我们能够以有意义的方式来对待它。如果一切顺利，我们能够并且乐意进行存在主义的飞跃。（或者我们只是让它成为有意义的，而这就是禅宗的飞跃的一种形式。）

歌手麦伦凯姆(John Cougar Mellencamp)有一次把一张唱片定名为《没有什么事是要紧的，如果的确如此该怎么办？》。这个标题很好笑，而它的有趣正在于它是好笑的。你看到了这个悖论。而一个足够沮丧的人则看不到这一点。由于承认某些事情是要紧的，一个不可救药的悲观主义者就是不能欣赏这种悖论的人，他接下来会说："那又怎么样？"

三、**意义追随着关系**。一般情况下，意义不是唯我论的。通常，当我们的生活对于我们周围的人们意味着某种东西时，我们的生活对于我们也意味着某种东西。通过对于其他人成为内在地有价值的，我们的生活对于我们也成为内在地有价值的。

通过对于其他人成为**工具意义上**有价值的，我们的生活也对于我们成为内在地有价值的。几年前，我和成千上万的人一道，致力于从汹涌的洪水中保全位于堪萨斯州的一个小的社群，当我们用沙袋筑堤把它围起来的时候，我们失败了。而当我们知道我们的努力将不具有工具的价值之时，我们接下来所做的努力就已经没有意义了。但是，只要我们认为我们可能成功，基于其可期待的工具价值，这种努力就具有某种内在的价值。由于我们致力于完成的事情,这种努力意味着某种东西,或表明了一种立场。

意义追随着表达立场的想法使我们想到,我们或许能够把生活意义的有些隐喻意味的观念与某种更具实际意味的意义联系起来。通常情况下,当我们谈论语词的意义之时,我们就是谈论在交流活动中,它们是如何发挥作用的①。或许,生活的意义类似地与它所传达的东西、人们从中读出的主题联系在一起。如果是这样的话,那么看起来值得指出的是,并非所有的交流都是有意的。即使不存在我们有意地让我们的生活去象征的东西,或者说不存在我们有意地让我们的生活去表明的立场,它依然可以对其他人意味着某种东西,表达着某种东西,不管我们是否了解这一点。

从我们的关系中显现的意义,经常就像交换礼物一样。如果我的生活对于我周围的人们意味着某种东西,那么不用说,它就意味着某种东西。可是,如果他们的生活没有什么意义,那又怎么样呢?难道在他们的生活能够有力量赋予我们的生活以意义之前,他们的生活就不需要具有意义吗?如果是这样的话,那么我们不就看到了一种无穷后退吗?

不。一点也不。我们不必从比我们自身范围更大的事情上获得语词的意义。我们也不必为了我们生活中的意义而关注更大的事情。在一定程度上,我们从相互的交流中获得它,正如我们理解语词的意义一样。意义能够成为我们相互交换的礼物②。或者,以一种恰当地对待礼物的方式,它或许成为生活的一种结果。(没有人能够简单地给予我们一种值得拥有的意义;这必须由我们来获取。)无论如何,我们不需要在某些外在的来源中寻求意义。即使仅仅由于我们相互所意味的东

---

① 并非所有的意义都是能够言说的。(我不会去尝试确定这是否是意义或言说的一个限制。)而哲学论证仅仅是话语在其中传递意义的一种工具。比如说,诗不会清楚说明生活意义的含义,不过诗的功能是唤起情感,而不是清楚的说明。诗给予我们对于生活意义的一种感触,而不是对于它的一种描述。
② 我们需要对于生活意义的一种共同理解吗?我以为不需要。对于一份特殊礼物的意义,赋予者与接受者经常具有颇为不同的理解。这可能导致或者也可能不会导致一个问题。

西,我们的生活才具有意义,那依然是某种意义。

四、意义追随着行动。诺齐克的《无政府、国家和乌托邦》中描述的体验机,让我们把我们的大脑与一个编程计算机链接起来,以使我们以为,我们正过着我们所选择的最好的生活。我们以为我们正在过着的生活,乃是一种计算机刺激所产生的梦境,但我们并不知道这一点(ASU,42-45)。对于我们来说,将会成为最好的可能生活之构成部分的任何事情(比如说,所得与所失的最佳结合,困境被高奏凯歌地克服,关于生活意义的讲演等事情),事实上将是我们感觉到的体验的构成部分。"你会进入体验机吗?除了我们的生活如何从内部来感觉的问题之外,还有什么其他要紧的事呢?"(ASU,43)

不过,绝大多数人会说,他们并不会进入体验机,即便依据猜想,他们感觉到的体验将足够好。这种教训看来就是,就感觉到的体验而言,当我们拥有了所有我们想要的东西的时候,我们也许并未拥有我们想要的一切。有某种事情错失了,而把错失的事情描述为生活的意义,看来是恰当的。意义错失了,因为行动错失了。正如诺齐克所表明的,"我们想做某些事情,而并非仅仅是想要拥有做这些事情的体验"(ASU,43)。诺齐克说,我们也想成为某种类型的人,而"长期处于容器里的人是什么样的,这个问题不会有任何答案。他是勇敢的、和善的、理智的、聪明的、充满爱的吗?这些问题难以回答,而且他根本就没有办法成为什么"(ASU,43)。

关于机器中的生活,一个更进一步的想法是:体验机给我们提供的是体验,而不是有关这些体验意味着什么的判断。假如你进入体验机,你会判断生活的意义吗?这将依然由你自己决定。这里提出了一个问题:为了对生活的意义没有疑虑,你需要拥有什么样的体验?最好的可能的生活会留给你时间来思考吗?如果是这样的话,那么依据这一重要的事实,它也会留下疑虑的空间。因此,在主观的体验与客观的意义之间,存在一个明显的鸿沟,在主观的体验与体验具有意义的主观判断之间,也存在一个更为微妙的鸿沟。进入机器产生了前一种形式的鸿沟;不太明显的是,它也不能弥合后一种形式的鸿沟。

意义也许还追随着与行动相关的某种事情,即与某种外部的实在有联系。几年前,我妹妹到图森来看望我,我带她去了图森城外的索诺拉荒漠博物馆。在博物馆里有一个洞穴。当我们向下走进这个洞穴时,我妹妹对于它是如此之美大为惊叹。不过,几分钟之后,当她的眼睛适应了洞穴里的黑暗,她走得更近并且伸手触摸洞壁。"这不是真的。这仅仅是混凝土板。"她泄气地说。

为什么她感到失望呢?因为她以为这个洞穴是一个自然形成的神奇的"他物",而实际上它是一个体验机。如果我们所经验的是有意地产生某种体验的一种人造物,而不是某个独立的自然奇观,则不知怎么地,这种体验就贬值了,至少在某些情景中是这样。或许体验机的问题不仅在于它所提供的体验不过是一种梦境,而且在于这种梦境还是存心编织的东西。

要是你去动物园,你或许会看到,小山羊们不理会老虎和斑马,但却围着它们旁边一条小路上跑过的囊地鼠激动地尖叫着。小山羊们知道:囊地鼠是真的,而在某种程度上动物园里的动物却不是真实的。由于这样或那样的原因,在野生状态中存在更多的意义、更多的实在性——其中的体验不是被编织的,尤其不是由他人编织的。

与之相伴的问题是:第一,假使我们要进入体验机,那么在我们的真实生活的本性和意义方面,我们就被欺骗了。随着我们幻想的生活**将会**意味的东西,我们将拥有主观的感觉,要是它是真实的话。这就是我们想要的东西吗?当人们说他们不会进入体验机的时候,我们也许对他们所说的话的表面意义心存疑虑,因为在这里缺少进入体验机的选择,我们**需要**说,主观的感觉并不是我们所追寻的东西。为什么这么说?因为,如果我们并不确信,我们的客观目标是真正要紧的东西,那么当我们实现它们时,为什么会拥有某些深刻的成就感?如果我们允许自己勉强承认,主观感觉是要紧的东西,那么我们就减弱了主观感觉的真正来源。

第二,我们也许凭直觉就能看到,让体验机切断我们与实在之间的关联存在某些错误。不过,正如诺齐克在后来的一本书中所注意到的那样,与实在相联系的最佳程度不需要是百分之百的(EL,121)。对于一个有时想象自己在听音乐会的集中营的囚徒来说,在这种环境里,他做的是适当的事。非常明显,进入体验机去旅行的简单事实不是问题所在。当我们不能返回的时候,问题就出现了。得知一个朋友每天看半小时的电视,我们不会感到忧虑,但是得知他一天看五个小时的电视,我们便感到出现了某些糟糕的事情。

第五节 作为个人感触的意义

诺齐克发现,"如此之多的人们,包括知识分子和高校教研人员,在他们自己的无关紧要的东西或者他们的重要目标得以展露的领域,而不是在实际上妨碍他们的工作被展现的领域,何以投入大量的精力去工作,是一件让人困惑之事。如果他们去世了,他们的孩子长大以后审视他们的工作,将永远不会知道他们为什么做这样的事情,将永远不会知道做这样的事情的是**什么样的人**"(PE,578)。

生活是房屋,而意义就是你为了使它成为家所做的事情。赋予生活以意义就像室内装潢,很容易做过头,以致墙壁变得过于"令人眼花缭乱"。但是,如果我们的墙壁是空白的,解决办法并不是花费我们的时光,并以斯多葛主义的方式注视着空白的墙壁,或者哲学地思考它们的意义或其中意义的缺失,而是贴上几张照片,让墙壁映现我们所做的事情或者我们的关切,或者让它们映现我们关于什么是美的或值得铭记的事物的判断。我们不必害怕空白的墙壁,我们不必在它们的空白上自我欺骗。我们不必凝视,我们已经用图片填满的墙壁"底层的基础性的"空白。我们这样做并不表明我们是深刻的。我们固执地忽视墙壁**并非空白**的事实。我们未能认真地对待我们的图片,而这在隐喻的意义上表明,我们未能认真地对待我们在生活中的所作所为。我们说,如果装点它的行为(图片)是不真实的,那么这种生活(墙壁)的意义将会是什么呢?但它们是真实的。

我们并不善于解答这样的问题。或者也许,对于它们是什么,我们并不擅长接受答案。我们做我们所做的。它意味它所意味的。托马斯·内格尔(Thomas Nagel)说:"辩护走到了终点,当我们满足于把它们当做终点的时候。……看来赋予我们以意义、辩护、重要性的东西,是凭借我们对于某一确定的观点不再需要更多的理由这一事实而做到这一点的。"①追寻一种观点,进一步的问题泄露了,好像一个孩子有意表示不理解一样,而这个孩子对于帮助他看到什么时候应该中止追问"为什么",没有任何明确的想法。意义存在于我们所做的并使我们成为自己所是的事情之中,即我们记住的事情——不是墙壁,而是在岁月的流逝中装饰它的图片。

第六节 变形记

诺齐克的《被审视的生活》是从这一观察开始的,即我们的一生所走过的轨道,一般是在我们成年之前就被决定了的。伴随着仅仅是次要的调整,我们被青春期或者青年时期所形成的生活图景所引导(EL, 11)。诺齐克以十五岁的诺齐克会如何设想他长大以后将会成为什么样的人,来结束这本书(EL, 303)。这个问题有意思。为什么我们会想要一个答案?想一下诺齐克在早前的一本书中所说的以下这段话:"在年轻人的生活中,每一种前景对于他们都是开放的。变得年老的伤痛并不在于,他所走上的特殊道路不如早前所预示的那么令人满意或者那么好——这条道路也许被证明完全是他过去所认为的那样。这种伤痛在于仅仅在这些道路中的一条(或者两条,或者三条)道路上行走。"(PE, 596)

---

① 参照托马斯·内格尔:《荒诞之事》,载 E·D·克里莫克主编的《生活的意义》(New York: Oxford University Press, 1999),第二版,第 176—185 页。这里的引文出自第 180 页。

我认为我理解了这段话。每一天,在我们可能已经选择的道路上,在生活可能具有的意义方面,大门在我们身后咔嗒一声关闭。没关系。在某种程度上,禅宗的洞见乃是:意义并非来自挑选适当的门,而是来自集中注意力——适当类型的注意——于我们碰巧走上的不论什么道路。

　　或许对我来说,这是更为容易的,因为与我最终走上的道路相比,我年轻的时候所展望的道路是十分令人沮丧的。在最为接近这个世界的一个可能世界之中,在千禧年的尽头,我可能正在萨斯喀彻温省的阿尔伯特王子市递送邮件。在这个现实世界中,转折点出现了,在几乎正好二十年之前,当我干了差不多五年的全职邮递员的时候,并且当我正等待着邮政部门把我从卡尔加里转职到阿尔伯特王子市的时候。那时我已经买了房子。然而,当我正在等待的时候,我报名参加了讨论休谟《人性论》的一门夜校课程。(在选修了九年的课程之后,我接近于拿到一个理科学位。我希望在离开这个城镇之前完成学业,以便有某种东西来证明所有这些年的努力。我需要选修一门人文学科的课程,而在夜校的课程表上,休谟是唯一的选项。)当转职获得成功的时候,已经晚于那一个学期,我知道我将不再是一名邮递员了。假如转职能早两个月获得成功,或者那个时间间隙被某一其他课程所挤占,那么依我看,我今天可能还是一名邮递员。我可能不会去夜校;阿尔伯特王子市一个夜校也没有。

　　在成长岁月中,成为一名邮递员是我"梦想的工作"。这种生活并不坏。有关那个可能世界的唯一噩梦般的事情是,那时的我有时会在半夜醒过来,并领悟到,那正是一个探寻者而不是圣人的时间,不是为了禅宗的顺从,而是为了使自己全力冲向未知的未来的时刻。禅宗的方式部分地是对欲求过多之危险的领悟,但是这个世界的邮递员恰好及时地看到,可怕的事情可能是想要的太少。假如我并未学习那门课程,我将会让那个机会溜走,在对世界可能成为的样子感到伤感的过程中变老,尝试去热爱生活所成为的样子,而不是完全地取得成功。所以,当我沉思我可能成为的诸种可能性之时,有一些可能性相较于现在的我差一点就发生了,今天,在我之中有一个十五岁的我,出于感激和宽慰几乎昏了过去:我曾那么容易地可能成为不一样的我。在过去的一段时间里,它**就是**我。然而,经过一系列的奇迹,我现在发现自己在那个几乎不太可能的世界中,作为曾经的邮递员在做关于人生意义的一次公开演讲。

  在某些哲学讨论中,我们进行反思,以达到一个结论。而对这个主题的讨论,反思本身就是目的。没有什么结论将会被视为对人生意义的陈述。这一演练的旨趣不是明确表达一个命题,而是反复思考那些事情——构成一种特殊生活的关系、行动和选择。平静来源于这一过程,而不是来自达到一个结论。而且,在这一主题上,我们的反思从来都不可能多于正在进行的工作。

  我曾经做过的一件最好的事情之一是,指导一个小型联赛的夺旗橄榄球队。但是,如果我不得不解释,如此平凡的这件事情何以能够具有那么多的意味,我也不知从何说起。我本可以告诉我的球员,在一个很可能不信神的世界中,他们乃是自然选择的偶然事件,但是,这一点信息与尽可能地享有我们生活中的那种角色所分担的任务之间,没有什么密切的关系。年复一年,总共四年,我的球员和我拥有一个使命,这个使命没有留下任何需要通过谈论意义来充实的空虚。相反,尽管短暂,生活却具有丰富多彩的意义。它正如泰勒所说的那样。不存在什么提问的需要。时光本身乃是充实的,而生活就是这样。

参考书目

诺齐克著述目录

Anarchy, State, and Utopia (New York: Basic Books, 1974)

Philosophical Explantations (Cambridge, Mass: Belknap Press, 1981)

The Examined Life: Philosophical Meditations (New York: Simon and Schuster, 1989)

The Nature of Rationality (Princeton, N. J.: Princeton University Press, 1993)

Socratic Puzzles (Cambridge, Mass.: Harvard University Press, 1997)。

评论诺齐克文选

Baarry, Norman P. *On Classical Liberalism and Libertarianism* (New York: St. Martin's Press, 1987).

Brueckner, Anthony. "Unfair to Nozick," *Analysis* 51 (1991): 61–64.

Capaldi, Nicholas. "Exploring the Limits of Analytic Philosophy: A Critique of Nozick's *Philosophical Explanations*," *Interpretation* 12 (1984): 107–125.

Cohen, G. A. *Self-ownership, Freedom, and Equality* (New York:

Cambridge University Press, 1995).

Den Uyl, Douglas, and Douglas B. Rasmussen. "Nozick on the Randian Argument," *The Personalist* 59 (1978): 184–205.

Garrett, Brian J. "A Sceptical Tension," *Analysis* 59 (1999): 205–206.

Keller, Simon. "How Do I Love Thee? Let Me Count the Properties," *American Philosophical Quarterly* 37 (2000): 163–173.

LaFollette, Hugh. "Why Libertarianism Is Mistaken," in J. Arthur and W. Shaw (eds.), *Justice & Economic Distribution* (Englewood Cliffs, N.J.: Prentice Hall, 1978), pp. 194–206.

Lipson, Morris. "Nozick and the Sceptic," *Australasian Journal of Philosophy* 65(1987): 327–334.

Luper-Foy, Steven (ed.). *The Psssibility of Knowledge: Nozick and His Critics* (Totowa, N.J.: Rowman and Littlefield, 1987).

Machan, Tibor. "Nozick and Rand on Property Rights," *The Personalist* 58(1977): 192–195.

Mack, Eric. "Nozick's Anarchism," in *Anarchism*, J. R. Pennock and J. W. Chapman (eds.) (New York: New York University Press, 1978), pp. 43–62.

Mack, Eric. "The Self-Ownership Proviso: A New and Improved Lockean Proviso," *Social Philosophy and Policy* 12 (1995): 186–218.

Megone, Christopher. "Reasoning about Rationality: Robert Nozick, The Nature of Rationality," *Utilitas* 11 (1999): 359–374.

Meyer, Leroy N. "Wisdom and the Well-Being of Humanity," *Contemporary Philosophy* 20 (1998): 15–18.

Miller, Fred D. "The Natural Right to Private Property," in *The Libertarian Reader*, Tibor Machan (ed.) (Totowa, N.J.: Rowman and Littlefield, 1982), pp. 275–287.

Narveson, Jan. *The Libertarian Idea* (Philadelphia: Temple University

Press, 1988).

Narveson, Jan. "Libertarianism vs. Marxism: Reflections on G. A. Cohen's 'Self-ownership, Freedom, and equality,'" *Journal of Ethics* 2(1998): 1 – 26.

Narveson, Jan. "Property Rights: Original Acquisition and Lockean Provisos," *Public Affairs Quarterly* 13 (1999): 205 – 227.

Paul, Jeffrey (ed.). *Reading Nozick* (Oxford: Basil Blackwell, 1982).

Paul, Jeffrey. "Property, Entitlement, and Remedy," *Monist* 73 (1990): 564 – 577.

Smith, Tara. "Intrinsic Value: Look-Say Ethics," *Journal of Value Inquiry* 32(1998): 539 – 553.

Spector, Horacio. *Autonomy and Rights: The Moral Foundations of Liberalism* (New York: Oxford University Press, 1992).

Wolff, Jonathan. *Robert Nozick: Property, Justice, and the Minimal State* (Stanford: Stanford University Press, 1991).

译 后 记

当我收到出版社寄来的本书英文版复印件时,心里就有些诚惶诚恐。这种感觉伴随着本书翻译的整个过程。现在本书的翻译任务终于得以完成,而这种感觉却并未消散。个中缘由,除了自己的专业、外语水平都不高,翻译的错误和疏漏在所难免之外,还在于自己心里的一点固执的偏见。这种偏见就是,译文中的错误就像隐秘的伤疤,而译作的出版,则正像是把隐秘的伤疤在大庭广众之中加以展露。

本书的翻译工作前后持续了近两年的时间,由于难得有较长时段的空闲来专注于这件事情,预定的交稿时间便一再拖后。在急切与无奈之下,我有幸邀请到我的同事和朋友庄振华博士来承担本书第六、七、八章的翻译任务。庄振华博士已经有多本译著出版,他也是诺齐克《哲学解释》一书的主要中译者,而本书的第六、七、八章所讨论的主要就是《哲学解释》一书的相关理论和观点,因而他无疑也是这三章的最为合适的译者人选。在通读和校改本书译稿的过程中,我也对照原文仔细阅读了庄振华博士的译稿,并有所修改。另外,需要说明的是,译稿中出自诺齐克的《无政府、国家和乌托邦》一书的段落,我们基本都采用了姚大志先生的译文(中国社会科学出版社2008年版),但几个主要概念的翻译有所不同。特此致谢。

译稿虽经反复校对和修改，但不当甚或误译之处恐难避免，敬请读者和专家批评指正。

宋宽锋

2012 年 4 月

于陕西师范大学哲学系

图书在版编目(CIP)数据

罗伯特·诺齐克/〔美〕施密茨(Schmidtz,D.)编;宋宽锋、庄振华译.—上海:复旦大学出版社,2013.9
(聚焦当代哲学/黄颂杰、朱新民译丛主编)
书名原文:Robert Nozick
ISBN 978-7-309-09930-0

Ⅰ.罗… Ⅱ.①施…②宋…③庄… Ⅲ.诺齐克,R.-政治哲学-哲学思想-文集
Ⅳ.B712.59-53
中国版本图书馆 CIP 数据核字(2013)第 170003 号

This is a simplified Chinese edition of the following title published by Cambridge University Press:
Robert Nozick (edited by David Schmidtz)
ISBN 978-0-521-00671-2

This book is in copyright. Subject to statutory exception and to the provision of relevant collective licensing agreements, no reproduction of any part may take place without the written permission of Cambridge University Press.

This simplified Chinese edition for the People's Republic of China (excluding Hong Kong, Macau and Taiwan) is published by arrangement with the Press Syndicate of the University of Cambridge, Cambridge, United Kingdom.

© Cambridge University Press and Fudan University Press Co., Ltd 2007

This simplified Chinese edition is authorized for sale in the People's Republic of China (excluding Hong Kong, Macau and Taiwan) only. Unauthorised export of this simplified Chinese edition is a violation of the Copyright Act. No part of this publication may be reproduced or distributed by any means, or stored in a database or retrieval system, without the prior written permission of Cambridge University Press and Fudan University Press Co., Ltd.

本书原版由剑桥大学出版社出版。版权所有,盗印必究。
本书中文简体字翻译版由剑桥大学出版社与复旦大学出版社有限公司合作出版。此版本仅可在中国大陆销售。未经出版者预先书面许可,不得以任何方式复制或发行本书的任何部分。
上海市版权局著作权合同登记号 图字 09-2007-843 号

罗伯特·诺齐克
〔美〕施密茨(Schmidtz,D.) 编　宋宽锋　庄振华 译
责任编辑/陈 军　方尚芩

复旦大学出版社有限公司出版发行
上海市国权路 579 号　邮编:200433
网址:fupnet@ fudanpress.com　http://www.fudanpress.com
门市零售:86-21-65642857　团体订购:86-21-65118853
外埠邮购:86-21-65109143
江苏省句容市排印厂

开本 787×960　1/16　印张 17　字数 188 千
2013 年 9 月第 1 版第 1 次印刷

ISBN 978-7-309-09930-0/B·482
定价:36.00 元

如有印装质量问题,请向复旦大学出版社有限公司发行部调换。
版权所有　侵权必究